동·남중국해, 힘과 힘이 맞서다

동·남중국해,
힘과 힘이 맞서다

교역의 중심, 동·남중국해를 둘러싼 패권 전쟁

마이클 타이 지음
한승동 옮김

메디치

아시아 교역의 중심이자
제국주의 침탈의 역사가 깃든
동·남중국해

<남동부 해역>

〈남중국해〉

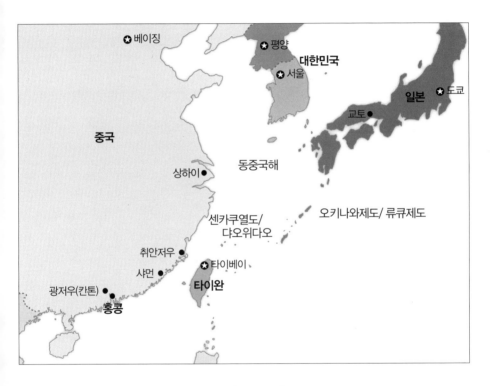

〈동중국해〉

과연 세계는 중국을 믿을 수 있을까?

선도적인 경제국가(정부가 경제 분야에 적극적으로 관여하는 국가-옮긴이)
중국이 재부상하면서 중국의 세계적 역할에 관한 논란이 첨예하게 일
어났다. 중국의 흥기와 그것이 국제질서에 미칠 영향에 관한 관심과
더불어 우려도 존재한다. 중국은 책임 있는 이해 당사자인가, 관대한
거인인가, 다루기 힘든 트러블 메이커인가? 금융위기와 지구 온난화,
궤멸적인 전쟁의 위협에 직면한 우리는 국제 협력 없이는 이에 대처
할 수 없다. 협력은 신뢰를 바탕으로 한다. 하지만 과연 누가 중국을 신
뢰할 수 있을까?

국가 간 상호관계의 역사는 상호신뢰의 중요한 결정 요인이다. 역
사는 기억이자 과거의 사건과 행위에 대한 기록이다. 과거의 협력 관
계는 신뢰를 쌓는 토대가 되지만 침략과 배신의 역사는 신뢰를 파괴
한다. 공감 또한 중요한 요소다. 그것은 상대방의 관점에서 사태를 바
라보는 능력이다. 우리는 자신을 이해해주는 사람을 신뢰하며, 특히
이를 행동으로 보여주었을 때 더욱 그렇다. 공감하기 위해서는 타자
의 역사와 문화를 이해해야 하며, 그것은 백지상태에서도 신뢰를 쌓

아 올리는 잠재력이 있다.

중국에 대한 작금의 주장들은 문화적·이념적 편견에 사로잡혀 있다. 19세기에 프랑스계 러시아인 사회학자 자크 노비코프Jaques Novikov (1849~1912)는 동양의 위협이라는 심리-문화적 인식을 구체화하기 위해 '황화黃禍'라는 말을 만들어냈다. 그것은 독일의 카이저 빌헬름 2세 Kaiser Wilhelm Ⅱ가 유럽 제국들에 중국을 침략해서 점령하고 식민화하라고 재촉하며 들먹이던 말이었는데, 서방세계에 적대적인 어마어마하고 얼굴도 이름도 모르는 황인종 무리에 대한 막연하고 불길한 실존적 두려움이 내포되어 있다.

우리 자신과 세계를 어떻게 이해하는가의 문제는 직관이 두려움, 인상, 관계를 형성하기 때문에 중요하다. 1960년대에 쓴 글에서 중국 연구자 레이먼드 도슨Raymond Dawson(1923~2002)은, 다수의 서방 사람들이 중국을 주로 변발, 치켜 올라간 눈, 등불, 빨래, 칭글리시pidgin English, 젓가락, 그리고 새둥주리 요리와 같은 사소한 것들과 연관 지어 생각한다고 고백했다. "수양버들 무늬가 그려진 접시 위의 디자인과 닮은 배경을 지닌 진기한 문명이라는 기발한 관념"은 교역과 여행이 증가하면서 수정되어왔으나 인종적·정치적 고정관념은 많이 남아 있다.

존 K. 페어뱅크John King Fairbank(1907~1991, 중국 연구자로 하버드대학 중국연구소의 페어뱅크센터는 그의 이름을 딴 것이다-옮긴이)는 일찍이 중국 사회가 미국과는 매우 다르다는 것, 그리고 미국 정책 입안자들이 그런 차이를 고려하지 않으면 실패하게 될 것이라고 경고했다. 로버트 맥나마라Robert McNamara(1916~2009, 베트남전 당시 미국 국방장관-옮긴이)는 베트

동·남중국해, 힘과 힘이 맞서다

남전에서 얻은 가장 큰 교훈이 적을 알게 된 것이라고 했다.

　　당시 잘못된 것은 북베트남이 우리의 안전을 위협하는 것에 대해 기본
적으로 오해했거나 잘못된 평가를 한 점이었다. 이에 따라 1954년에 아이
젠하워Dwight Eisenhower(1890~1969, 제2차 세계대전 당시 연합군 최고사령관,
미국 제34대 대통령—옮긴이) 대통령은 베트남 또는 라오스와 베트남을 모두
잃으면 도미노처럼 연쇄적으로 쓰러질 것이라고 말했다. 나는 우리가 그
위협을 과장했다고 확신한다. 우리는 적을 제대로 알지 못했다. 중국인들
을 이해하지 못했고, 베트남인들 특히 북베트남인들을 이해하지 못했다.
여기서 우리가 기억해야 할 첫 번째 교훈은 자신의 적을 제대로 아는 것이
다. 오늘날에도 우리는 우리의 잠재적 적들이 누구인지 모른다.

　역사를 고려하지 않고 어떤 나라에 관해 주장을 펼치는 것은 경솔
하다. 또 중국의 역사를 전혀 고려하지 않고 오로지 오늘날의 중화인
민공화국만을 염두에 둔 채 중국을 연구할 경우 중대한 잘못을 범할
수 있다. 중국의 지도자들은 지금도 그들의 사고思考 형성에 강력한 영
향을 끼치는 자기 나라의 오랜 역사와 절실하게 조화를 이룬다. 반면
에 서방의 정책 입안자들은 아직도 중국을 냉전 상황에서 붙여진 딱
지인 '공산주의 중국'이라고 언급하며 편협하게 현재의 중국에 초점
을 맞춘다.

　중국이 공산당의 지배를 받고는 있으나 모든 재산의 국가 소유, 중
앙계획경제와 노동계급의 정치권력 독점과 같은 공산주의를 이루는
기본 요소가 사적 소유, 시장경제, 포괄적인 정치적 대표권 등에 자리

를 내준 지 오래다. 공산당은 이제 모든 사회계급의 이익을 대표한다. 거기에는 거물 자본가들도 포함된다. 마르크스주의와 레닌주의는 그 자체가 목적이 아니라 중국 지도자들의 근본 목표, 즉 외부 제국주의로부터의 자유, 민족 단결, 효율적인 정치력 창출, 안전 확보, 그리고 번영과 명망을 달성하기 위한 수단일 뿐이다.

중국의 관점으로는, 행복을 달성하는 데 전 세계적으로 수많은 사회적·경제적·정치적 문제를 불러온 서방의 정책을 채택하는 것보다 더 나은 방법들이 있다. 아시아는 근본적인 변화를 겪고 있지만, 진화하는 아시아 시스템을 단 하나의 개념모델로는 충분히 묘사할 수 없다. 진화의 한복판에서 중국과 국가 및 비국가 행위자들 사이에 점차 상호의존과 협력이 증가하고 있지만, 이 지역의 복잡성을 현실주의 이론이나 자유주의적 국제관계 이론으로 파악할 순 없다. 대신에 지역 역사를 좀 더 확실하게 파악하는 것이 변화를 이해하는 데 필요하다.

이 책은 중국과 이웃 국가들의 관계사를 살펴봄으로써 중국의 정치문화와 대외 정책을 조명해보는 것이 목표다. 한 개인을 그가 한 행위를 통해 판단하듯이, 한 나라는 그 역사를 통해 이해할 수 있다. 중국과 바다를 사이에 둔 이웃 나라와의 관계는 2천여 년 전으로 거슬러 올라가며, 그것은 중국 자체와 세계 속의 중국 위치를 파악하는 데 필요한 풍부한 자료를 제공한다. 하지만 협소한 전문가 세계를 벗어나면 이 지역의 역사는 그다지 널리 알려지지 않았다. 심지어 동아시아 사람들조차 잘 모른다.

각 나라의 중학교 교과과정은 자국 역사에만 초점을 맞추고 지역 역사나 지리에 대해서는 거의 다루지 않는다. 여론은 자잘하고 종종 편향된 관점을 제공하는 뉴스 보도들을 통해 형성된다. 지금 나이 마흔 이하의 사람들은 모두 베트남전쟁 이후에 태어났으며, 그 전쟁을 기억하는 사람 중에 미국이 왜 그 전쟁에 개입했는지, 그 전쟁 전에 프랑스가 인도차이나 반도에서 무엇을 하고 있었는지에 대해 아는 사람은 드물다. 당시 중국과 베트남의 관계는 어떠했으며, 중국은 프랑스의 베트남 침략에 어떻게 대응했는지, 왜 일본은 몇백 년 동안 문명의 샘(원천)으로 우러러보던 중국을 1930년대에 침략했는지, 중국인들은 언제, 왜 동남아시아로 이주했고, 그곳에서 그들은 어떤 상황에 봉착했는지, 그곳에서 중국인 이주자들(화교)은 그 지역민들과 식민 통치자들에게 어떻게 받아들여졌으며, 오늘날 동남아 국가들과 중국의 관계에서 화교 사회는 어떤 역할을 하는지, 그리고 동중국해와 남중국해에서 영토 주장(분쟁)의 역사는 어떠한지에 대해 아는 사람은 별로 없다.

중국의 흥기(강대국으로의 대두) 문제는 1978년 중국의 개혁개방 이래 큰 관심을 끌어왔으며, 2008년 글로벌 금융위기(월스트리트발 '리먼쇼크'-옮긴이)를 계기로 특히 핵심 사안이 됐다. 그와 관련한 담론들은 중국과 중국의 야망에 관한 수많은 논쟁적인 메시지를 실어 날랐다.

이 책은 해양역사에 관한 사례 연구들을 활용해, 이 지역에 대한 중국의 대외 정책과 전략적 사고가 어떻게 진화해왔는지를 새로운 시선으로 바라본다. 먼저 일본과 류큐 왕국(오키나와)을 살펴보고 그다음에 베트남과 필리핀, 말레이시아 순으로 나아간다. 바다를 사이에 둔 이웃 나라들에 대한 중국의 관여를 들여다보며 중국을 좀 더 깊이 이해하는 계기가 되기를 바란다.

차례

중국과 일본

한반도를 사이에 두고
교류와 반목을 거듭해온 중국과 일본
역사의 매듭을 풀 수 있는 방법은 무엇일까.

초기의 접촉

1784년 4월 12일, 일본 남부 규슈의 시카노섬志賀島에 사는 한 농부가 농수로를 손질하다가 커다란 상자 모양의 석곽 하나를 파냈다. 뚜껑을 들어 올리는데 어른 두 사람이 힘을 써야 할 정도로 무거웠다. 석곽 안에는 금인(금도장)이 들어 있었다. 금인에 한자 다섯 글자가 새겨져 있었는데, 중국 한漢 제국의 속국이었던 왜倭의 노국奴國왕 인장으로 확인됐다. 중국에서 만들어진 그 인장은 후한의 광무제光武帝(BC 5~AD 57)가 기원후 57년에 공물을 갖고 온 일본인 사절에게 준 것으로 추정됐다. 95퍼센트 순도의 금으로 만들어진 인장은 바닥 너비 2.4제곱센티미터로 꼭대기에는 똬리를 튼 뱀 모양의 손잡이가 달려 있었다. 《후한서後漢書》(AD 445)에 기록된 그 사실은 중국 역사에 등장하는 일본과 관련된 최초의 언급이었지만, 일본에 관한 전설은 오래전부터 있었다.[1]

중국의 옛 전설에 따르면, 고대 일본은 마술 나무와 동물, 그리고 죽지 않는 사람들이 사는 섬이었다.[2] 그 섬에는 황금 채소와 바다에서 1천 미터나 자라나온 뽕나무들이 있었다. 3천 년이나 살아온, 용 날개

여덟 개를 지닌 말과 닮은 신성한 짐승도 그 섬에 살았는데, 중국의 전설적인 첫 황제인 'Yellow Emperor(黃帝, BC 2600년 무렵에 살았다고 한다)'가 그의 왕국을 순행할 때 타고 다녔다. 신령이 그 섬을 보호해 접근조차 위험했다. 다가가려는 배들은 역풍과 역류를 만났고, 신비롭게도 섬이 스스로 바다 밑으로 가라앉기도 했다.

중국의 전설들에 따르면 중국과 일본의 첫 접촉 시점을 지혜로운 왕[聖君]이 중국을 지배하던 기원전 1000년께로 잡는다. 향기로운 희귀 약초를 갖고 온 일본인 사절이 왕을 칭송하고 중국의 풍요와 안녕을 찬양했다. 하지만 실은 중국은 동중국해 바다 건너에 있는 섬나라 일본에 대해 아는 게 거의 없었다. 당시는 항해 기술과 선박건조기술이 원시적인 수준이어서 정기적으로 왕래하는 것은 불가능했다. 기껏 아는 거라곤 전해 들은 얘기들뿐이었다.

《후한서》에 따르면, 진시황秦始皇은 불로장생을 위해 도교 연금술사 서복徐福에게 불로초를 구해오라며 동해의 섬으로 보냈다. 몇 년이 지난 뒤 서복은 빈손으로 돌아왔다. 처벌을 두려워한 그는 거짓말을 지어냈다. 장생불로초長生不老草를 줄 테니 대신 "동남동녀童男童女들, 그리고 온갖 기술자들"을 데려오라고 요구한 해신海神의 방해 때문에 갈 수 없었다고 주장했다.[3] 진시황은 기원전 219년에 선원 5천 명, 동남동녀 3천 명과 함께 서복을 다시 보내려고, 60척의 배로 된 선단을 만들라고 명령했다. 당연히 그는 다시 돌아오지 못했는데, 일설에는 그가 중국에 돌아가는 대신 일본으로 추정되는 한 섬에 자리 잡았다고 한다. 서복이 가져갔다는 농사 기술과 수많은 초목은, 6천 년에 걸친 일본의 수렵채집 문화인 조몬시대繩文時代(BC 13000년경부터 BC 300년

경까지 존재한 일본의 신석기시대-옮긴이)의 갑작스러운 종말과 농경사회인 야요이시대弥生時代(조몬 이후 시대. BC 10세기부터 AD 3세기 중반까지의 시기-옮긴이)의 시작을 설명하는 근거로 여겨진다.

일본에 관한 좀 더 믿을 수 있는 정보는 기원후 57년, 왜倭 사절단이 한나라 궁정에 도착해 앞서 얘기한 금인을 받았던 시기에야 나온다. 왜인에 대해 자세히 기술한 중국 기록들의 내용은 다음과 같다. 그들은 조선Korea의 남동쪽에 있는 산이 많은 섬(아마도 규슈를 말하는 듯)에 살았고, 100개가 넘는 공동체를 이루고 있었으며, 그들 중 일부는 사절단과 문서를 통해 한나라 궁정과 외교 관계를 유지했다. 왜인들은 맨발로 다녔고, 대나무나 나무 그릇에 음식을 담아 손으로 집어 먹었으며, 수백 살까지 살았다. 그곳은 '아버지와 아들, 남자와 여자 사이에 구분이 없는' 평등사회였다.[4]

중국인들이 일본 땅에 처음 발을 디딘 것은 약 200년 뒤인 기원후 240년 위魏(220~265)나라 사절이 갔을 때였다. 그 뒤 풍성한 역사를 지닌 다채로운 일본을 보여주는 정보를 남긴 당唐(618~907) 왕조가 몰락할 때까지 정기적으로 사절단을 교환했다. 이후 일본은 위나라, 유송劉宋(420~479. 창건자 유유劉裕의 이름을 따 유송이라 부름. 조광윤이 세운 송宋은 960~1279-옮긴이), 수隋, 당, 송宋, 원元, 그리고 명明에 이르기까지 역대 중국 왕조 기록에 계속 나타난다. 그리하여 중국인들은 일본인들이 발끝으로 걸어 다니고, 치아를 검게 칠했으며, 중국의 거북 등껍질 점 괘와 비슷한 점卜을 쳤다는 것을 알게 됐다. 남자보다 여자가 많았고, 일부다처제가 일반적이었다. 어떤 남자들은 아내를 네다섯이나 가졌는데도 가정불화가 없었던 듯하다. 여자들은 충직하고 믿을 만했으며, 공동체 모임에 남자들과 나란히 참석했다. 엄격한 규범이 있었고 위반한 자는 가혹한 처벌을 받았다. 비행을 저지르는 범죄자는 처와 자식들을 빼앗길 수도 있었고, 중죄를 저지르면 그의 가족 전체가 처형당할 수도 있었다. 살인자와 강도범, 강간범은 사형에 처했다. 범죄율은 낮았고, 소송은 드물었다.

일본 사회는 땅을 개간하고, 관개시설을 만들고, 곡식을 기르고, 보관 창고를 지을 수 있는 자원을 모으기 위해 씨족별로 구성돼 있었다. 그들은 중국에서 '궈國' 또는 '국가'라고 부르던 지역 단체를 형성했으며, 그중 약 30곳이 강력한 패권 경쟁자로 부상했고, 중국의 승인을 받기 위해 사절을 파견했다. 기록들을 살펴보면, 규슈 북부에 있던 나라 노국奴國이 작위를 수여하고 제국의 위계질서에 따라 순위를 부여하는 금인이나 청동거울 같은 상징물들을 보내달라고 한 사실이 적혀 있다. 그런 요청들을 처리하기 위해 중국은 책봉과 예물 교환 제도를 도입했으며, 이것이 나중에 조공제도朝貢制度로 발전했다. 일본은 조공국 중 하나였으나, 바다 건너 멀리 떨어진 섬나라여서 근대에 이르기까지 중국 대륙의 주변국들만큼 관심을 끌지는 못했다.

조공제도

조공제도는 서주西周(BC 1046~771)에서 시작됐으며, 주周나라 왕과 신민臣民들 간의 관계를 제도화했다. 그들 간에는 왕과 신민들의 지리적 거리에 따라 서열이 정해졌다. 5계급 중 하나에 속하는 신민은 각기 조정에 복종과 의무를 맹세하는 계급별 의례를 행했다. 군신君臣 관계는 관직과 직인을 토대로 확립됐고, 정기적인 예물 교환을 통해 유지됐다. 신하는 왕에게 복종하는 대신 정치적·군사적 지원을 받았다.[5] 왕이 받은 것보다 더 많이 줘야 하는 가부장적 체제는 국내 정치 질서의 연장인 국가 공동체를 창출했다. 그 후 그것은 수 세기 동안 중국 대외관계의 기본 틀이 됐다.

거대한 군사력을 유지하지 않더라도 중국의 지배적 지위는 이웃 나라들이 문명의 힘을 두려워한 나머지 이어졌다. 광대한 제국의 크기, 세련된 정부 관료, 기반시설, 예술, 문학, 철학, 의학과 요리문화는 널리 칭송과 존경을 받았다. 한 나라가 중국화하면 할수록 더 문명화된 것으로 여겼다. 중국과 정치적으로 제휴하는 것은 정통성과 명망을 획득하는 토대로 간주됐다. 조공제도는 중국과 이웃 나라 간에 한문과 중국식 의례를 통해 소통하며 교역과 외교 네트워크 역할을 했다. 그것은 더 멀리 있는 나라들이 뒤따르는 중국화한 나라들의 핵심을 이루었다. 조선과 일본, 베트남 등 핵심 국가들은 한문체제, 유교, 불교, 그리고 중국식 관료주의와 법령을 채택했다.[6] 타이완Formosa, 류큐琉球, 안남安南, 캄보디아Cambodia, 샴Siam, 참파Champa, 사무드라Samudra, 자바Java, 파항Pahang, 파이화Paihua, 팔렘방Palembang, 브루네이Brunei 등도 조공국에 포함됐다.[7]

조공제도는 중국 중심의 고정된 틀이 아니라 모든 참가자의 필요에 민감하게 반응하며 미묘한 균형을 이루었다. 전면적 복속에서부터 사실상 평등 관계에 이르기까지 다양한 관계를 맺었으며, 소속 국가들은 수동적인 신하가 아니라 중국과의 관계를 수립하거나 끊을 때를 각자가 결정하는 국제정치의 역동적인 플레이어들이었다. 조공국은 국내외적으로 권위를 높이기 위해 중국식 칭호를 가지려 했으나 때로는 중국 정책을 무시했으며, 조공을 중단하거나 심지어 종주국과 충돌하기도 했다. 조공국은 위성국이 아니었으며 종종 단순한 형태로 관계가 격하되기도 했다.[8] 조공제도는 또한 안보위협을 제거까지는 아니어도 완화하려 했지만, 곡식이나 금속, 직물을 노리고 중국의 도시나 마을을 약탈하던 북방 초원지대의 유목 부족들이 언제나 위협 요소였다. 중국인들은 교역이나 외교, 전쟁 그리고 동맹 관계를 통해 그들을 막으려 했다.[9] 한무제漢武帝(BC 140~87)는 흉노匈奴를 막기 위해 스키타이인들Scythians(월씨月氏 또는 월지月支)과 친구가 되었다.[10] 당나라를 세운 고조 이연李淵은 수나라에 대적하기 위해 동돌궐의 지원에 의지했다. 당 조정은 나중에 반란을 진압하고 티벳인들을 물리치기 위해 위구르와 동맹을 맺었다. 힘의 균형에 기댄 결과, 유목민들은 대등한 관계가 됐고 때로는 동맹 관계에서 우위를 차지하기도 했다.[11]

대체로 중국인들은 조공제도와는 별개로 '느슨한 통제'나 자치를 허용하는 기미제羈縻制(기미란 말의 굴레, 소의 고삐인데, 주변 민족들을 이이제이以夷制夷 식으로 대립, 견제하게 해 통치하는 정책을 일컫는다─옮긴이)를 활용해 평화를 유지하는 쪽을 선호했다.[12] 중국인들은 '돌투성이 들판'에다 중국 문화를 거부하는 부족들이 거주하는 유목민의 땅을 정복해봤자 얻는 게 별로 없다고 봤다. 게다가 그들은 유목민들을 조공국으로 복속시키려고 안달하지도 않았고, 종주국으로서 의무를 감내하려고도 하지 않았다.[13] 유목민들은 4세기와 6세기 사이에 가공할 기병들을 거느리고 북중국의 광대한 땅을 정복했으며, 원元(1271~1368)과 청淸(1616~1912) 왕조 때 마침내 중국 전체를 지배하는 데 성공했다.

조공제도하의 일본

일본 사절단은 드문드문 산발적으로 중국에 갔다. 기원후 57년 왜倭 사절단이 최초로 다녀간 뒤 50년 동안 사절단이 가지 않았다. 1세기와 9세기 사이처럼 활발한 때도 있었고 휴면기일 때도 있었다. 왜 사절단은 2세기와 3세기 초까지는 찾아가지 않았으나, 바로 뒤 9년 동안에는 네 번(238년, 243년, 245년, 247년)이나 찾아가기도 했다. 이렇듯 불규칙하게 방문했다는 것은 일본인들 스스로 방문 일정을 정했음을 시사한다.

7세기에 중요한 변화가 일어났다. 600년에서 614년 사이에 왜 사절단이 다섯 차례 중국에 갔고, 그들 중 누구도 중국 관직을 요구하지 않았다. 일본이 정치적 통일을 이루고 더는 중국식 제도가 부여하는 정통성을 추구하지 않게 되자 한때 갈망했던 명예는 그 가치를 잃어버렸다. 물질과 문화적 욕구는 종종 함께 간다. 수와 당 시절에 일본인 외교관(사절)들은 자신들의 사무실을 중국 문화와 제도를 배우면서 귀중품을 구입하는 장소로 활용했다. 첫 사절단(630년)이 당 조정을 찾아간 지 23년이 지난 뒤 653년에서 701년 사이에 사절단이 일곱 차례 중국을 방문했다. 그 기간에 일본 황실에서는 6명의 천황과 1명의 여성 천황이 잇따라 등극했다. 8세기에는 평균 10년마다 한 번씩 사절단이 갔으며, 9세기에는 30년마다 한 번씩 갔다. 횟수의 변동은 일본의 필요needs와 조공제도 틀 안에서의 주권 상태를 반영했다.

중국 관직과 물품뿐만 아니라 일본인들은 재능과 학식, 장인정신 등을 추구했다. 284년에 왜의 고위관리들이 중국의 조공국인 백제로 가서 학자 왕인王仁을 고용해 황세자의 선생으로 삼았다.[14] 백제는 유학자들과 의술, 점, 천문학, 역법曆法 전문가들, 그리고 악사樂士들을 왜 조정에 보내주었다. 왜 사절들은 재봉사, 방직공, 무두장이, 의사들을 모집했으며, 대장장이와 도공陶工, 마구馬具 제조공, 양단(비단) 직조공, 화가, 통역사, 관개 기술자, 양잠가養蠶家, 목수들을 난민 계급에서 고용했다. 18세기에 조정이 주도하여 편찬한 사서《속일본기統日本紀》에 따르면, 원진경(위안진칭袁晉卿)이 735년 그의 나이 열여덟 살 때 일본으로 건너가 중국 음성학인《당음唐音》(당나라 시가집으로 본명은 당음정선唐音精選-옮긴이)을 일본 황실학교인 대학료大學寮에서 가르쳤다.[15] 왜 사절단은 754년에 저명한 불교 승려 젠전鑑真을 일본으로 데리고 갔다.[16]

당과의 관계

고대 일본은 중국보다 원시적이어서 당은 왜를 동쪽 오랑캐를 뜻하는 '동이東夷'라고 불렀다. 당은 중국 역사상 가장 국제적인 왕조였으며, 일본은 그때 중국의 사상과 제도를 광범위하게 받아들였다.[17] 중국은 중요한 모든 것을 갖고 있었고, 일본은 중국으로부터 배워 개선해나갔을 것으로 추정된다. 630년 이후 왜의 승려, 학생, 관리 들이 수도 장안長安(지금의 시안西安)에 중국의 기술과 사회체제, 역사, 철학, 예술, 그리고 건축술을 배우러 연이어 갔는데 그 수가 자그마치 600명에 달했다. 왜는 당의 정치체제와 관료주의를 모방했고, 장안을 수도 헤이안쿄平安京(지금의 교토)의 모델로 삼았으며, 중국 문학과 의복, 요리 습관을 받아들였고, 심지어 중국의 사대부士大夫가 되기도 했다.

영재였던 아베노 나카마로阿倍の仲麻呂(698~770)는 열아홉 살 때 중국에 가서 당대 최고 교육기관인 황실학교 태학太學에 입학할 수 있었다. 그는 727년 과거시험에서 가장 높은 등급인 진사進士에 합격해 장안에서 고위직에 임명됐으며, 당시엔 중국 변방 도호부都護府였던 안남(지금의 북베트남) 절도사節度使로 봉직했다. 그의 벗으로 시인 이백李白과 왕유王維가 있었다. 16년간 중국에서 생활한 뒤 그는 고향으로 돌아가게 해달라고 청원했으나 752년까지 허락받지 못했다. 귀국 항해 도중에 배가 파괴되어 안남 연안에 표착한 아베노 나카마로는 다시 장안으로 돌아갔다. 끝내 일본으로 돌아가지 못했던 나카마로는 중국에서 53년을 살았으며, 중국-일본 우호친선의 아이콘이 됐다.[18]

그런데 663년에 야마토大和(일본을 뜻하는 다른 이름) 왜는 백제와 연합군을 결성해 한반도에서 당과 신라 연합군에 대항했다. 그때 한반도는 백제, 신라, 고구려 등 세 나라로 나뉘어 서로 경쟁하고 있었다. 그것이 역사상 최초의 중국-일본 전쟁이었다. 백강전투白江戰鬪에서 일본은 근대 이전의 역사에서 가장 큰 패배를 당했다. 백강 하구의 해전에서 수적으로 우세했던 일본군은 400척의 배와 1만 명의 병사를 잃었다. 망연자실한 야마토 조정은 이후 900년 동안 다시는 조선을 공격하지 못했다. 여러 가지로 큰 대가를 치른 전쟁이었다. 백강에서 크게 패한 후 당과 신라의 침공을 두려워한 야마토 조정은 해안에 거대한 진지를 구축했다. 그 때문에 황실 재정은 바닥이 났고, 핵심 동맹인 백제를 잃었으며, 중국의 기술과 문화를 접하고 받아들일 직접 교역로도 잃었다.

일본은 중국과 관계를 회복하기 위해 32년 만인 702년에 첫 사절단을 중국에 파견했다. 나라 이름을 바꾸면 새 출발을 하는 데 보탬이 될지도 모른다고 생각해, 아와타노 마히토粟田の真人가 이끈 왜의 사절단은 여황제 측천무후武則天(재위 685~704)에게 자국의 이름을 중국이 붙여준 '왜'가 아닌 '일본日本'으로 불러달라고 요청했다. 그들은 왜가 더는 소국이 아니며, 여러 국가의 연합인 야마토 왕국이라고 설명했다. 측천무후는 거기에 동의했으며, 이후 거의 1천 년 동안 평화가 계속됐고, 문화와 교역, 외교 분야에서 많은 발전이 이루어졌다. 참혹한 파괴를 불러온 안록산安祿山의 난(755~763)으로 중국의 위신에 금이 가면서 당 말기 수십 년간 혼란이 일어날 때까지 평화는 이어졌다. 이란계 소그드인Sogdian 장수 안록산이 일으킨, 세 황제의 통치 기간에 걸친 장기간의 반란으로 제국의 힘은 약화했고 중국은 중앙아시아 지역 대부분을 잃었다. 그럼에도 일본은 중국으로부터 배우기를 멈추지 않았으나 그 격식은 떨어졌다.

송과의 관계

일본과 중국 간의 교역은 북송北宋(960~1127) 때 크게 증대됐다. 그때는 중국의 배들이 일본 항구 곳곳에 106차례나 정박했다. 중국은 당나라 말기 처참하게 파괴된 뒤 재건하기 위해 많은 금속이 필요했다. 중국은 비단과 자기, 의약품, 예술품을 일본에 파는 대신 금과 광석, 부채, 방패, 칼을 수입했다. 송은 일본에 대량으로 동전을 수출했고, 그것은 일본 경제에 활력을 불어넣으며 몇 세기 동안 유통됐다. 상

동·남중국해, 힘과 힘이 맞서다

선들은 대부분 중국 배들로 선원 60~70명을 태우고 양쯔강[長江] 하류의 항구를 출발해 동중국해를 건너 후쿠오카 앞바다 시카노섬, 하카타博多, 쓰루가敦賀로 갔다.[19]

중국의 기록을 보면 일본인들이 중국 율법 아래서 어떤 대우를 받았는지 엿볼 수 있다. 일본 상선의 히고 도타로라는 선원이 중국 사람을 때려죽였는데, 법관은 그를 사슬로 묶어 일본으로 보내 자국의 법에 따라 처벌받게 했다. 일본 배들이 파선해 중국 해안을 떠돌다 뭍에 닿으면 선원과 승객들이 고향으로 돌아갈 때까지 숙식과 돈을 제공했다.[20]

조공체제에서 국가의 상대적 지위는 지정학적 관계에 따라 바뀌었지만, 국정 운영 기술이 중요했다. 북송 시대에 일본은 대등한 관계를 유지했으나, 1127년에 중국 황실은 선물과 함께 일본 천황을 '일본 왕'으로 칭하는 조서를 보냈다. 그것은 천황을 중국 황제보다 낮은 지위에 두고 있다는 얘기였다. 일본의 태정대신太政大臣 다이라노 기요모리平の清盛(1118~1181, 일본 헤이안 시대 말기의 무장-옮긴이)는 화를 내지 않고 선물로 화답했다. 그렇게 평정을 유지한 덕에 기요모리는 새로운 토대 위에 관계를 구축했으며, (조선을 경유하지 않고) 직교역할 수 있는 특권을 얻어냈다. 그 뒤를 이은 가마쿠라 막부鎌倉幕府(1185~1333)는 계속 직교역의 권리를 누렸으나, 1279년에 송나라가 원나라를 세운 몽골족에게 무너지자 더는 중국을 섬기지 않게 됐다.

원과의 관계

몽골족은 일본에 금이 많다는 얘기를 들어왔기에 몽골제국 제5대 칸이자 원나라 시조 쿠빌라이 칸Mongol khan Kubilai은 일본에 여섯 차례나 사절을 보내 조공을 요구했으나 묵살당했다. 몹시 화가 난 그는 마침내 일본을 침공하라고 명령했다. 1274년과 1281년에 원나라는 상륙작전을 전개했으나 모두 실패로 끝이 났고, 일본은 이를 통해 새로운 자기 이해에 도달한다. 두 번의 침략 동안 침략자들은 방어군보다 수적으로 더 우세했으나 모두 태풍으로 침략군 함대가 궤멸당했다. 일본인들에게 그 일은 우연의 일치일 수가 없었다. 신의 바람 가미카제神風 덕으로 여겨진 그 기적적인 구원은 신이 그들을 보호해주었다는 믿음을 불러일으켰으며, 거기에서 자신들은 특별한 인종이라는 사상이 생겨났다. 그 자신감은 황실을 누르고 들어선 군벌 정권, 즉 막부幕府의 등장과 때를 같이했다.

몽골족과의 긴장 관계에도 불구하고 교역은 계속됐으며, 첫 번째 침공 3년 뒤에 일본은 금을 실은 대형 수송단을 중국에 보내 철과 구리로 교환했으며, 일본 상인들을 전담하는 해양 관세국 시박사市舶司가 취안저우泉州와 닝보寧波에 개설됐다.[21]

한편 몽골의 패배는 쿠빌라이의 위신을 크게 훼손했으며, 1294년 그가 타계한 뒤 그의 후계자는 일본을 정벌하려는 구상을 포기하고 대신 적극적인 교역정책을 폈다. 종교활동도 꾸준히 이어져 수백 명의 일본인 승려들이 14세기 상반기에 중국을 방문했다. 그들은 당나라 시절처럼 선불교를 배우고 경전을 필사하러 간 것이 아니라 예술

동·남중국해, 힘과 힘이 맞서다

에 관심이 더 많아 그림을 그리고, 중국인 학자들과 시詩를 교환하고, 부처상을 조각하며, 비문을 쓰는 일에 종사했다.

명과의 관계

주원장朱元璋은 몽골족의 원나라를 무너뜨리고 1368년 명나라를 세운 뒤 일본에 사절을 보내 조공을 요구했다. 아시카가 요시미츠足利義滿(1358~1408) 쇼군(장군)은 교역권을 확보하기 위해 주원장의 요구를 받아들이고 스스로를 일본 왕으로 낮추었다. 일본이 중국을 추월했거나 적어도 대등해졌다고 믿는 이들은 중국에 복종하는 것에 크게 반발했다. 그러나 수십 년간의 전쟁으로 격감한 재정을 보충할 필요가 있었으며, 그러려면 교역을 해야만 했다.

1401년, 쇼군은 첫 번째 사절단을 명나라 조정에 보냈다. 그들은 금과 말, 칼 등의 봉물封物을 가지고 갔다. 다이라노 기요모리처럼 아시카가도 중국과의 관계를 안정시켜, 1401년에서 1547년 사이에 명망 있는 선불교 승려를 단장으로 한 교역사절단이 스무 차례나 중국에 갔다.[22] 중국은 감합勘合(허가받은 공식 무역임을 증명하는 표시-옮긴이)을 활용해 교역량을 통제했는데, 1403년 두 번째 교역사절단은 백 장이나 되는 감합을 가지고 돌아갔다. 글을 읽고 쓸 줄 아는 선승禪僧들은 외교관 역할도 하면서 상인들이 현지 관습과 관료제도에 제대로 대처할 수 있도록 도와주었다. 또 조선술이 발전함에 따라 명대에는 단한 척의 배도 난파당하지 않았다. 하지만 순조로운 관계는 도요토미 히데요시豊臣秀吉(1537~1598)라는 무장의 등장으로 곧 무너졌다.

도요토미 히데요시

도요토미 히데요시는 다이묘大名(봉건영주)들이 패권을 차지하기 위해 서로 싸운 136년간의 전쟁을 끝내고 일본을 통일시킨 자로 유명하다. 전국시대戰國時代(1467~1603)는 사회적 대변동, 정치 음모와 전쟁으로 점철된 시기였다. 일본 역사에서 가장 주목할 만한 남자인 히데요시는 농촌 지역에서 평민으로 태어났다. 그의 아버지 기노시타 야에몬木下彌右衛門(?~1543)은 그 지역 영주 오다 노부나가織田信長(1534~1582)의 농민 보병으로 복무하다가 전장에서 부상을 당해 귀향한 뒤 아들 히데요시가 열일곱 살 때 죽었다. 초상화를 보면 히데요시는 야위고 얼굴에 깊은 주름이 새겨진 왜소하고 볼품없는 남자로 그려져 있다. 그의 주군 오다 노부나가는 그를 '간 큰 쥐bold rat'라고 불렀으나, 히데요시는 자신의 어머니가 그를 임신했을 때 이런 꿈을 꾸었다고 주장했다.

그날 밤 햇살이 그 방을 한낮처럼 환하게 채웠다. 모두 엄청난 두려움과 놀라움에 사로잡혔으며, 모여든 역술가들은 그 사건의 의미를 이렇게 풀이했다. "이 아이가 장성했을 때 그의 덕이 사해四海를 비추고, 무수한 사람들에게 그의 위세를 떨치게 될 것이다."[23]

히데요시는 처음에 마쓰시타 유키쓰나松下之綱(1532~1598)를 섬겼으나 나중에 오다 노부나가 쪽으로 옮겨 가, 천황을 보좌하는 관백関白 자리에까지 올랐다.[24] 경쟁자들을 물리치고 나라를 평정한 뒤 그는 조선과 중국을 정복하려는 침략 전쟁에 나섰다. 1592년 원정을 시작하기 위해 그는 전투 경험이 풍부한 15만 8천 명의 병사들을 소집했다. 그들은 삽시간에 조선을 제압했고, 부산에 상륙한 뒤 3주 만에 수도 서울을 점령했다. 조선 국왕은 피난길에 올라 명나라에 지원을 요청했다. 번개처럼 재빠른 군사작전으로 히데요시의 병사들은 석 달 만에 평양을 지나 (중국과 국경을 이루는) 압록강에 도달했으나, 조선군이 게릴라 전술로 반격에 나섰고, 조선 수군은 일본군 보급선들을 끊었다. 명나라 군대가 개입하면서 전쟁은 교착 상태에 빠졌다. 첫 번째 전쟁은 4년간 계속됐으며 협상은 아무런 성과 없이 끝났다.

1597년, 일본군이 두 번째로 침공해 왔고 초기엔 승리했으나 결국 한반도의 남쪽 해안지대로 밀려났다. 그들을 뒤쫓아간 명나라군과 조선군은 침략자들을 완전히 쫓아내진 못했으며, 전쟁은 다시 교착 상태에 빠졌다. 일본에 있던 히데요시는 병으로 쓰러져 1598년 9월 18일에 죽음을 맞았다. 조선에서의 전쟁은 중지됐고 일본군은 조선을 포기했다. 히데요시의 군대는 철수했고, 그의 뒤를 이은 도쿠가와 이에야스德川家康(1543~1616) 체제는 이후 250년간 나라의 문을 닫고 바깥 세계와 단절했다.

전쟁 가담 세력들은 모두 큰 대가를 치렀다. 군민 사상자 수는 1백만으로 추산되는데, 중세 기준으로 보면 믿기 어려울 정도로 엄청난 수다. 군사행동 때문에 도요토미 세력의 힘은 약화했으며, 일본 내 권력투쟁을 다시 촉발했다. 조선에서 도요토미의 봉건영주들이 입은 손실은 경쟁자인 도쿠가와 이에야스에게 유리한 쪽으로 힘의 균형을 이동시켰다. 재정적으로 큰 타격을 입은 명나라는 만주 지역에서 그 지위가 약화됐으며, 그것은 결국 여진족女眞族 족장 누르하치 Nurhachi(1559~1626)의 세력 확장으로 이어졌다. 누르하치 군대는 1644년에 명나라 군대를 패퇴시킴으로써 중국 역사상 강성했던 왕조 가운데 하나를 무너뜨렸다. 가장 큰 피해를 본 쪽은 조선이었다. 그 전쟁(임진왜란)은 조선 역사상 다른 어떤 전쟁보다 파괴적이었다. 조선 사람들 대부분은 믿을 수 없을 정도로 큰 고통을 당했다.

오늘날 평양 이남 지역 어디에서든 1592년 이전에 지어진 건축물이 거의 남아 있지 않다는 사실은, 그 전쟁이 얼마나 야만적이었는지를 보여주는 증거다. 조선 농촌 지역의 경작지가 전쟁 전의 66퍼센트로 줄어드는 심한 타격을 입어 기아와 질병, 반란이 만연했으며 약 6만 명의 조선 사람들이 포로로 잡혀 해외에 노예로 팔렸다.[25]

도쿠가와 막부가 통치한 기간(1603~1868) 내내 일본과 중국 사이에 국가 차원의 공식적인 관계는 없었다. 정권을 세운 군벌 도쿠가와 이에야스는 임진왜란 직후 명나라와 화해를 시도했으나 중국의 불신을 극복하지 못했다. 1620년대 초 그의 후계자들은 중국과의 관계 회복에 대한 의욕을 잃었고, 도쿠가와 체제 말기까지 명나라 조정에 접근하지 않았다. 쇄국 또는 해금海禁 정책에 따라 막부 정부는 1630년대 중반부터 1850년대 말까지 백성들의 해외여행을 금지했다. 그 기간에 두 이웃 국가 사이의 접촉은 나가사키항을 왕래한 중국인 상인들을 통해서, 그리고 조선 및 류큐琉球 왕국과의 교류를 통해 간접적으로 이루어졌다.

1853년에 매튜 페리Matthew Perry(1794~1858) 제독이 이끄는 미국 함대가 도쿄만에 들어와 외교 관계 수립과 교역을 위해 개항을 요구했

동·남중국해, 힘과 힘이 맞서다

다. 미국에 저항할 수 없었던 막부는 무너지고 메이지明治라는 새로운 체제로 교체됐다. 일본은 먼 중국에서 일어난 사태, 즉 중국 군대가 기술적으로 더 뛰어난 서방 군대에 패한 사실을 알았기 때문에 중국과 같은 운명을 피하려고 했다. 1862년, 그들은 교역과 외교를 배우기 위해 상하이에 대표단을 파견했다. 이것이 몇 세기 만에 이뤄진 중국과 일본 간의 공식 만남이었다. 일본은 중국에 무역 관계를 맺고 영사관을 설치하자고 요구했지만, 중국은 받아들이지 않았고 9년이 지난 뒤에야 우호조약을 체결했다. 국가 간 대등한 지위를 인정한 그 조약으로 위계적인 조공체제는 종말을 맞았다.[26]

일본은 메이지 시기(1868~1912)에 개혁을 통해 신속하게 근대화했으며, 채 50년도 지나지 않아 현대식 군대를 보유한 산업사회로 변모했다. 1895년에 일본군은 한반도에서 벌어진 청나라와의 전쟁(청일전쟁)에서 중국군을 물리쳤다. 청군은 그 전쟁에서 영국, 프랑스, 프러시아인 고문들로부터 전략과 전술을 배운 일본군에게 육지와 바다에서 완패했다. 제국 일본의 해군은 영국 해군을 모델로 삼았으며, 일본 육군은 독일의 군사교리와 체계를 채택했다. 6개월에 걸친 일본군의 연속 승리와 산둥山東반도의 웨이하이웨이威海衛항 함락 뒤 중국은 1895년 2월에 화평을 요청했고, 3억 4천만 량兩(1량은 37.7그램, 은銀 3분의 1온스-옮긴이)을 배상금으로 지불했는데, 그 액수는 일본 정부 연간 세입액의 6.4배에 달했다. 그해 4월 체결된 시모노세키조약으로 청 정부는 조선의 '충분하고도 완전한 독립과 자치'를 인정하고 랴오둥遼東반도와 타이완, 그리고 평후열도澎湖列島를 일본에 '영구히' 양도했다. 타이완을 일본에 할양한 것은 중국인들에게 깊은 원성을 샀고, 중국인들은 점령군에 저항해 2년 동안 격렬한 게릴라전을 벌였다. 일본은 10만 이상의 병력을 동원해 잔인하게 진압했다. 성인 남녀와 아이들까지 무자비하게 학살했다. 고향 땅에서 쫓겨난 수천 명의 농민은 피의 복수전을 벌였다. 그 싸움은 저항군 주력이 패퇴한 뒤에도 계속됐다.[27]

센카쿠열도 최대 섬인 무인도 댜오위다오釣魚島는 그 조약에서 거명되지 않았으나 일본은 마찬가지로 합병했다.

유교권에서 오랫동안 종속된 것으로 여겨졌던 아시아 국가에 패배한 일은 중국에 심각한 심리적 타격을 주었다. 일본의 승리는 섬나라 일본을 아시아 최고의 강자로 만들었으나, 10년 뒤 러일전쟁에서 거둔 일본의 승리-근대 이후 아시아 국가가 유럽 국가를 상대로 한 첫 승리-는 세계를 깜짝 놀라게 했으며, 일본을 열강 대열에 확실히 올려놓았다. 서구를 모방하며 일본은 자신의 식민제국 건설에 나섰다.

1931년에는 만주를 점령해 '만주국滿洲國'이라는 괴뢰국가를 만들었다. 만주는 캘리포니아의 2.5배 넓이로, 텍사스와 루이지애나, 앨라배마를 합친 것만 하다. 일본은 만주국을 일본인, 중국인, 조선인, 만주인, 몽골인 등 5개 민족으로 구성된 범아시아 국가라며, 대동아신질서大東亞新秩序의 탄생을 알리는 것이라고 선전했다.[28] 천연자원이 풍부한 만주는 일본의 대규모 투자와 함께 산업 발전의 동력원이 됐으며, 일본인에게는 세계 대공황에서 일본이 재기하는 데 필수적인 생명선으로 여겨졌다. '만철'로도 불린 남만주철도회사는 러시아가 부설해놓은 철도망을 운영하기 위해 세운 회사인데, 공장과 항구, 광산, 호텔과 전화선 등을 경영하는 거대 기업으로 성장해 만주 경제를 지배했다. 일본 제국군 소속인 강력한 관동군이 만주에 주둔하면서

1천만이 넘는 중국인들을 노예노동자로 동원했으며, 비밀 생화학전 부대인 731부대를 창설했다. 그 부대는 인간을 상대로 세균전 무기를 테스트했는데, 살아 있는 중국인, 러시아인, 조선인에게 생체실험을 자행했다.[29]

1937년 7월, 베이징 인근의 마르코폴로 다리(루거우차오盧溝橋)에서 중국군과 일본군 사이에 작은 충돌이 발생했다. 일본은 이를 기회로 중국에 대한 전면전을 개시했다. 그 전쟁은 서로 다른 도덕적 가정의 차이를 반영했다. 즉 일본인들은 자신들의 중국 침공을 국가 운명의 문제이자 경제적 필요에 따른 것이라고 봤다. 반면에 중국인들은 자신들을 오래된 외부세력의 약탈 관행에 따른 희생자로 여겼다.[30] 일본 제국군은 신속하게 진격하여 1937년 12월 13일 수도 난징南京을 점령하고 6주 동안 무자비한 학살을 자행했다. 30만 명을 학살하고 8만 명의 여성을 강간했다.[31] 군사적으로 일본은 중국군보다 전쟁 준비가 잘돼 있었고, 2년간 대다수 항구와 서쪽으로 한커우漢口에 이르는 주요 도시들과 많은 철도를 손안에 넣었다.

일본의 천황 히로히토(쇼와昭和)는 삼광작전, 즉 '세 가지 모두(모두 죽이고, 모두 불태우며, 모두 빼앗는다)' 정책을 승인했다. 그것은 계획되지 않았던 난징에서의 잔혹 행위보다 훨씬 더 큰 규모로 죽음과 고통을 초래했다.[32] 이것을 아시아 전체를 다스릴 일본의 '신성한 권리'로 여긴 일본 민족주의자들과 군부 지도자들은 확전을 부르짖었다. 1941년 12월 일본군은 하와이 진주만의 미 태평양함대사령부를 공격하고 동시에 필리핀과 말레이반도를 침공했다.[33] 일련의 신속한 승리 뒤에 일본은 필리핀과 말레이반도, 싱가포르와 인도네시아를 점령하고, 오스트레일리아 침공 태세를 갖췄다. 1942년 중반까지 일본은 중부 태평양에서 인도양에 이르는 광대한 지역을 차지했으나 그것을 지켜낼 자원이 부족해지자 진주만을 공격한 지 불과 5개월 만에 전세는 역전됐다. 일본은 방대한 산업적 역량과 훈련 능력을 지닌 미국처럼 인적 손실과 군수품 손실을 다시 채워 넣을 능력이 없었다. 연합군은 유리한 고지를 차지했고, 중일전쟁은 히로시마와 나가사키에 원자폭탄이 투하되고 소련군의 만주 진군으로 일본이 항복하면서 1945년 8월에 갑작스레 끝났다.

전쟁 뒤 중국에 대한 일본인들의 감정은 복잡했다. 일본은 그 전쟁과 자국이 자행한 잔혹 행위에 대한 죄의식과 대면하기를 꺼렸다. 그럼에도 자국에 많은 책임이 있는 현대 중국의 후진성을 두고 거들먹거리기도 했고, 자국이 많은 빚을 진 과거 중국의 문화적 성취를 예찬하기도 했다. 또한 교역을 강하게 원했기 때문에 일본 기업들은 1950년대 초에 미국의 교역 금지 조치에도 불구하고 중국과 교역 관계를 맺었다. 일본의 좌파세력은 마오쩌둥毛澤東(1893~1976)의 중국에 동조했으며, 일본 사회당JSP 리더들은 베이징을 방문했다. 그리고 자민당LDP 간부들도 베이징과 연줄이 있었고, 이는 비공식 외교 통로로 기능했다.[34] 자민당 내의 진보세력과 우익세력은 일본의 조선 및 중국 침략에 대한 해석을 둘러싸고 충돌했다. 하지만 냉전이 시작되면서 좌파세력 수천 명이 주요 기관에서 쫓겨났으며, 1950년대 중반 무렵에는 문부성이 학교 교과서에 실린 태평양전쟁 당시의 일본 역할에 대해 공개적인 비판을 하지 못하게 했다.

중요한 것은 일본의 정체성과 이웃 나라들과의 관계 같은 더 큰 질문이었다. 1982년 초에 일본의 역사 교과서 수정에 대해 중국인과 한국인들이 항의했을 때 일본의 보수세력은 이 비판을 국내 문제에 대한 내정간섭으로 봤다. 하지만 자민당 내의 다수는 감수성을 요구했는데, 죄의식과 함께 중국이 시장경제로 전환해가는 중요한 시기에 불필요한 마찰을 피하려는 욕구가 작용했다. 불안정한 중국은 일본을 위해서도 좋지 않기 때문에 자민당 내 다수는 일본이 중국의 발전을 돕는 역할을 해야 한다고 생각했다.

제2차 세계대전 뒤 일본은 미국을 새로운 숭배대상으로 삼았고, 일본 국민은 미국의 대중문화에 매료됐다. 일본은 전쟁의 폐허에서 다시 일어서 산업 강국이 됐고, 그때 중국은 후진 상태로 뒤처져 있었다. 1990년에 중국의 1인당 GDP(국내총생산)는 겨우 343달러인 데 반해 일본은 2만 5,140달러였으며, 당시 자전거와 휴대용 라디오가 대다수 중국인에게는 사치품이었으나 일본인들은 그때 오스트레일리아나 하와이에서 휴가를 보냈다.

근대화에 관해서 중국으로부터 배울 것은 거의 없었다. 하지만 사정은 금방 변했다. 1978년에 중국 정부는 사회주의 계획경제에서 시장개혁 쪽으로 방향을 바꾸고 경제적 성공을 향해 매진하기 시작했다. 중국은 2011년에 일본을 추월해 세계 2위의 경제 대국이 됐으며, 2014년에는 구매력평가지수purchasing power parity terms, ppp에서 미국을 넘어서 세계 최대 경제대국이 됐다. 비록 1인당 GDP는 미국과 일본에 훨씬 못 미치지만 무시할 수 없는 실력자가 됐다. 2009년에 중국은 일본의 최대 수출 시장이 됐으며, 일본 학생들의 해외 유학 대상지로 미국을 넘어서 가장 인기 있는 국가가 됐다(2012년에 중국으로 유학 간 일

본인 학생은 2만 1,126명이었고 미국으로 간 학생은 1만 9,568명이었다).[35]

샌프란시스코 체제

그러나 일본과 중국의 관계는 샌프란시스코 체제의 인질로 남아 있다. 샌프란시스코 체제라는 이름은 1951년 9월 8일 샌프란시스코에서 서명한 두 개의 조약에서 따온 것인데, 그 조약에 따라 패전국 일본의 독립을 회복하기 위한 조건이 마련되었다. 하나는 일본과 40개국 사이에 체결된 다자간 평화조약이고, 또 하나는 미국-일본 간의 상호 안보조약이다. 미·일 안보조약으로 미국은 일본의 재무장을 부추기고 지원해주는 대신 미군의 일본 주둔을 허용받았다. 그런데 중요한 것은, 중국이 일본의 침략과 점령에 정면으로 맞서 싸웠음에도 중국 정부(대륙의 중화인민공화국, PRC)도 타이완 정부(대만의 중화민국)도 그 평화(강화)조약에 초청받지 못했다는 사실이다. 또한 그 회의는 한반도의 조선 사람들이 일본의 가혹한 식민지배 아래서 극심한 고통을 당했음에도 남북한 역시 초청대상에서 배제했다. 소련은 참석은 했지만 조약 서명을 거부했다. 소련은 중국을 배제하고 일본을 자신들의 냉전 전략과 안보 구상에 통합하려 한 미국의 계획에 반대했기 때문이다.[36]

샌프란시스코 합의는 일본을 가장 가까운 이웃 국가들로부터 떼어내려는 배제 시스템의 토대를 마련했다. 샌프란시스코 합의 뒤 미국은 사실상 (베이징 정부가 아니라) 타이완 정부를 합법적인 중국 정부로 승인하는 타이완과의 조약을 일본이 동시에 체결하지 않으면 미국 의

회가 강화조약을 비준하지 않겠다고 경고하며 압박했다. 일본의 친미 반공주의 지지자들조차 중화인민공화국을 고립시키려는 미국의 요구를 일본 재계가 반기지 않을 것이라며 받아들이기를 꺼렸다. 일본 내 미군기지의 무제한 기간 연장도 우려할 만한 일이었고, 미국이 일본을 재무장시키려는 계획도 충동적이며 일본 안팎에서 반발을 부를 위험이 있었다. 실질적으로 어떤 선택지도 없는 상태에서 일본은 가장 중요한 이웃 국가들을 뒤로한 채 미국과 평화 및 화해에 동의했다. 소련과 일본은 1956년에 외교 관계를 수립했으나 공식적인 평화조약은 아직도 체결하지 못했다. 일본과 한국(남한)은 1965년까지 외교 관계를 수립하지 못했으며, 중화인민공화국과의 국교는 1972년까지 회복하지 못했다. 중화인민공화국과 일본은 1978년에야 공식적인 평화조약을 체결했다.

한편 장기간 일본과 중국, 한국, 그리고 러시아와의 소원한 관계는 아직도 지속되고 있다. 전후 독일과 달리 일본은 아시아 이웃들과 화해와 재통합을 저지당했으며, 제국주의의 상처에 대해 일본에서는 거론되지도 않고 사실 자체를 거의 인정받지도 못하고 있다. 일본의 전쟁 시기 잘못에 대한 책임을 묻는 대신 미국은 일본을 중국에 맞서는 동맹국으로 삼았다. 미국인들은 전쟁 시기의 일본군과 민간 지도자들을 많이 재기용했는데, 그들 중 일부는 고위직에까지 올랐다. 그중에 기시 노부스케岸信介가 있었는데, 그는 전쟁 시기 전시내각 각료를 지낸 A급 전범이었으나 1957년에 총리가 됐다. 그의 외손자가 아베 신조다. 1965년 연설에서 기시는 일본의 패배와 미국의 점령이 가져다준 전후체제를 완전히 종식하는 방안으로 일본의 재무장을 촉구했다.

그는 그래야만 일본이 전후체제에서 완전히 벗어나 일본 국민이 일본 인으로서 자신감과 자긍심을 되찾을 것이라고 주장했다. 아베 신조는 할아버지 무덤 앞에서 "일본의 진정한 독립을 되찾겠다"고 다짐했는 데, 그런 목적을 위해서라면 야스쿠니 신사보다 더 상징적인 곳은 없을 것이다.[37]

1869년에 황궁과 멀지 않은 도쿄의 중심부에 지어진 야스쿠니 신 사는 '천황을 지키려다' 죽은 이들의 영혼을 기리는 곳이다. 그들은 신으로 숭배되며 타이완과 조선, 만주, 중국과 동남아시아에서 싸운 군인들이 모두 그 대상이다. 야스쿠니의 영새부靈璽簿(신으로 모시는 사람 들의 명부-옮긴이)에 기록돼 있는 약 250만 명의 제국 수호자들은 신성 한 방패로 간주된다. 전몰자 공동묘지는 죽은 군인들이 묻히는 장소 인 데 비해 야스쿠니는 그들의 영혼이 신격화돼 숭배받는 신도神道의 절이다. 한번 봉안된 이름(명부)은 다시는 제거될 수 없는데, 1978년 에 야스쿠니의 신관神官들이 전쟁 시기 총리였던 도조 히데키東條英機 (1884~1948) 장군을 비롯해 정치·군사 지도자 14명을 몰래 봉안했다. 모두 처형당하거나 감옥에서 죽었는데, 그들을 공경하는 것은 매우 중요한 정치적 의미가 있었다. 신관들이 자진해서 행동했을 가능성은 작은데, 그 뒤로 아베 신조와 같은 민족주의 정치인들의 참배가 늘어 났다.

정치적 아이덴티티

일본의 정치적 아이덴티티는 동맹국 미국과 분리할 수 없을 정도로 얽혀 있다. 전후 요시다 시게루吉田茂(1878~1967) 총리가 이끈 일본 정부는 경제 재건에 자원을 집중하면서 안보는 미국에 의존했다. 재무장을 재촉하는 미국의 압력에 저항하면서 요시다 정부는 총 구입을 줄이고 버터 구입을 늘렸으며, 미국 시장 접근이 허용됨으로써 일본은 금방 경제와 기술 강국이 됐다. 1965년 일본의 GDP는 910억 달러로 추산됐다. 15년 뒤엔 10배 이상 늘어 1조 650억 달러가 돼, 미국을 앞질러 세계를 이끄는 경제 대국이 됐다. 그러나 1991년 거품경제 붕괴와 냉전 종식은 일본 경제 모델과 샌프란시스코 체제에 토대를 둔 정치 질서에 의문을 야기했다.

일본은 흥기하는 중국과 양립할 수 있는 새로운 정치적 아이덴티티를 만들어낼 필요가 있겠지만, 미국 정부의 동의 없이 일본 정부가 생존할 순 없을 것이다.[38] 미국과 좀 더 대등한 관계 재정립을 추구했던 하토야마 유키오鳩山由紀夫 총리는 고작 9개월밖에 버티지 못했다. 스탠퍼드대학 박사과정을 이수한 하토야마는 2009년 8월 총선에서 압승한 뒤 미국이 주도한 세계화globalization가 끝나가고 있다면서 '일본의 국가 진로를 새로 설정하고자 했다. 그는 원자바오溫家寶 당시 중국 총리에게 일본이 '미국에 지나치게 의존'해왔다면서 중국과 더 가까운 관계를 맺고 싶다고 말했다. 일본의 외교정책은 미국 중심에서 벗어나 아시아에 더 집중하는 쪽으로 바뀔 것이라고 그는 말했다. 그것은 미국에 잘 먹히지 않았고, 그 대담함 때문에 하토야마는 2010년 워싱턴 핵안보정상회의 때 오바마 대통령으로부터 무시당했다.[39] 미국인들은 하토야마의 퇴출을 원했고, 그는 오키나와의 미국 해병대 기지를 유지하라는 미국의 압력에 굴복한 후 결국 사임했다. 당시 하토

야마가 속한 민주당의 간사장이었던 오자와 이치로小澤一郎도 미 해병대의 후텐마普天間 기지에 반대했는데, 그 역시 과거 부패 혐의를 바탕으로 한 언론의 사퇴론에 희생양이 되어 물러나야 했다.[40]

메이지 시대 이후 일본은 서방의 일원이 되려고 애를 썼다.[41] 19세기 근대화 추진 기간에 그것은 서구 문화와 제도를 모방하는 비아시아 국가 아이덴티티인 탈아론脫亜論을 구축했다.[42] 전쟁이 끝난 뒤에 일본은 패전국이 아니라 미국의 파트너로서 아시아의 이웃 국가들을 대했다. 이는 전쟁 종식 전의 아시아에 대한 일본의 우월적 지위를 영속시키는 방식이었다.[43] 많은 일본인은 자신들이 특수한 민족('일본인론')이라고 믿는데, 이는 18세기 국학國學운동에 뿌리를 둔 이데올로기였다. 일본의 눈부신 메이지 근대화와 1945년 이후의 경제 발전은 민족적 자부심을 불러일으켰으며, 최근까지 일본은 동아시아 국가 경제 발전에서 날아가는 기러기 떼의 우두머리 새로 여겨졌다.[44] 그러나 포퓰리즘의 대두와 미국의 보호주의 회귀와 함께 이제 그 우월의식을 재검토해야 할 것이다. 왜냐하면 일본과 중국은 동아시아 공급망supply chain에 깊숙이 통합돼 있어서, 트럼프 대통령의 무역전쟁은 두 나라 모두에 손실을 입힐 것이고, 이는 아시아 이웃 국가들끼리 협력하지 않을 수 없게 만들기 때문이다. 일본의 인구 감소는 내수 시장의 축소를 의미하며, 그로 인해 일본은 수출에 더욱 의존할 수밖에 없을 것이다.

중국은 이미 미국을 추월해 일본의 최대 무역 파트너로 자리 잡았다.[45] 중국 인구는 미국의 4배가 넘는데, 중국인의 소득이 늘어나면 일본의 상품 및 서비스 수출 시장으로서의 중요도는 더욱 커질 것이다. 중국 경제는 미국보다 3배나 빠른 속도로 성장하고 있으며,[46] 중국의 1인당 소득은 1991년부터 2017년까지 10배 증가한 데 반해 미국의 1인당 소득은 같은 기간에 50퍼센트 느는 데 그쳤다.[47] 중국에는 3억 명의 중산층 소비자middle-class consumers가 있고, 그 수는 미국 전체 인구수와 맞먹는다. 그들은 향후 10~15년 안에 2배로 늘어날 것으로 보인다. 이런 장기적인 추세는 명확하며 미·일 안보동맹에도 불구하고 일본의 정책 입안자들은 경제 상황이 중국에 유리한 쪽으로 바뀌면서 중국과 일본의 이해가 상호 수렴되리라는 점을 못 본 체할 수 없을 것이다.

류큐 왕국

평화롭고 온화한 독립 왕국이었던 류큐 왕국.
16세기 도요토미 히데요시의 조선 침략을 기점으로
폭력적인 역사의 소용돌이에 휩쓸리고 만다.

류큐 왕국은 1609년 일본 무사들의 침략을 받기 전까지 독립 왕국으로 번영했다. 류큐는 일본 남부의 섬 규슈에서 타이완섬에 이르는 사슬 모양 섬들의 일부를 구성한다. 류큐인들은 일본어와 유사한 언어를 사용하지만 혈통이 다르다. 평화롭고 온화한 류큐인들은 말레이와 몽골, 그리고 아이누의 혼합 혈통으로 보인다. 짙은 안색과 둥근 눈, 곱슬머리를 지녔다.[1] 일본인들은 단백질 공급원으로 주로 생선을 먹는 반면 류큐인들은 돼지고기를 먹었는데, 이런 음식물 선호는 일본인들에게 조롱의 대상이 됐다.

처음에는 본섬의 북쪽과 중앙, 그리고 남쪽―각기 호쿠잔北山, 추잔中山, 난잔南山―을 점령한 3개의 라이벌 공국이 있었다. 이들은 중국의 승인을 받기 위해 경쟁했는데, 결국 나하那覇에 수도를 건설한 추잔의 왕 쇼하시尚巴志에 의해 1429년에 통일됐다. 왕국의 수도는 중계무역에 아주 적합한 곳에 자리 잡았으며 거의 2세기 동안 중국, 일본, 조선, 베트남, 자바, 루손, 샴, 파타니Pattani(타이 남부 지역―옮긴이), 말라카, 팔렘방, 그리고 수마트라와의 해양교역에서 핵심 역할을 했다.[2] 교역품은 일본제 은과 칼, 칠기와 병풍, 중국제 약초와 동전, 유약 바른 도자기, 양단(비단)과 직물, 동남아시아에서 온 소방목蘇方木, 코뿔소 뿔, 주석, 설탕, 철, 그리고 인도의 상아와 아라비아에서 온 유향 등이었다.

류큐와 중국 간의 외교 관계는 1372년, 명나라 홍무제洪武帝가 류큐 왕 사토察度(1350~1395)에게 사절을 보내면서 시작됐다. 그 2년 뒤 사토 왕은 자신의 남동생 타이키泰期를 봉물과 함께 중국에 보내 중국의 종주권을 인정하는 대신 교역권을 얻어냈다. 정치·문화·경제적 성격의 그 관계는 500년간 지속됐다.[3] 명나라 조정은 2년마다 한 차례의 사절단 입조를 허용했는데, 그때 배는 3척 이하로 제한했으며, 파견 가능한 사절단의 수와 입국항인 취안저우를 지나 제국 수도까지 들어갈 수 있는 사람이 몇 명인지도 규정으로 명시했다.

시간이 지남에 따라 사절들이 일상적 삶과 예술, 기술을 익히게 된 취안저우에 류큐인 영주자들이 늘었다. 귀국할 때 류큐인 사절들은 공예품을 비롯해 중국인의 관습과 신앙뿐만 아니라 아랍인들과 인도인들, 말레이인들, 샴인들, 그리고 취안저우에 사는 다른 상인들의 물건들도 함께 가지고 갔다. 중국의 문화는 류큐인 양반과 평민들에게 영향을 미쳐 그들의 습관에 배어들었다. 1393년에 명나라 조정의 명령으로 교사와 점원, 조선造船 기술자와 장인들로 이뤄진 중국인 이주민 공동체가 류큐에 세워졌고, 그들은 류큐 조정에 행정과 새로운 조선술을 가르쳤다.[4] 류큐 엘리트 집안의 자식들은 중국으로 유학 가서 중국인의 지원을 받아 수도(처음에는 난징이었으나 영락제 때 베이징으로 옮겼다-옮긴이)에서 역사와 도덕, 시를 2~3년간 공부했다. 베이징에서 자란 류큐인 유학생 공동체는 500년간 번성했다. 그들은 중국인 학생들을 비롯해 다른 조공국에서 온 학생들과 탄탄한 친교를 맺었으며, 귀국해서는 높은 관직에 올랐다.

평화주의 철학인 유교는 온화한 류큐인들의 기질과 잘 맞아 류큐인들은 공자의 가르침을 빨리 수용했다. 그들은 유교 도덕과 예절, 의례를 성실하게 지켰으며, 명 황제는 그들에게 '수례지방守禮之邦(예의 나라)'이라는 글자를 쓴 커다란 현판을 내렸다. 그것은 보통 중국 자신을 지칭하는 말이었다. 류큐인들은 그 현판을 궁궐 정문에 내걸었는데, 1945년 연합군 해군의 폭력으로 파괴될 때까지 자랑스럽게 걸려 있었다.[5] 열렬한 중국 애호가들인 류큐인들은 중국의 온갖 물품들을 조달했으며, 이후 몇 세기 동안 류큐는 동아시아 무역 중심지로 번영했다.

류큐의 수도 나하에서는 버마(미얀마), 샴, 수마트라, 필리핀, 실론 Ceylon(스리랑카)과 벵갈 등 먼 지역에서 온 상인들을 볼 수 있었다.[6] 류큐인들도 해외로 나가 말라카와 다른 동남아시아 교역 중심지들에서 아랍인, 아르메니아인, 페르시아인, 터키인, 인도인들과 어울렸다. 류큐 왕국의 성공은 곧 일본 규슈의 사쓰마薩摩를 비롯한 많은 지역의 부러움을 샀다.

중세 일본은 무로마치 막부室町幕府(1338~1573)로 불린 영주 체제 아래 영주들이 다스린 번藩이라는 영지들로 구성돼 있었다. 일본 남부의 섬 규슈에 있던 사쓰마번은 시마즈 가문이 통치했다. 류큐 왕국은 사쓰마와 교역하면서 때때로 무로마치 막부 쇼군에게 조공했다. 시간이 지나면서 사쓰마는 일본의 다른 지역들, 그리고 조선과 교역을 하기 위한 물품들을 류큐에 의존하게 됐다. 16세기 중엽에 일본인들은 유럽인들의 침입 소식을 듣고 두려워했다. 1511년 포르투갈의 말라카 정복과 유럽 상인들의 무자비한 행위는 그 지역에 이미 널리 알려졌고, 일본인들은 남쪽에서 다가오는 침입을 감시할 전초기지를 갖고 싶어 했다. 1592년에 영주 도요토미 히데요시가 류큐 왕 쇼네이尙寧(1564~1620)에게 자신이 조선을 침략하는 데 필요한 물품을 공급하라고 명령했다. 히데요시는 10개월간 7천 명을 먹일 식량을 요구했으나 소국인 류큐 왕국은 그 절반밖에 조달하지 못했다.

류큐인들의 '불복종'을 처벌한다는 구실로 히데요시(도요토미 히데요시는 1598년에 사망했다. 따라서 이는 사쓰마번의 오기 혹은 착오로 봐야 할 듯하다-옮긴이)는 1609년 2월 사쓰마 사무라이들을 류큐에 보냈다. 류큐인들은 머스킷 총(원시적 화승총인 아쿼버스의 16세기 초 개량형으로, 더 긴 총신을 지닌, 총신에 강선이 없는 장총-옮긴이)으로 무장한 3천 명의 노련한 사쓰마 전사들에게 상대가 되지 않았다. 왕과 고위관리들을 비롯한 100명의 포로가 사쓰마 수도 가고시마로 끌려가, 류큐가 오래전부터 사쓰마의 속국이었음을 천명하는 항복문서를 제출했다.

류큐의 섬들은 옛날부터 사쓰마의 봉건영지였습니다. 우리는 오랜 세월 정해진 시간에 섬들의 생산물을 실은 배들을 그쪽으로 보내는 풍습을 지켜왔으며, 사쓰마의 새 군주가 취임할 때는 언제나 축하 사절단을 보냈습니다.[7]

1609년 이전에는 존재하지 않았던 조공 관계를 억지로 공인해야 했던 이 문서는 쇼네이 왕과 관리들을 비통하게 만들었다. 문서는 왕이 사쓰마에 대한 의무를 수행하지 않은 점을 비난하면서, 따라서 마땅히 처벌을 받아야 한다고 했다. 운 좋게도, "우리의 자비로운 [사쓰마의] 군주께서 자애심을 보이시며, 모든 것을 잃어버린 주인과 하인들을 가엾게 여기셔서, 그들을 고향으로 돌아갈 수 있도록 허락하셨을 뿐만 아니라, 그들에게 자기 나라의 일부 섬들을 다스릴 수 있게 하셨다." 류큐인들은 사쓰마 군주에게 충성을 맹세하라는 명을 받았다.

> 만일 류큐 사람 누군가가 이 관대한 처사를 망각하고, 장차 당신에 대한 반란을 꾀한다면, 그리고 바로 우리 족장(왕)이 반란에 가담하게 되더라도, 우리는 우리의 위대한 군주(사쓰마 군주)의 명에 따를 것이며, 반역자가 군주든 잡놈이든 그를 방조함으로써 우리의 맹세를 배반하는 짓은 하지 않겠습니다.[8]

패배한 류큐군 사령관 테이 도Tei Do가 맹세문에 서명을 거부하자 즉시 참수당했다. 사쓰마는 북부 류큐 5개 섬을 합병하고, 충성을 보장받기 위해 수도 나하에 사람들을 배치했다.[9] 이후 중국과 다른 외부 지역과 교역을 하려면 사쓰마의 허락을 받아야 했다. 1613년에 사쓰마의 다이묘 시마즈 이에히사島津家久(1547~1587)는 류큐가 다른 나라들과 관계 맺는 것을 금지하고, 도마리항에 있는 선박들의 움직임을 감시하기 위해 관리들을 파견했다. 1621년 쇼네이 왕이 사망하자 이에히사는 사쓰마의 승인 없이는 누구도 류큐 왕이 될 수 없다는 법령을 내렸으며, 중국에 조공 사절단 파견을 10년에 한 번으로 제한했다.[10] 일본화 정책은 외교 역사에서 가장 장기간에 걸친 기만술책과 함께 진행됐다.

1592년과 1597년에 히데요시가 조선을 침략하면서 중국과의 직교역이 중단된 일본의 도쿠가와 쇼군은 류큐와 사쓰마를 경유하는 간접교역을 하는 수밖에 없었다. 류큐와 중국은 오랜 세월 관계를 맺어왔기 때문에, 사쓰마는 류큐인들이 일본의 통치를 받게 됐다는 사실을 숨겨야 했다. 1616년에 사쓰마는 일본화 정책을 뒤집어 류큐인들에게 그들 자신의 정체성을 간직하라는 명을 내렸다. 왕실에 대한 일부 행정적 통제권을 부활시키고, 류큐인들에게 일본식 이름, 머리 모양, 의복을 착용하지 못하게 했으며, 다른 지역에서 오는 일본인들의 방문을 막았다. 하지만 류큐에 대한 일본의 통제는 계속 강화됐다. 1643년에 류큐 왕국은 일본의 봉건영지가 됐고, 왕은 지역 관리자로 강등됐다. 200년 뒤 동아시아 세력 균형이 일본에 유리하게 바뀌면서 일본은 류큐를 완전히 합병했다. 이를 위해 난파선과 같은 구실이 필요했다.

1871년, 류큐의 배가 타이완 남단에 좌초했고, 선원들이 원주민들에게 붙잡혀 참수당했다. 12명이 살아남아 중국 한족漢族에 의해 구조된 뒤 중국을 경유해 고향(미야코섬宮古島-옮긴이)으로 돌아갔다. 도쿄에도 막부 쪽은 청나라 정부에 가해자들을 처벌하라고 요구했으나, 그 사건을 피해 가고 싶었던 청나라 조정은, 타이완 원주민들이 자국 관할 아래에 있지 않다고 대답함으로써 본의 아니게 타이완에 대한 청의 주권을 포기한 셈이 됐다.

일본은 원주민 처벌을 표면적 명분으로 삼아 1874년에 원정대를 보냈다. 원정대는 주민 30명을 살해하고 많은 사람에게 상처를 입혔다. 그해 영국의 중재로 합의가 이뤄져, 일본 원정대는 청 조정이 50만 량(약 18.7톤)의 은을 배상금으로 지불하는 데 동의한 뒤 철수했다. 그 원정은 청 조정이 류큐는 고사하고 타이완조차 효과적으로 통제하지 못하고 있다는 걸 보여주었다. 일본은 합의문(영국인이 작성)에서 모호한 말로 청 조정이 류큐에 대한 종주권을 갖고 있지 않다고 주장했다. 합의문은 "타이완 원주민들이 까닭 없이 일본인들을 해쳤다"는 한 줄의 진술을 담고 있었다.[11] 메이지 정부는 이 언급을 류큐가 일본에 속한다는 것을 중국이 인정한 증거로 삼았다.

1879년 일본은 영국인에게 중재를 요청했고, 영국인은 일본이 류큐에 대한 주권을 갖고 있다는 결론을 내렸다. 류큐 조정은 메이지 정부에 현상 유지를 요청했으나 소용없었다. 3월에 메이지 정부의 사절 마쓰다 미치유키松田道之가 160명의 경찰관과 400명의 무장군인을 데리고 슈리성首里城에 밀고 들어와 쇼타이 왕尚泰王에게 일본이 류큐를 병합하는 데 동의하라고 압박했다.

중국은 영국의 중재 결과를 거부했으나 일본이 류큐에 대한 사실상의 통치권을 장악하고 쇼타이 왕을 일본으로 데려가는 것을 막지 못했다. 중국은 이에 항의했고, 사태는 미국 율리시스 그랜트Ulysses Grant(1822~1885) 대통령이 주재하는 또 다른 중재로 넘어갔으며, 일본은 그때 류큐를 분할하자고 중국에 제의했다. 청나라 조정은 그 제안을 거절했으나 일본의 류큐 왕국 병합을 막기엔 힘이 너무 약했다. 일본은 류큐의 명칭을 '오키나와현'으로 바꿨다. 일본은 서방이 발전시킨 국제법 체제에 대한 경험이 없는 청 조정의 이익에 반하는 법률적 세부조항들을 이용했다. 그 조항들은 민주적 구성물이 아니라 완전히 생뚱맞은 것이었지만 그럼에도 중국은 준수할 수밖에 없었다.

일본 본토의 차별

류큐를 병합한 뒤 류큐인들이 [일본과 같은] "동족이며, 같은 관습과 언어를 갖고 있고, 늘 사쓰마에 충성"했던 것과 같이 일본어와 가치관, 정체성을 심기 위한 폭넓은 교육이 도입됐다.[12] 하지만 실제로 일본이 류큐인들을 동족으로 받아들인 것은 아니다. 류큐 왕국의 소멸과 제2차 세계대전 발발 사이의 60년간 많은 류큐인이 일자리를 찾아 일본 본토, 그중에서도 특히 요코하마, 가와사키, 간사이 산업 지역으로 이동했으나 실생활 혹은 생각의 차이로 인해 그들은 학대받았으며, 더 먼 해외에서 이주한 사람들과 같이 외국인 취급을 당한다고 느꼈다.[13]

성인이 된 뒤 대부분의 시간을 일본 본토에서 보낸 오키나와 시인 야마노구치 바쿠山之口貘(1903~1963)는 탄식했다. "어디를 가든, 사람들은 이상한 표정으로 나를 빤히 쳐다봤다―마치 내가 인간이 아닌 것처럼."[14] 류큐 사투리로 일본어를 하는 류큐인 노동자들은 때때로 그들을 완전히 쫓아내려 했던 본토의 고용주들 손아귀에 시달렸다. 1920년대와 1930년대 기록들을 보면, 고용계약과 주택, 그리고 노동 현장의 안전조치에서조차 차별이 존재했음을 알 수 있다. 공장들은 조선인들과 오키나와인들, 그리고 일본의 사회계층 가운데 맨 밑바닥에서 따돌림을 당한 부락민部落民(일종의 사회적 천민 신분으로, 온갖 차별과 멸시를 당한 일본 사회 내의 특정 하층민 집단-옮긴이) 등을 모집하면서 오키나와인들은 낮은 임금을 줘도 괜찮고, 폭력적인 노동조건을 견디며, 화

재나 사고에 따르는 보상을 요구하지 않는 것으로 간주했다. 그들은 따로 수용됐고, 일본인 노동자들보다 싼 음식을 받아먹었다. 1919년 본토의 방적공장에서 일했던 긴조 쓰루金城ツル는 이렇게 회고했다.

나는 3년으로 계약했지만 1년만 일하고 달아났다… 더는 참을 수가 없었다. 오키나와 출신이라는 이유만으로 늘 놀림을 당했다. 나는 특히 기숙사의 우리 방을 담당하는 쉰 살쯤 되는 여성으로부터 놀림을 많이 당했다. 그녀는 내게 말할 때마다 깔보듯 소리쳤다. "야, 너 류큐"라거나 "이봐, 류큐"라고 했다. 비록 류큐인이지만 나는 결코 약골이 아니다. 그래서 나는 되받아 그녀에게 소리쳤다….[15]

오키나와인의 해외 이주

차별은 1900년대에 하와이, 페루, 브라질로의 제1차 이주 물결을 촉발했다. 이들 초기 이주민들의 삶은 고달팠다. 그들 중 다수는 말라리아 전염병이 도는 정글 한복판의 사탕수수와 커피 농장에서 폭압적인 조건 아래 일했다. 그들은 먼저 도착한 일본인 이주민들로부터 차별을 당했다. 일본인 이주민들은 류큐인들을 인종적으로나 문화적으로나 열등한 존재로 간주했다. 류큐인들의 상황은 일본 정부가 현에 투자한 것보다 2배 많은 세금을 부과하면서 점점 더 나빠졌다. 1921년에 류큐 지역 주요 환금작물인 사탕수수 가격이 급락하자 기아 상태가 발생해 더 많은 해외 이주를 압박했다. 1924년 이민법Immigration Act으로 미국으로의 이민이 막히자 많은 사람이 중앙 아메리카와 남부

아메리카, 그리고 확장하는 일본 제국의 타이완, 만주, 태평양의 섬들로 이주했다. 그곳에서 그들은 고향에 남겨두고 온 가족들을 위해 극도의 어려움도 참아냈다. 해외 이주 노동자들의 송금액은 1929년 오키나와 소득의 66퍼센트를 차지했다. 그들 다수는 자신들의 사투리를 감추고 일본식 이름을 썼다. 하지만 차별은 전쟁 뒤에도 계속돼 이자카야居酒屋(선술집)나 식당에서 그들의 출입을 막는 표지들이 1980년대 중반까지도 걸려 있는 게 보통이었다.[16]

미국과 류큐 왕국

류큐 왕국이 미국인들과 최초로 만난 것은 1853년 매튜 페리 제독이 이끈 미국 전함들이 나하에 입항했을 때였다. 일본을 개항시키려던 필모어Millard Fillmore(1800~1874) 대통령의 명을 받고 내항한 페리는 교역과 석탄 공급을 위한 땅을 제공하지 않으면 나하를 공격하겠다고 위협했다. 그는 해병대를 상륙시키고 쇼타이 왕 알현을 요청했다. 미국에서 출항하기 전에 페리는 해군 장관에게 편지를 보내 다음과 같은 이유로 류큐섬을 점령하자고 제안했다.

이제 나는 우리 전함들의 기항과 모든 나라 상선의 안전한 휴식을 위해 저 섬들의 주요 항구들을 점령하는 것이 도덕률의 가장 엄격한 규칙에 비춰서도 정당화될 수 있을 뿐만 아니라 불가피한 필요라는 법칙the laws of stern necessity으로도 간주될 수 있으리라 생각합니다. 그리고 이런 주장은 비록 문명에 뒤따르기 마련인 악습이 그들에게 스며들지라도 원주민들

의 조건 개선이라는 확실한 결과에 따라 더욱 힘을 얻게 될 것입니다.[17]

페리는 오키나와 관리들의 모든 항의를 묵살한 채 섬 내부를 탐사하기 위해 무장 부대를 파견했다. 1851년 1월 3일 자《뉴욕 헤럴드》는 무시하듯이 류큐를 이렇게 묘사했다. "독립적 왕국이지만 일본에 종속돼 있다. 점잖고 품위 있는 태도, 예술과 일반 지성의 더 나은 진보라는 관점에서 이 집단의 주민들은 단연코 태평양에서 조명되지 않은 가장 흥미로운 민족이다."[18] 페리의 임무는 일본 시장을 뚫는 것이었다. 미국 사업가들은 의회에 원정대를 보내라고 압박했고, 일본을 겁박하기 위해 페리는 류큐인들에게 강압 정책을 계획했다. 일본을 개항시키려던 이전의 사절단들이 실패했기에 페리는 미국 정부가 또다시 '수모를 당하게' 하진 않겠다고 각오를 다졌다. 해안에 공급기지를 건설하는 것에 대한 류큐의 모든 반대를 무시한다는 결정이 내려졌다. 중국에서 20년을 보낸 사절 단원인 수석 통역사 새뮤얼 웰스 윌리엄스Samuel Wells Williams(1812~1884)는 이렇게 썼다.

그것은 약하지만 옳은 쪽과 힘은 있지만 나쁜 쪽 사이의 싸움이었다. 누구도 그보다 더 고압적인 침략을 자행한 적이 없었다. 나는 그런 일에 일원으로 참여한 것이 부끄러웠으며, 오직 "안 돼"라는 말밖에 할 수 없는 이 가난한 무방비 상태의 섬사람들을 동정했다….[19]

페리는 왕의 알현을 요구했는데, 왕은 아직 어린 소년이었다. 류큐 관리들은 왕궁에서 환영받지 못할 것이라는 점을 분명히 했으나 페리는 중국인 쿨리(막노동꾼) 4명이 멘 가마를 타고 무장한 해병대원과 군악대가 뒤따르는 가운데 성으로 밀고 들어갔다. 약 200명으로 구성된 그 집단은 왕궁 앞에서 문이 열릴 때까지 떠나지 않았다. 미국인들은 'Hail Columbia!(컬럼비아 만세! 1931년까지 비공식적으로 사용된 미국의 국가-옮긴이)'의 곡조에 맞춰 행진했다.

> 불멸의 애국자들이여, 다시 한 번 일어나라.
> 그대들의 권리를 지켜내고, 그대들의 해안을 지켜내라!
> 무례한 적들이 불경한 손으로
> 무례한 적들이 불경한 손으로
> 성자들이 누워 있는
> 고투와 피, 그 마땅한 보상인
> 성지를 침범하지 못하게 하라.
> 진실하고 공정한 평화를 제안하면서
> 하늘에 맹세코 우리는 늠름하게 믿나니,
> 진실과 정의가 승리할 것이며,
> 속박하려는 모든 책략은 실패하리라.

함대는 며칠 뒤 도쿄로 향했다. 거기서 그들은 항구들을 개항해 교역을 허락하지 않으면 수도를 공격하겠다고 위협했다. 류큐인들이 미국인들을 본 것은 이번이 마지막이 아니었다. 그들은 1945년에 다시 돌아왔다.

동·남중국해, 힘과 힘이 맞서다

강철 태풍

1945년 3월부터 9월까지 계속된 오키나와 전투는 제2차 세계대전 때의 전투 가운데 가장 처참했다.[20] '강철 태풍typhoon of steel'이라 불린 그 전투는 미국군과 일본군이 벌인 처절한 총력전이었다. 해군과 공군의 지원을 받는 54만 명의 미군은 해·공군의 지원은 없지만 섬 전체에 강력한 방어진지를 구축한 11만 명의 일본군을 대적했다. 그들 사이에 50만의 민간인들이 끼어 있었다. 연합군과 일본 본토 사이의 최후 방어선으로서 오키나와가 지닌 중요성은 일본의 저항이 그만큼 격렬하리라는 걸 의미했다. 일본군은 적의 진격을 막기 위해, 그리고 연합군의 사상자를 최대한 발생시켜 본토 침공을 포기하도록 만들기 위해 태평양전쟁의 어떤 전투보다 많은 자살 폭격기와 함정(가미카제-옮긴이)들을 배치했다. 오키나와는 장기판의 희생용 졸卒이었으며, 민간인들을 보호하기 위한 노력은 거의 없었다. 오키나와인을 일본인보다 열등한('완전한' 일본인이 될 수 없는) 존재로 여긴 일본 군부는 군사적 목적을 달성하기 위해 그들을 희생시켰다.[21] 그들은 일본군한테서 학대와 박탈, 심지어 살해당하기까지 했다.[22]

오키나와는 태평양전쟁 중에 미군과 일본군 간에 지상전이 벌어진 유일한 지역이었다. 그 전투는 1945년 3월 26일부터 6월 23일까지 계속됐으며, 오키나와 전체 인구 4분의 1 이상이 목숨을 잃었다. 민간인 사망자(1만 3천~1만 4천 명)가 군인 사망자 수의 2배 가까이 됐다. 미국인은 1만 4천 명이 죽고 그보다 더 많은 사람이 부상당했다. 막대한 피해로 생존자들에게는 아무런 생계수단도 남지 않았다. 집, 땅, 도구들과 음식이 사라졌다. 대다수 주민이 캠프에 수용돼 있었는데, 그들 중 다수는 2년 동안 그곳에서 지냈으며, 석방된 사람들을 맞이한 것은 파괴된 그들의 공동체였다. 요미탄 마을読谷村의 주민들은 이렇게 전했다.

> 눈에 보이는 것은 온통 미국의 군사시설들이었으며, 전쟁 전에 우리가 알던 마을은 흔적조차 찾을 수 없었다. 나무들은 베어졌고, 돌담과 울타리들은 사라졌다. 팜파스 그래스pampas grass(남미 초원지대가 원산인 갈대 비슷한 풀. 정원에 관상용으로 기른다―옮긴이)와 잡초투성이였으며, 산에서 날아온 야생 조류들이 둥지를 틀었고 몽구스들이 예전에 우리 마을 한복판이었던 곳을 돌아다녔다. 정말 황량했다. 땅에는 염소와 말, 소들의 뼈도 널려 있었다.[23]

한 가족은 귀향을 이렇게 회상했다.

> 쿠쉬 마을(지금의 나고시Nago City 일부)에 있는 아우라 캠프에서 나가 집으로 돌아가도 된다는 허락이 떨어졌지만, 우리는 고향에 곧바로 돌아갈 수 없기에 후리지마라는 곳에서 며칠을 머물렀다. 거기서 우리 마을 쪽을 살펴보니 모든 것이 눈처럼 하얗게 보였다. 우리는 마을이 비행기 활주로로 바뀌었다는 사실을 발견했다. 모든 집이 불탔고 기름진 농토들은 활주로 아래에 묻혔다.[24]

민간인들은 미군이 설계한 지역들에 재배치됐는데, 농사나 고

기잡이 그리고 온전한 공동체를 위한 고려 없이 마련된 곳이었다. 또 그들 중 다수가 오키나와 외곽의 섬들이나 일본 본토로 이주당했다. 1954년에 류큐열도 미국민정국US Civil Administration Ryukyu Islands, USCAR이 1만 6천 명의 오키나와인들을 해외로 이주시키는 '야에야마 개발계획'을 발표했다. 미군은 1971년 오키나와 반환 협정으로 오키나와를 일본에 돌려줄 때까지 그곳을 통치했다. 오키나와는 도쿄 중앙정부로부터 정치적으로는 하찮은 대접을 받고 있으나 미·일 군사동맹의 초석으로, 일본 내 미국 군사시설에 대한 부담을 과도하게 떠맡고 있다.

오키나와는 일본 영토의 0.6퍼센트에 지나지 않지만 74퍼센트의 주일 미군기지를 보유하고 있다.[25] 오키나와 반환 전에 미국 핵무기들이 그곳에 비밀리에 배치돼 있었으며, 베트남전쟁이 끝난 뒤 대량의 고엽제가 폐기돼 오키나와 땅에 파묻혔다.[26] 오키나와 본섬 땅의 20퍼센트 이상을 미군기지들이 점령하고 있다. 극동 아시아에 배치된 최대의, 그리고 가장 왕성하게 기동하는 가데나嘉手納 미 공군기지, 그리고 학교 및 일반 가정집들과 근접한 도시 지역(기노완시宜野湾市-옮긴이) 한복판의 후텐마 미 해병대 공군기지 등이 그것이다. 주민들은 해병대 기지를 철수해달라고 호소했으나 소용없었다.

제2차 세계대전이 끝난 뒤 미국인들과 관련된 많은 사건이 일어났다. 주일 미군 지위협정Status of Forces Agreement, SOFA의 보호 아래 현지 미군들은 일본 법률 적용대상에서 제외되는 면책특권을 누리며, 장기간 음주운전, 폭행, 강간에 이르기까지 온갖 범죄들을 저질러왔다. 1995년에는 미군 병사 3명이 열두 살 여중생을 납치해 집단 윤간을 했다. 그 사건은 오키나와인들의 분노를 촉발시켰으며, 일본과 미국의 폭력 및 패권의 희생자 오키나와를 상징하는 사건이 됐다.[27] 역사적으로 오키나와인들은 중국인, 일본인, 그리고 미국인들과 조우했다. 유감스럽게도 그들이 진정한 주권과 평화를 누린 적은 중국과 관계를 맺고 있을 때뿐이었다.

베
트
남

중국, 프랑스, 미국 등 강대국들의 침입과 오랜 전쟁은
핏빛으로 얼룩진 고통스러운 역사를 남겼다.
먼 길을 돌아 독립국가로 다시 선 베트남의 미래는….

베트남 민속에 따르면, 베트남의 최초 왕인 데 민Đế Minh(帝明)은 중국의 신성한 통치자의 자손(중국 신화에 나오는 염제炎帝 신농씨神農氏의 3대 후손-옮긴이)이다. 데 민의 손자 락롱꾸언Lạc Long Quân은 불사不死의 중국인 어우꺼Âu Cơ와 결혼했고, 어우꺼는 100명의 아들을 낳았다고 한다. 이 부부는 나중에 갈라서는데, 어우꺼가 아들 50명을 데리고 고산지대에 정착했고, 락롱꾸언은 나머지 아이들과 골짜기에 남았다. 락롱꾸언의 맏아들 훙브엉Hùng Vương(雄王)이 베트남 첫 왕조 홍방Hồng Bàng(鴻龐)을 세웠는데, 기원전 2879년에서 기원전 258년 사이에 통치했다고 한다.

이 주목할 만한 전설은 이들 초기 베트남 왕들의 어머니가 중국인이라고 선언한다. 하지만 언어 연구 결과는 베트남인들이 인도네시아에서 온 말레이 폴리네시아 계통 사람들임을 시사한다. 이 사람들은 자신들을 락Lạc(雒)족이라고 했고 그들의 왕은 반랑Văn Lang(文朗, '문신을 한 사람들의 땅')이라 불렀다. 락족은 중국인들이 일반적으로 '월越(베트남어로는 '비엣Viet')'이라고 불렀고, 기원전 첫 밀레니엄에서 기원후 첫 밀레니엄까지 양쯔강 남쪽에서 살았던 많은 종족 사이에서 뚜렷이 달랐다. 그들 중에 광둥, 광시, 푸젠 등 지금의 중국 남부지방에서 살았던 초기의 주민들이 포함돼 있었는데, 중국 제국이 남쪽으로 확장하면서 중국화됐다. 혈연(사실이든 가공이든), 왕조 제국주의dynastic imperialism도 락족을 흡수하기 위한 거듭된 시도에 활기를 불어넣었지만, 그들은 독자적인 정체성을 유지했다.

기원전 258년에 반랑은 이웃의 군벌에 정복당했다. 정복자는 반랑을 자신의 영지와 통합해 새로운 국가를 세우고 '어우락甌雒'이라 불렀다. 어우락은 다시 기원전 207년에 중국의 군사통치자 자오투어赵佗(베트남어로는 찌에우다Trieu Da)에게 합병당해 오늘날의 광둥 땅 대부분과 북부 베트남을 포괄하는 남비엣南越国의 일부가 됐다. 그다음 해인 기원전 206년에 남비엣을 지배하던 중국 진나라가 무너지자 자오투어는 스스로 남비엣의 왕임을 선언했다.[1] 독립 왕국을 건설하기 위해 자오투어는 진 제국에 충성을 바쳤던 모든 관리를 몰아내고, 비엣의 풍습을 채택하고 지역 귀족과 족장들을 통해 통치함으로써 의식적으로 중국계가 아닌 나라를 세웠다. 하지만 약 100년 뒤인 기원전 111년에 남비엣은 다시 중국 한무제에 정복당함으로써 이후 1천 년간 중국의 지방이 됐다.

천 년 통치

한 나라가 다른 나라를 1천 년간 통치하는 건 매우 드문 일이다. 먼저 중국의 통제는 상당히 느슨했다.[2] 중국은 새로운 도구와 기술, 물소와 같은 동물을 도입하여 농업을 크게 발전시켰다.[3] 중국이 파견한 절도사들은 자오투어가 그랬듯이 지역 영주들을 통해 통치했다. 하지만 그들은 또한 통혼通婚과 중국 문화 소개를 통해 락족을 동화시키려 애썼다. 금속과 목재 같은 지역 산물들을 더 효율적으로 수탈하기 위해 중국인 절도사들은 나중에 한나라 행정관리제도를 도입해 지방을 직접 통치했다. 이것이 지역 영주들을 화나게 해, 기원후 39년에 쯩Trung 자매가 절도사를 쫓아내고 스스로 새로운 통치자들이 됐다. 그러나 그 체제는 고작 3년밖에 가지 못했으며 중국이 다시 기존 체제를 재건했다.

베트남 원주민들만이 독립을 원했던 건 아니다. 안남(중국인이 베트남을 가리켜 부른 명칭)은 물자가 풍부했고, 중국 조정으로부터 매우 먼 거리에 있었기 때문에 중국인 절도사들도, 자오투어가 예전에 그랬던 것처럼 분리 독립하려고 했다. 3세기에 한나라 조정이 힘을 잃자 절도사 사섭士燮이 독립을 했다. 사섭은 한 왕조의 몰락으로 인한 혼란을 피해 피신해 오는 학자들과 고위관료들 덕을 봤다.[4] 많은 남성이 단신으로 와서 현지처를 얻었다. 시간이 지나 통혼하면서 그들의 중국적 특성Chinese-ness은 희석돼 갔으며, 중국-베트남 혼혈 엘리트들이 생겨나 점점 더 중국인으로서 특성을 잃어가는 한편으로 점점 더 베트남인이 되어갔다.[5]

베트남은 중국의 이웃 국가들 가운데 몇 세기에 걸쳐 장기간 중국의 통치를 받은 유일한 나라다. 중국인들에게 베트남('교지交趾'라는 지역명으로 불렸다)은 광둥이나 광시와 같은 중국의 일부였다. 그 지역[縣]은 홍강Red River(송홍瀧紅, 홍하紅河라고도 한다─옮긴이) 유역으로, 오늘날의 베트남 영토의 일부일 뿐이다. 중국의 이웃 국가들 가운데 베트남만큼 종족 간 배합inter-racial mixing을 많이 경험한 나라는 없다. 유교 고전을 공부한 중국–베트남 엘리트들은 중국 문화를 수용하면서도 베트남의 정체성을 깊이 간직했다. 이들 엘리트 가운데서 542년에 중국인을 몰아낸 대규모 반란을 이끈 리본Ly Bon(리비라고도 함–옮긴이)이 배출됐다. 하지만 500년 전의 쯩 자매처럼 그는 3년 뒤 중국군에 패배했다. 그 뒤 500년간 중국–베트남 상류층은 거듭 반란을 조직했지만, 당 왕조(618~907)가 기울고 난 뒤에야 성공할 수 있었다. 응오꾸옌Ngô Quyên,吳權의 지도 아래 중국 함대를 궤멸시킨 베트남인들은 939년에 독립을 쟁취했다.

독립과 중국의 침공

939년 베트남은 난감한 상태였다. 수십 년간의 전쟁으로 피폐해진 나라는 내부 불안정에 직면했고, 중국은 다시 정복하겠다고 위협했다. 베트남은 중국의 종주권을 인정하고 3년마다 조공 사절단을 보내는 대신 군사적 보호와 자치를 보장받았다. 독립 이후 초기 70년간 베트남은 3개의 왕조 시대를 거쳤다. 각기 유능한 지도자가 왕조를 세웠으나 그들을 이은 후계자들이 모조리 유약했다. 안정과 지속적인 변화를 이룩한 것은 네 번째 왕조인 리李 왕조였다. 얄궂게도 215년간 (1009~1224) 통치한 리 왕조는 그 민족적 뿌리가 푸젠성 출신의 화교들이었다. 리 왕조 조정은 중국의 과거제도를 도입하고 왕조의 전반기에 지역 영주들을 유교 전통에 따라 훈련받은 관료들로 교체했다. 정치적 안정은 경제적 번영을 가져다주었다. 리 왕조는 도로와 배수구, 수로를 건설하고, 역참 체제를 도입했으며, 비록 중국을 경계했으나 그들 자신이 중국 미술과 문학의 후원자였다. 중국 미술과 문학은 당대 세계 문화 분야에서 중국 문화의 우수성을 보여주는 상징이었다.

더 큰 경제 발전을 방해한 것은 베트남을 되찾으려는 중국의 시도를 막기 위해 끊임없이 벌인 전쟁이었다. 1057년에 베트남인들은 송나라 군대에 맞서 4년을 싸운 끝에 그들을 물리쳤다. 전쟁이 북부지방을 휩쓸었던 것처럼 남쪽에선 캄보디아의 인도화한 의존국가Indianized client state 참파가 베트남을 침공했다. 격전이 계속되는 가운데 남부지방을 빼앗기고 다시 찾기를 거듭했다. 참파와 캄보디아(크메르 제국)는 1128년, 1132년, 그리고 1138년에 베트남을 공격했으며, 1138년과 1216년 사이에 다섯 번을 더 침공했다. 이전 왕조들처럼 리 왕조도 후기에는 유능한 지도자가 나오지 않았는데, 사이코패스였던 마지막 리 황제는 그의 일곱 살 된 딸에게 자리를 물려줄 수밖에 없었다. 리 왕조는 내전으로 종말을 고했다. 그 내전으로 베트남의 두 번째로 융성했던 왕조 쩐陳 왕조(1225~1400)가 출현했다. 쩐 왕실은 이후 200여 년간 유지됐다.

쩐 왕조는 리 왕조 기간에 베트남을 강성하게 만든 정책들을 유지했으나, 리 왕조처럼 끊임없는 침략 위협에 시달렸다. 이번에는 1271년에 중국을 정복한 쿠빌라이 칸의 몽골군이었다. 몽골군은 1257년에 침공해 왔으나 열대의 고온과 질병으로 대량의 사상자가 발생했다. 몽골군은 1284년에 50만에 이르는 더 많은 군대로 재차 침공해 왔지만 또다시 말라리아에 굴복해야 했다. 3년 뒤 세 번째 침공 역시 패배로 끝났다. 쩐 왕조는 몽골의 침공이라는 재난에서 회복하기도 전에 참파와도 전쟁을 벌여야 했다. 끊임없는 전쟁은 나라의 힘을 고갈시켜 심각한 경제적·사회적 위기를 초래했다. 14세기 말에 대규모 기근과 반란이 발생했으며, 1400년에 네 살짜리 왕의 섭정이었던 호꾸이리胡季犛가 왕위를 찬탈한 뒤 쩐 왕실 사람들을 학살했다.[6] 호는 그 뿌리를 거슬러 올라가면 중국 저장성 집안 출신으로, 새 왕조를 세웠으나 2년 뒤 아들에게 자리를 물려주었다.

쩐 왕조는 중국의 조공국으로, 명나라 영락제永樂帝가 호의 반역 소식을 듣고 1406년에 토벌군을 보냈다. 호 부자父子가 함께 붙잡혀 난징의 영락제 앞으로 끌려갔으며 명군은 베트남에 그대로 머물렀다. 베트남(당시에는 안남安南으로 불렸다)은 또다시 중국의 변방 영토인 교지交趾가 됐다. 명은 베트남의 자원을 수탈하고 베트남 문화를 억압했다.[7] 베트남 서적들을 불살랐고 학교에서는 오로지 중국어로만 수업을 했다. 여인들은 중국 옷을 입었으며 남자들은 중국식의 긴 머리 차림을 했다. 이런 중국화 정책은 베트남인들 사이에 더 큰 불신을 샀고, 1418년에 부유한 지주 레 러이黎利가 10년에 걸친 봉기 끝에 중국인들을 쫓아냈다. 레는 세 번째 큰 왕조를 세웠는데, 베트남 역사상 가장 장수한 왕조인 후레後黎 왕조(1428~1787)다.

레 왕조의 역대 통치자들은 새 땅을 확보하기 위해 오랜 기간 남부의 이웃 나라 참파와 전쟁을 벌였다. 광대한 지역을 불태운 집단학살 전쟁이었는데, 1471년 참파 수도 비자야Vijaya를 함락했을 때는 6만 명의 주민들을 학살했다. 남방 지역 영토 확장 또는 남천南遷을 통해 참파의 대부분을 병합해 15세기 말까지는 그 지역을 베트남 열세 번째 현縣으로 편입했다.[8] 베트남 농민들과 군인들이 새로 정복한 땅에 정착해 국경을 메콩 델타Mekong delta 지역까지 밀어붙였다. 오늘날까지 살아남은 참파인은 약 16만 명밖에 되지 않는다.[9]

떠이선의 반란

1620년께 다시 전쟁이 일어났는데 이번에는 북부의 찐鄭과 남부의 응우옌阮, 두 라이벌 간의 전쟁이었다. 일시적인 휴전까지 포함해 찐 가문(왕조)은 남부지방을 지배하기 위해 50여 년간을 싸웠으나 1673년의 전쟁을 끝으로 포기했다. 찐 가문과 응우옌 가문은 베트남 중부 지역 후에Hue의 실권 없는 레 조정에 충성하기로 맹세했으나 그 뒤 100년간 각자 정부를 유지했다. 1772년 유능한 세 형제가 이끄는 반란이 두 가문을 상대로 일어났다. 떠이선西山(떠이선은 그들의 고향 마을 이름이다) 형제들은 사회적·정치적 개혁을 바란 농민과 상인 계급들을 끌어들여 광범위한 봉기를 이끌었고 1777년 남부 지배체제를 뒤엎는 데 성공했다. 부자와 가난한 자의 평등을 설파하면서 그들은 식량과 돈을 농민들에게 재분배하고 정부 조세 장부를 불태웠다. 사람들은 그들을 '고결하고 자비로운 도둑들'이라며 반겼다.[10] 그들은 우수한 군인들이었으며, 농민과 장인, 참파인, 중국인 그리고 일부 학자들까지 가세한 반란은 낡은 정치체제를 깨뜨리면서 마을들을 휩쓸었다.

응우옌 가문은 왕의 조카인 열다섯 살 응우옌 아인阮映을 빼고 몰살당했다. 남부 지역을 정복한 떠이선은 북쪽으로 관심을 돌렸다. 북부 찐 왕조를 겨냥한 전쟁은 10년을 더 끌었다. 그런데 그 기간에 캄보디아인 용병과 중국인 해적들의 지원을 받은 응우옌 아인이 사이공('호찌민'의 전 이름)을 탈환했다가 1783년에 다시 빼앗겼다. 떠이선은 1787년에 레 왕조를 무너뜨렸다. 그다음 해에 중국은 베트남 내전을 기화로 침공했으나 격퇴당했다. 떠이선이 중국과의 싸움에 몰두하고 있을 때 응우옌 아인이 프랑스의 도움을 받아 남부 지역 전체를 탈환했다. 그는 나아가 후에와 하노이를 점령하고 1802년에 스스로 황제 자리에 올랐다. 자롱嘉隆 황제가 된 그는 베트남의 마지막 왕조 응우옌 왕조阮朝를 세웠으며, 자신의 왕국 이름을 베트남으로 바꿨다.

프랑스의 통치

프랑스가 베트남 내정에 개입한 역사는 아비뇽 출신의 예수회 학자 알렉상드르 드 로드Alexandre de Rhodes(1591~1660)로까지 거슬러 올라갈 수 있다. 1615년 도요토미 히데요시 치하의 일본에서 쫓겨난 예수회 선교사들에게 베트남 입국이 허용됐다. 그들은 다낭沱瀼에서 남쪽으로 15마일 정도 떨어진 포르투갈의 무역 거점 호이안會安(그전에는 파이포Faifo로 불렸다)에 자리 잡았다. 그곳은 곧 포르투갈인, 스페인인 그리고 이탈리아인 선교사들이 프랑스 예수회 선교사들과 뒤섞여 선교 거점이 됐다. 드 로드는 6개월 만에 베트남어를 배워 베트남어의 로마자화를 완수했다고 한다. 당시까지 베트남어는 중국 문자로 표기되었다. 북부와 남부 간의 내전 중이었지만 로드는 1627년에 하노이로 갔다. 거기서 그는 많은 사람을 가톨릭으로 개종시켰으나, 외국의 영향을 꺼린 찐 왕조에 의해 금방 추방당했다.

찐 왕조는 기독교를 전통적인 유교 질서에 대한 위협으로 간주했고, 프랑스의 선교 활동은 처음부터 교역 권리와 밀접하게 얽혀 있었다. 교황 알렉산더 7세는 프랑스와의 관계가 경색되자 인도차이나 선교사업에 거의 열의를 보이지 않았다. 로드는 인도차이나에서 기다리고 있을 재물을 선전하면서 상인들의 지지를 끌어모으려 했다. 1653년 파리에서 간행된 책에서 그는 무엇보다도 베트남이 낚싯줄과 항해용 줄을 만들 때도 쓸 만큼 많은 비단을 생산하는 나라라고 주장했다.

베트남이 선교사들과 그들이 개종시킨 신자들을 탄압하면서 선교 활동은 점점 더 위험해졌다. 베트남의 대다수 인구가 농민들인 데다 너무 가난해서 프랑스 물품을 살 능력이 없었으므로 교역도 거의 진척을 보지 못했다. 1767년에 프랑스 장군 샤를 엑토르 데스탱Charles Hector d'Estain(1729~1794) 백작이 병사 3천 명을 파병해 투란Tourane('다낭'의 프랑스 식민지 때 이름)을 점령하자고 제안했다. 그러나 프랑스는 인도에서 영국에 자산을 빼앗긴 뒤 원정대를 파견할 재원이 없었다. 프랑스는 18세기 말에 피뇨 드 베엔Pigneau de Béhaine(1741~1799) 주교가 베트남 내전에 관여하면서 운이 트였다. 피뇨는 젊은 응우옌 아인이 남부 해안도시 하띠엔Ha Tien에 있던 그의 신학교로 피신했을 때 그의 친구가 돼 주었다. 주교는 처음엔 응우옌 아인을 도와달라고 파리 쪽에 호소했으나, 프랑스혁명이라는 격심한 진통을 겪고 있던 루이 16세 조정은 아무것도 해줄 수 없었다. 단념하지 않은 피뇨는 사적으로 응우옌 아인의 군대에 들어갈 선원, 군인, 프랑스 해군 장교 들을 모집했다. 프랑스제 무기와 용병들을 동원한 응우옌 아인은 1802년 오랜 싸움 끝에 떠이선으로부터 통치권을 도로 빼앗았다.[11]

자롱 황제가 된 응우옌 아인은 개인적으로 프랑스인들에게 빚을 졌으므로 자신의 궁정에 프랑스인 일부를 자문역으로 고용했다. 하지만 그는 타고난 유교인이어서 서방 과학의 위력을 목도했음에도 과거제와 같은 핵심적인 유교 제도를 유지했다. 전임자들처럼 그도 기독교와 프랑스를 베트남식 삶의 방식을 위협하는 요소로 여겼다. 그는 자신의 첫 번째 소실이 낳은 장남 민망明命을 후계자로 지목했다. 반서양 감정을 지닌 것으로 알려진 민망은 외교 및 무역 관계를 맺자는 프랑스의 제안을 거절했다. 그의 후계자 티에우찌紹治도 마찬가지로 프랑스와 선교 활동에 매우 조심스러운 태도를 보였다.

19세기 중반에 가톨릭 개종자들이 30만 명을 헤아릴 정도로 세력이 불어났다. 프랑스-베트남 관계는 악화했고, 1847년 4월에 다낭에 구금당한 프랑스 선교사 2명의 석방을 위해 파견된 프랑스 전함 두 척이 베트남 콜베트함corbette(소형 호위 함정-옮긴이)들의 공격을 받았다. 프랑스 전함들이 대응 사격해 베트남 배들을 침몰시키고 항구를 포격해 몇 시간 만에 민간인 수백 명을 죽였다. 1856년 프랑스군은 다시 다낭을 공격했고, 그때 뜨득嗣德 황제는 두 프랑스인 선교사들을 처형하라고 명했다. 당시 나폴레옹 3세Napoleon III 치하의 프랑스는 다른 유럽 열강들과 함께 식민지 쟁탈전에 뛰어들 준비가 돼 있었다. 1850년대에 더 큰 해외 시장 확보를 갈망하던 프랑스 산업자본가들은 군사행동을 요구하는 선교사들 편에 섰다.

1858년 8월 31일, 예수회 소속 몬시뇨르 펠르랭Monsignor Pellerin 등 2,500명의 장정을 태운 14척 프랑스 전함들이 다낭항으로 진입했고, 다음 날 그 도시를 점령했다. 그러나 프랑스인들은 다낭 차원을 넘어선 격렬한 저항에 부닥쳤으며, 열대지방 특유의 풍토병은 곧 실제 전투에서보다 더 많은 생명을 앗아갔다. 이런 차질로 말미암아 파리에서는 식민사업에 대한 회의가 싹텄으나, 프랑스는 계속 강행해 25년 뒤 베트남 정복을 완수했다. 그때 후에의 궁정은 항복하고 나라 전체를 프랑스 통치에 맡기는 조약에 서명했다.[12]

베트남 시민들은 처음부터 프랑스의 권리를 부정했다. 베트남 공무원들의 소극적 저항은 식민정부를 정지 상태로 만들었다. 프랑스인들은 식민지를 어떻게 운영할지에 대해 전혀 알지 못했고, 그 결과 프랑스 국고에서는 돈이 계속 빠져나가기 시작했다. 신임 총독 폴 두메르Paul Doumer(1857~1932, 제14대 프랑스 대통령으로 암살당했다-옮긴이)는 국고 유출을 막겠다며 1897년에 그 자리를 떠맡았다. 두메르는 수천 명 관료를 프랑스에서 데려갔고, 그 밑에 베트남인들을 두고 부리게 했다. 베트남인 하급관리들은 가장 낮은 임금을 받는 프랑스인 관리보다도 훨씬 더 적은 임금을 받았다.

베트남을 프랑스 상품시장, 값비싼 원료 공급지로 본 두메르는 도로와 철도, 다리, 항구들을 건설했으나 베트남의 산업 발전에 대해서는 아무런 관심이 없었다. 베트남의 쌀과 석탄, 원광석과 고무는 가공되지 않은 채 그대로 수출됐다. 이익은 거의 재투자되지 않았고, 발전의 결실은 모조리 프랑스 사업가들, 그리고 프랑스가 창출해낸 소수의 베트남인 대지주들에게 돌아갔다. 식민지 베트남은 프랑스 국가에도, 귀향한 프랑스인들에게도 아무런 이익을 안겨주지 못했다. 파리의 재무부는 베트남을 다스리기 위해 40년 넘게 지출한 막대한 돈을 회수하지 못했다.

일반 프랑스인들은 쌀과 고무제품 가격을 식민지의 쌀과 고무산업이 없는 나라들의 소비자와 같은 수준으로 지불했다. 프랑스의 산업도 개발 반대 정책 때문에 고객들을 빼앗겼다. 베트남에서 산업화없이는 중간계급도 존재할 수 없으며, 전체 인구의 80퍼센트를 차지하는 농민들은 프랑스 물품을 살 돈이 없었다. 프랑스 상품을 위한 인도차이나 시장은 고작 6천 명 남짓 규모의 토착민 지주들과 프랑스 거류민들로 구성돼 있었다.[13]

놀랄 것도 없이, 베트남인들 역시 식민통치체제에서 얻은 게 아무것도 없었다. 대다수 베트남인의 삶은 프랑스 식민지 시절인 1930년이 100년 전보다 더 힘들었다. 두메르는 식민지 도로와 철도를 건설하는 데 들어가는 자금을 충당하기 위해 과중한 세금을 부과했다. 그렇게 건설된 도로와 철도는 제대로 활용되지도 못했다.[14] 쌀 경작지가 1880년에서 1930년 사이에 4배로 늘어났지만 농민들의 평균적인 쌀 소비는 줄었다. 관개사업으로 개발된 광대한 땅들은 그것이 필요한 농민들에게 배분되지 않고 베트남 부역자들과 프랑스 투기꾼들에게 경매로 처분됐다. 그 정책은 새로운 대지주 계급을 만들어냈다. 대지주들은 소작인들 수확물의 무려 60퍼센트를 소작료로 걷어가, 농민들은 가족 생계마저도 제대로 꾸려갈 수 없었다.

소규모 농지를 소유한 농민들은 그들보다 사정이 조금 더 나았을 뿐이다. 그들이 생산한 쌀은 사이공의 수출 시장에서 팔려나가는 쌀값의 15퍼센트도 채 되지 않는 싼값에 팔렸으며, 그 차액은 중국인 중간상인과 프랑스 수출업자에게 돌아갔다. 식민지 재정 균형을 위해 두메르는 아편, 와인, 소금에도 세금을 물렸으며, 소금 생산을 국가 독점사업으로 만들어 공급을 줄임으로써 가격을 10배나 올렸다. 정부는 공공사업 프로젝트에 부역 노동을 강제했고, 의료 서비스는 턱없이 부족했다. 당시 베트남은 인구 10만 명당 의사 2명꼴이었는데, 이는 필리핀의 25명, 일본의 76명에 비해 형편없이 적었다.[15]

식민지 시기의 중국과 베트남 관계

프랑스 덕분에 베트남과 중국의 관계가 개선됐다. 수백 년에 걸친 불신 뒤에 찾아온 역경이 두 이웃 나라를 협력으로 이끌었다. 공동의 적을 맞아 그들이 자연스럽게 동맹을 맺은 것이다. 중국은 북베트남(프랑스는 이 지역을 '통킹Tonkin'이라 불렀다)에서 프랑스의 야망을 꺾었지만, 1884년 푸저우福州(중국 장시성 북동부에 있는 도시-옮긴이)의 해전에서 큰 패배를 당했으며, 그 결과로 베트남에 대한 종주권을 포기해야 했다. 그럼에도 베트남인들은 계속 중국의 동향을 유심히 관찰했다.

많은 베트남 지식인들이 유교 전통에 따라 수련을 받아 고전 중국에 대한 학식이 있었다. 판보이쩌우潘佩珠(1867~1940)와 판추띤潘周楨(1872~1926) 같은 애국자들이 캉유웨이康有為나 량치차오梁啓超와 같은 중국의 개혁가들에게 조언을 구했으며, 판보이쩌우는 자신이 만든 혁명 정당 '베트남광복회'의 모델을 쑨원孫文의 국민당에서 구했다. 하지만 1900년 이후에 태어난 베트남인들은 프랑스어로 교육을 받았으며 유교적 가치에 대해 같은 인식을 공유하지 않았다. 이는 중국에 대한 베트남인들의 지적인 존경의 감퇴로 이어졌다. 이런 추세는 유럽 제국주의에 중국이 제대로 저항하지 못하자 더욱 악화됐다. 중국인들과 마찬가지로 베트남인들도 서양에서 정치사상을 찾기 시작했다. 중국에서의 논쟁을 반영해, 베트남 지식인들은 어떤 이론이 베트남에 적합한지를 숙고했다.

마르크스는 서양 밖에서는 거의 알려지지 않았지만, 러시아혁명은 그의 사상을 연구하기 시작한 중국인과 베트남인들에게 깊은 인상을 주었다. 프랑스 식민 치하의 인도차이나에서 최초의 마르크스주의 그룹인 베트남혁명청년협회가 1925년에 결성됐다. 그것은 중국공산당CCP 창당 4년 뒤의 일이었으며, 두 정당의 운명은 출발부터 매우 밀접하게 얽혀 있었다. 그들은 급진적 지식인들 사이에서 즉각적인 관심을 불러일으켰으며, 프랑스 경찰의 감시를 벗어나기 위해 청년협회 본부를 광저우에 차렸고, 소속 인원 중 일부는 중국공산당에도 가입했다.[16]

그러나 베트남인들은 모스크바에 본부를 둔 공산주의 인터내셔널(코민테른)의 지도를 받았으며, 장래가 촉망되는 멤버들은 러시아로 가서 훈련을 받았다. 장제스蔣介石(1887~1975)가 1927년에 광저우에서 공산주의자들을 탄압한 뒤 청년협회는 모스크바에 더욱 의존하게 됐다. 장제스의 탄압에서 벗어나기 위해 청년협회는 본부를 홍콩으로 옮겼다. 장제스와 국민당KMT의 끊임없는 압박 속에서 중국 공산당의 처지는 점차 위태로워졌다. 그 무렵인 1941년, 히틀러가 소련을 침공했고, 러시아는 졸지에 자신의 생존을 위해 싸워야 하는 상황으로 내몰린 결과 베트남 혁명에 관심을 기울일 여력이 없었다. 이 때문에 중국인들과 베트남인들은 모스크바를 경유하지 않고 직접 접촉하는 방식으로 되돌아갔는데, 주로 호찌민胡志明(1890~1969)이 그 역할을 했다.

호찌민

호찌민은 서구와의 투쟁에서 중국과 베트남 간에 맺은 형제적 연대를 전형적으로 보여주었다. 호찌민은 중국과 베트남, 그리고 서구에 대한 깊은 이해를 지닌 코즈모폴리턴 민족주의자였다. 뛰어난 유교학자의 아들로 태어난 그는 중국 고전들을 이른 나이에 숙달하고 한시를 썼지만 아버지의 바람을 받아들여 프랑스학교에 다녔다. 스물두 살에 베트남을 떠나 프랑스 선박의 주방 조리사로 일하면서 미국과 영국 등 세계를 널리 여행했다. 프랑스에서(1919~1923) 그는 정치에 관심을 가졌고 프랑스공산당 창당 멤버로 참여했다. 오랜 해외 생활 뒤 호찌민은 자국어인 베트남어 외에 프랑스어와 영어, 러시아어, 광둥어 그리고 표준 중국어(Mandarin)를 유창하게 말했다.[17] 외국을 방문할 때 그는 종종 통역사 없이 이야기했다.

1923년, 호찌민은 식민지 출신의 공산주의자 간부를 양성하기 위한 모스크바 소재 엘리트 대학인 동방노력자공산대학Communist University of the Toilers of the East, KUTV에 들어갔다. 그 학교 동창 중엔 류사오치劉少奇(1898~1969, 중국 국가주석 역임, 문화혁명 때 실각-옮긴이), 덩샤오핑鄧小平(1904~1997), 장징궈蔣經國[1910~1988, 중국 국민당 지도자이자 장제스의 맏아들. 중화민국(타이완) 국방장관과 총통 등을 역임-옮긴이]와 마나벤드라 나트 로이Manabendra Nath Roy(1887~1954, 인도의 독립운동가이자 혁명가-옮긴이) 등도 있다. 1924년에 호찌민이 광저우로 돌아갔을 때 그곳 황푸군관학교(중화민국 육군군관학교)에서 베트남 청년들에게 강의했고, 그 강의를 들은 사람들이 나중에 베트남 공산주의 운동의 중추가 됐다.

광저우에서 호찌민은 젊은 중국인 가톨릭 신자 쩡쉬에밍曾雪明을 만나 결혼했다. 당시 그녀는 스물한 살, 호찌민은 서른여섯 살이었다. 그의 동지들이 그 결혼에 반대하자 그는 말했다. "당신들이 반대해도 나는 그녀와 결혼할 것이다. 왜냐면 내겐 말을 가르쳐주고 가정을 지켜줄 여자가 필요하니까." 그다음 해에 장제스는 야만적인 공산주의자 숙청을 감행했고, 호찌민은 모스크바로 피신했다. 그는 끊임없는 위험에 직면했으며, 그 이후 호찌민과 쩡쉬에밍은 다시는 만나지 못했다.[18] 그는 중국 공산군 자문관을 맡았고, 중국공산당 고위 지도자들과 자주 만났다. 그는 대의를 위해 밤낮을 가리지 않고 일했다. 제2차 세계대전이 터지자 그는 베트남 공산주의자들을 단련된 세력으로 키워냈다.

제2차 세계대전

1937년 7월에 일본군이 중국 북부 지역부터 침공하기 시작해 몇 개월 만에 수도 난징을 점령했다. 일본군은 1939년 11월엔 남부 광둥과 광시 지방으로 진군했고, 사면초가에 몰린 장제스 군대는 베트남 하이퐁항에서 들어오는 보급품을 운반하기 위해 프랑스가 건설한 철도(쿤밍昆明-하이퐁 선)에 의존했다. 일본군은 이 생명선을 끊기 위해, 그리고 베트남을 동남아시아 침공을 위한 군사집결지로 활용하기 위해 신속하게 움직였다.

1940년 여름, 파리가 독일군에 함락되고 프랑스 식민지들은 필리프 페탱Philippe Pétain(1856~1951) 원수의 비시 정부French Vichy government

(제2차 세계대전 중에 나치 독일이 점령한 남부 프랑스를 1940년부터 1944년까지 통치한 친독 괴뢰정권-옮긴이) 통제 아래로 들어갔다. 독일의 동맹국 일본은 이로써 비시 정부를 통해 베를린(나치 독일)의 지원까지 받게 됐다.

그해 9월 22일 프랑스는 일본이 6천 명의 군대를 인도차이나에 주둔시키는 것을 허용하는 합의서에 서명했다. 그 몇 시간 뒤 나카무라 아케토中村明人(1889~1966, 태평양전쟁 당시 타이 주둔 일본군 사령관-옮긴이) 장군이 지휘하는 일본군이 국경을 넘었고, 10월에는 1만 명 이상의 병력이 쏟아져 들어갔다. 인도차이나의 프랑스 식민정부는 간신히 명맥을 유지했는데, 그것은 일본군 사령부의 의사에 따른다는 조건 아래 가능했다.[19]

프랑스군과 일본군에 대적하기 위해 호찌민은 1941년에 베트남 독립을 위한 연맹체인 베트남독립동맹회(베트민 또는 비엣민Viet Minh, 월맹越盟)를 결성했다. 그는 장제스 국민당에 지원을 요청했으나 아무것도 얻지 못했다. 하지만 국민당의 남중국 지역 사령관 장파쿠이張發奎(1896~1980)가 관할 지역에서 베트민이 자유롭게 활동하는 것을 허용해주었다. 베트민에 대한 중국공산당의 지원은 국민당과 일본군에 맞서 싸우는 중국공산당이 베트민과 통합된 뒤에야 이뤄졌다.

한편 모스크바로부터 물질적 지원은 거의 다 말라버렸다. 베트남 사정이 중국과 비슷했기 때문에, 호찌민은 노동자혁명을 핵으로 한 소비에트(소련) 모델을 버리고 마오쩌둥의 농민혁명 쪽을 택했다. 호찌민과 보응우옌잡元武甲(1911~2013, 베트남 독립운동가이자 군사 지도자. 1954년 5월 그가 지휘한 베트남군이 디엔비엔푸 전투에서 프랑스군을 궤멸시킴으로써 다시 식민통치를 하려는 프랑스의 시도를 종식시켰다-옮긴이)은 중국으로부터 '인민전쟁人民戰爭' 수행방식을 배웠다. 보응우옌잡은 1942년 상당 기간을 옌안延安(산시성에 있는 중국공산당 대장정의 종착지요 근거지. 중국인들에겐 혁명의 성지-옮긴이)에서 마오쩌둥의 정치와 게릴라전 전략을 연구하면서 보냈다. 나중에 그 전략을 프랑스군과 싸울 때 능숙하게 구사했다.

1945년 일본의 갑작스러운 항복 뒤 베트민은 전면적 봉기를 시작했고, 2주일 만에 베트남 거의 전역에 대한 통제권을 확보했다. 1945년 9월 2일, 호찌민은 독립을 선언하고 베트남민주공화국Democratic Republic of Vietnam, DRV을 선포했으며 수도를 하노이로 정했다. 그러나 몇 달 전 포츠담 회담에서 연합국 지도자들은 인도차이나를 프랑스에 돌려주기로 결정했다. 영국과 미국의 도움으로 프랑스는 무장한 채 돌아왔으나 베트민은 그들을 쫓아낼 각오가 돼 있었다.

호랑이와 코끼리

프랑스에 대적하기 위해 베트남인들은 농민들을 동원해 지방에서 도시를 포위하는 마오쩌둥의 전략을 채택했다.[20] 베트민은 '정글 속에 호랑이처럼 웅크리고 있다가 밤이 되면 굴에서 나와 프랑스라는 코끼리를 갈기갈기 찢어놓을 것'이었다.[21] 베트민은 처음에는 소규모 게릴라 공격을 가했으나 중국공산당이 1949년 정권을 잡자 결정적으로 균형이 무너졌다.

중국은 베트민에 대한 지원을 늘리고, 베트남 동지들을 훈련했으며, 방어체제를 재정비하고, 경제적 토대를 강화했다. 중국은 베트남인들에게 토지개혁을 통해 소농계급을 동원하는 방법을 가르쳤으며, 전반적으로 방대한 지식과 경험을 전수했다. 소련과 중국은 스탈린이 동유럽의 공산당을 지원하고 마오가 동남아시아 공산주의 운동을 지원하는 식으로 분업하는 데 합의했다. 그 기간에 중국인들과 베트남인들은 친밀하고 생산적인 관계를 누렸다. 마오는 자신의 혁명 모델을 수출하는 데 열심이었고, 호찌민은 그것을 배울 태세가 돼 있었다. 하지만 그 둘이 선생-학생 식의 단순한 관계는 아니었다. 호찌민은 독립적이었으며 중국인과 대립할 때도 독자적인 의제를 설정했다.

디엔비엔푸 전투

중국의 지원 속에 베트민은 공세를 취하면서 1950년 말까지 중국과 국경을 따라 포진한 거점들에서 프랑스 군대를 모두 몰아냈다. 트루먼Harry S. Truman(1884~1972, 제33대 미국 대통령-옮긴이)과 아이젠하워는 인도차이나가 미국의 이익에 필수적이라고 생각해 전쟁 비용의 80퍼센트를 감당했다. 그럼에도 프랑스는 패배했다. 너무 무거운 미국제 무기들은 인도차이나의 정글과 늪에 부적합하여 프랑스군을 도로에 가둔 셈이 됐다. 1953년까지 베트민은 북부 지역 대부분과 중부와 남부의 광대한 영역을 장악했다. 프랑스는 50만 병사를 인도차이나에 파병해 2 대 1의 수적 우세를 갖고 있었으나 정글 전투에서 막대한 사상자를 냈다.

1954년 2월에 베트민은 라오스와의 국경 가까이에 있는 북서 베트남의 깊숙한 산악지대에 있는 디엔비엔푸의 강력한 프랑스군 요새를 포위했다. 베트민 부대를 이끈 이는 보응우옌잡이었다. 그는 군사사軍事史와 전략에 깊은 흥미를 갖고 손자孫子(BC 544~BC 496)와 나폴레옹Napoléon Bonaparte(1769~1821)을 면밀히 연구한 교사 출신이었다. 200마일(약 322킬로미터)이나 떨어진 중국에서 보내온 보급품은 7만 5천 명의 남녀가 걷거나 자전거를 타고 운반했다. 프랑스 주둔군은 산봉우리로 에워싸인 분지에 포진해 있었다. 베트민은 중국이 제공한 무거운 포를 어려운 지형을 통해 프랑스군을 에워싸고 있는 산들의 뒷자락까지 끌어 올린 뒤, 그 산들에 터널을 뚫고 프랑스군 요새를 내려다보는 곳에 배치했다. 이는 군사 역사상 가장 특별한 위업의 하나로 꼽힌다. 위장이 잘된 동굴에 감춰놓은 포들은 프랑스군 정찰기에는 거의 포착되지 않았다.

3월 초까지 4만 9천 명을 헤아린 베트민이 1954년 3월 13일 최초의 보병 공격을 가하기 전에 먼저 프랑스군을 포격했다. 격렬한 싸움이 이어졌다. 정예 낙하산 부대와 모로코인, 알제리인 그리고 인도차이나인 부대들로 짜인 외국 군인들로 구성된 프랑스 주둔군은 거듭된 베트민의 공격을 물리쳤다. 그들은 보급품을 항공 수송으로 재공급받았으나 핵심 진지들이 제압당하고 요새 주변이 위축돼 보급품 재공급이 불가능해졌다. 베트민의 대공포화는 프랑스의 공수 지원을 무너뜨렸고, 포들은 밤낮없이 요새들을 두들겼다. 베트민의 포 공격에 대항하기 위한 효과적인 대응 포격을 할 수 없게 되자 자신들의 무능함에 심란해진 프랑스 포병 지휘관 샤를 피로스Charles Piroth(1906~1954)는 자신의 벙커에서 수류탄으로 자살했다.[22]

상황이 점점 절망적으로 돌아가자 프랑스는 미국에 지원을 요청했다. 필리핀에 있는 미국의 B-29 폭격기로 4개의 원자폭탄을 투하하는 '독수리 작전'이란 계획을 제안했다.[23] 하지만 아이젠하워 대통령은 다른 동맹국들의 합류 없이는 미국도 개입하지 않겠다며 기각했다. 운명에 맡겨진 프랑스군 요새는 2개월간의 포위 끝에 5월 6일 함락됐다. 프랑스는 인도차이나 주둔 프랑스군 전체 병력의 10분의 1인 1만 6천 명을 디엔비엔푸에 투입했다. 그 패배는 프랑스의 국가 위신에 심대한 타격을 가했으며, 아울러 베트남인들이 총력전에서 유럽 군대를 이길 능력이 있다는 것을 보여주었다. 인도차이나 전쟁으로 프랑스인 9만 2천 명이 죽고 11만 4천 명이 다쳤으며, 2만 8천 명이 포로로 붙잡혔다. 1954년 2월에 한 여론조사 결과, 그 전쟁을 계속하고 싶어 한 사람은 프랑스 국민의 7퍼센트에 지나지 않았다. 프랑스 내각은 사임했고, 새로 집권한 좌익 총리 피에르 멘데스 프랑스Pierre Mendes France(1907~1982)는 프랑스군에 인도차이나 철수를 명했다. 이로써 동양에 건설된 프랑스 식민제국은 종말을 고했다.

제네바 협정

채 3개월이 지나지 않아 미국과 소련, 중국, 프랑스, 영국이 참석한 제네바 회담이 열렸고 정전에 합의했다. 그러나 중국과 베트남 간의 의견 충돌은 상호불신을 낳았다. 호찌민은 베트남 통일을 갈망했으나 중국은 남베트남 지역을 통합하기 위한 군사 공세가 미국의 개입을 부를 것이라고 우려했다. 당시 중국은 한반도에서 미국이 이끈 다국적군에 대항해서 치열한 싸움(1950~1953)을 치른 지 얼마 되지 않은 때였다. 그 전쟁으로 중국은 귀중한 자원을 소모했으며, 중국 경제는 큰 피해를 보았다. 중국은 또 다른 전쟁에 휘말리고 싶지 않았고, 인도차이나 상황이 안정되기를 바랐으며, 자국 발전에만 집중하고자 했다. 소련도 중국과 함께 북위 17도선(남북 베트남 분단선-옮긴이)에서 멈추라고 호찌민을 설득했다. 그들은 호찌민에게 2년만 기다리면 선거를 통해 총 한 방 쏘지 않고도 나라를 통일할 수 있을 거라고 주장했다. 그렇지 않으면 미국이 개입할 것이라고 그들은 경고했다. 기원전 6세기의 전략가 손자에 따르면 최선의 전략은 될 수 있으면 싸우지 않고도 이기는 것이었다.

정전 합의를 이행하기 위해 베트남은 북위 17도선을 경계로 두 개의 군사 지역으로 분단됐다. 프랑스가 남부 지역에서 철수하고 베트민은 북부 지역으로 돌아가게 돼 있었다. 제네바 협정에서 2년 안에 전국 선거를 치르기로 했으나, 미국은 그 협정에 서명하지 않았으며, 프랑스가 철수한 뒤 남부 지역을 지원하기 위해 대규모 군사·경제 원조와 함께 개입했다.[24] 사이공의 응오딘지엠Ngô Đình Diệm(1901~1963) 정권은 선거를 거부했고, 베트남은 분단 상태로 남았다. 베트남은 그 뒤 그 중요한 시기에 중국이 자신들을 배신하고 분단된 베트남을 지지했다며 비난했다. 중국은 자국이 훨씬 더 강하기 때문에 통일된 베트남을 두려워할 이유가 없다면서 베트남의 주장을 일축했다. 중국은 분단된 조선(코리아)을 바라지 않는 만큼 베트남의 분단도 바라지 않는다고 했다. 베트남에 대한 공감과 동지애를 표시하기 위해 마오쩌둥은 베트남에 대한 중국 왕조들의 가해 사실을 공개적으로 비난했으며, 저우언라이周恩来(1898~1976)는 기원후 39년 중국 통치를 거부한

베트남인들의 봉기를 기념하며 하노이의 니찐 사원Nhi Chinh Temple에 헌화하기도 했다.[25]

중국은 베트남 재건과 미국에 대항한 투쟁을 지원하기 위해 실무자들과 물자들을 계속 베트남에 제공했다. 1961년에 중국은 6억 달러가 넘는 원조를 베트남에 제공했는데, 이는 소련의 지원보다 훨씬 큰 규모였다. 중국은 또한 미국이 북베트남을 공격할 경우 더 많은 지원을 하겠다고 하노이에 확약했다.[26]

평화통일 전망이 희박해짐에 따라 하노이는 다시 무기를 들었다. 하지만 니키타 흐루쇼프Nikita Sergeyevich Khrushchev(1894~1971, 소련 국가원수 겸 공산당 서기장. 1956년 소련공산당 제20차 당대회에서 스탈린을 정면으로 비판했다 – 옮긴이)가 미국과 대적하기를 꺼리는 동안 마오쩌둥은 더 나은 대비태세를 갖추고 있었다. 중국 내부 사정 또한 대외 정책에 영향을 끼쳤다. 중국이 동시에 추진한 집단농장(인민공사人民公社 – 옮긴이)과 공업발전계획(대약진운동)의 실패로 기아 사태가 초래됐고, 나쁜 기후로 인해 상황이 더욱 악화해 수백만 명이 목숨을 잃었다.

중국공산당은 대약진운동Great Leap Forward(1958~1961)을 중단했으며, 실패의 책임을 명백히 마오쩌둥에게로 돌렸다. 그런 잘못에도 불구하고 마오쩌둥은 대중에게 엄청난 인기가 있었으므로, 1967년에 계급투쟁 강화 프로그램인 문화혁명을 통해 권좌에 복귀했다. 급진적인 분위기의 국내 정책들은 대외 정책에도 흘러 들어갔다.

제2차 인도차이나 전쟁

중국은 처음에는 베트남에 좀 기다리자고 조언했으나, 북베트남 지도부는 1959년 5월에 남부 지역에서 무장투쟁을 재개하기로 했다. 같은 시기에 중·소 관계가 나빠진 가운데, 소련은 망설였으나 중국은 "이런 중대한 싸움의 원칙 문제에서 우리는 구경꾼이 되거나 중립적인 자세를 취할 수 없다"고 밝혔다.[27] 중·소 분쟁은 세계 사회주의 운동과 반식민 투쟁의 기반을 약화시켰다. 공산당 내부가 친소와 친중 캠프로 나뉘었으나 베트남은 공개적으로 어느 한쪽의 편들기를 삼갔다. 중국은 베트남의 통일 열망에 심정적으로 동의했으나 더는 미국과 불필요한 전쟁에 말려들고 싶지 않았다. 하지만 베트남은 미국이 북베트남을 침공할 경우 중국이 (한반도 전쟁 때 그랬듯이) 개입할 것이라고 확신했다. 1964년, 미국이 베트남에 대한 군사적 개입을 하자 중국 외교부장 천이陳毅(1901~1972)는 베트남에 약속했다. "중국과 베트남민주공화국(월맹-옮긴이)은 순망치한脣亡齒寒의 친구이자 이웃이다. 중국 인민은 베트남민주공화국에 대한 어떤 공격에 대해서도 팔짱 낀 채 구경하진 않을 것이다."

1964년 10월, 흐루쇼프가 권좌에서 축출되고 세계 사회주의 운동을 지원하고 싶어 했던 레오니트 브레즈네프Leonid Brezhnev(1906~1982)가 소련 공산당 서기장이 됐다. 존슨Lyndon Baines Johnson(1908~1973) 미국 대통령이 북베트남 폭격을 시작하자 브레즈네프는 재빨리 베트남 지원에 나서면서, 중국에 베트남 항공 지원을 위해 공중회랑과 비행장 제공을 요청했다. 그 제안은 중국을 곤란하게 하고 혼자 제3세계를 기꺼이 지원하겠다는 중국의 입지를 약화하는, 영리한 술책이었다. 동시에 베트남을 지원하겠다고 한 중국에 약속을 이행하라는 압력이기도 했다. 소련으로서는 미국과 중국이라는 두 적국이 말려들 베트남전쟁이 자국에 득이 될 터였다. 중국공산당 중앙위 총서기 덩샤오핑은 미국을 주적으로 보고 미국에 저항하기 위해 소련과 일시적 화해를 주창했으나 국가주석 마오쩌둥과 국방부장 린뱌오林彪(1907~1971, 국방부장, 당 중앙 군사위 제1 부주석 역임. 마오에 대한 쿠데타에 실패한 뒤 소련으로 망명 도중 비행기 추락으로 사망-옮긴이)는 소련을 주적으로 봤다. 그럼에도 두 파벌은 모두 베트남을 지원하고 싶어 했다. 그들 간의 이견은 다만 지원 규모를 어느 정도로 할 것인지를 둘러싼 것이었다. 그들은 미국과의 정면충돌을 야기하지 않고 베트남의 승리를 지원할 수 있기를 바랐다. 그들은 항공여단과 수십만 명의 병사들을 파병해 건설과 수리작업을 지원했으나 전투기 조종사 파병 요청은 거절했다. 중국 소식통들에 따르면, 32만 명 이상의 병사와 항공기를 포함한 대량의 장비들을 공급했다. 중국은 연간 평균 2억 달러어치를 지원했다.²⁸

사이공의 초대 총통 응오딘지엠 정권은 점차 억압의 강도를 높이면서 제네바 협정에서 약속한 선거 시행을 거부했다. 1963년, 지엠과 그의 동생 응오딘뉴Ngô Đình Nhu(1910~1963, 대통령 고문-옮긴이)는 미국이 승인해준 쿠데타로 실각했다. 미국의 베트남 개입은 꾸준히 강화됐는데, 동서냉전의 긴장과 베트남이 무너지면 다른 동남아시아 국가들도 그 뒤를 따르게 될 것이라는 도미노 이론은 거기에 박차를 가했다. 고문 역할로 시작된 미국의 베트남 개입은 곧 미군이 직접 전투에 참여하는 쪽으로 나아갔다.

1964년 존슨 대통령이 재선에 성공한 후 베트남 파병 미군은 3,500명에서 1968년까지 54만 3천 명으로 급증했다. 윌리엄 웨스트모어랜드William Westmoreland(1914~2005, 1964~1968년에 베트남전쟁을 지휘했으며 1968~1972년에는 미 합참의장을 지냈다-옮긴이) 장군은 단순한 주요 시설 보호 차원을 넘어 남부지방 전역에서 무자비한 '수색과 파괴' 임무를 수행할 군대를 보냈다.[29] 적은 베트콩Vietcong(越共, Viet Nam Cong 또는 Vietnamese Communists의 약칭-옮긴이)으로 알려진 게릴라군이었는데, 정식 명칭은 남베트남 민족해방전선이었다. 이는 민족해방이라는 같은 이데올로기와 목표를 공유했지만, 북베트남과는 다른 남베트남의 운동조직이었다. 베트남전쟁은 극도의 흉포함과 파괴로 점철된 전쟁이었다. 다시 정권을 잡은 뒤 존슨은 북부 베트남에 대한 공중 폭격을 명했는데, '롤링 썬더Rolling Thunder'라는 암호명 아래 지속적으로 작전을 벌여 미 공군기들이 64만 3천 톤의 폭탄을 투하했다. 이는 제2차 세계대전 당시 태평양 지역에 투하된 50만 3천 톤을 능가했다.[30]

1967년에 미 중앙정보국CIA 분석가들은 웨스트모어랜드가 보고한 적의 병력이 엄청나게 과소평가돼 있다는 사실을 확인했다. 군부 관리들과 CIA 지도부는 적이 강력하다는 사실이 알려지면 미국의 베트남전쟁 수행 성과에 대한 자국민의 신뢰를 손상할 수 있고, 반전 감정을 증폭시키며, 존슨 대통령의 국내 정치적 역경을 심화할 수 있다는 점을 우려했다. 이를 막기 위해 공개되는 군사정보는 적의 군사력이 도달해서는 안 되는 인위적인 상한선 이하로 그 범위를 설정했다. 예를 들어 1968년 1월 베트남의 설날에 펼친 뗏Tết(節)공세를 들 수 있다. 그날 베트콩과 북베트남 군대가 사이공과 후에 그리고 남베트남의 모든 군청 소재지들을 상대로 대담하고 잘 조율된 자살 공격으로 대공세를 펼치자 미국인들은 경악했고, 미국의 정보 속임수가 어느 정도인지 여실히 드러났다. 그해에 미군 병사 1만 5천 명이 죽었다. 미국인들에겐 가장 피비린내 나는 해였으며, 그것은 하나의 전환점이 됐다.[31]

갤럽 여론조사에 따르면, 미국의 베트남전쟁 수행에 대한 미국인들의 지지율은 뗏 공세(1968년 대공세) 이후 26퍼센트로 떨어졌다. 그때 이미 3만 명의 미국인이 목숨을 잃었고, 미국의 정치 지도자들은 베트남 철수를 바랐다. 그러나 평화가 대통령 당선에 불리하게 작용할 것이라 계산한 리처드 닉슨Richard Milhous Nixon(1913~1994)이 1968년 존슨의 평화구상을 방해했다.[32] 닉슨은 그다음 해에 대통령에 당선됐고, 치열한 전투는 그 뒤 6년을 더 끌었으며, 그 기간에 그는 하노이와 하이퐁에 대한 폭격을 명했고, 이웃 라오스와 캄보디아에 대한 공습을 비밀리에 확대했다.[33] 베트남전쟁에 대한 대중의 대대적인 반전 운동은 1971년 '펜타곤 페이퍼(1945년부터 1967년까지 베트남에 대한 미국 국방부의 은폐된 정치·군사적 개입 사실을 담은 문서-옮긴이)'가 폭로되면서 또 한 차례 절정에 달했다.

대니얼 엘즈버그와 펜타곤 페이퍼

하버드대학(최우등으로 학부 졸업)과 케임브리지대학을 다닌 대니얼 엘즈버그Daniel Ellesberg(1931~)는 3년간 미 해병대에서 복무한 뒤 하버드대학에서 경제학으로 박사학위를 받았고, 랜드연구소(미국의 군사 분야 싱크탱크-옮긴이)와 펜타곤(국방부)에서 분석관으로 일했다. 남베트남에서 2년간 복무한 뒤 그는 랜드연구소로 복직해 1945~1967년간 미국의 베트남전쟁 수행에 관한 비밀연구에 참여했다. 국방장관 로버트 맥나마라가 주문한 그 연구는 1969년에 완료됐다. 해리스 S. 트루먼, 드와이트 D. 아이젠하워, 존 F. 케네디, 린든 B. 존슨 등 역대 대통령들이 미국의 베트남전 개입 정도를 놓고 얼마나 대중을 오도했는지를 잘 보여준다. 베트민에 대한 프랑스의 군사작전 때 군사 지원을 어느 정도로 할 것인지에 대한 트루먼의 결정에서부터 1964년 초 전쟁을 격화시켰다가 그해의 대통령 선거 기간에는 반대 방향으로 주장을 편 존슨의 계획에 이르기까지 다양한 내용을 담고 있다. 펜타곤 페이퍼는 베트남전쟁의 진짜 목적이 존슨이 공언했던 비공산 남베트남의 독립 확보가 아니라 중국 억제에 있었음을 보여준다. 중국을 나치 독일, 그리고 제국 일본과 비교하면서 맥나마라는 중국이 미국에 대한 음모를 꾸미고 있다고 비난했다.

> 중국은–1917년의 독일처럼, 그리고 1930년대 서양의 독일과 동양의 일본처럼, 또한 1947년의 소련처럼–세계에서 우리의 중요성과 효율성을 약화시키고, 더 멀리 있지만 더 위협적으로 아시아 전체를 우리에게 대적하도록 만들겠다고 위협하는 강대국으로 그 모습을 드러내고 있다.[34]

기밀문서는 전쟁의 진짜 성격이 무엇인지를 폭로했다.

> 그 전쟁이 1955년 또는 1960년 이후에 '내전'이 아니었던 것은 미국이

지원한 프랑스의 식민지 정복 시도가 내전이 아니었던 것과 같다. 한쪽이 완전무장하고 외국의 지원을 받는—그 자체로 그 지역 정권의 성격을 좌우하는—전쟁은 내전이 아니었다. 대다수 미국 학자들과 자유주의 전쟁 비평가들조차 오늘날까지 말하듯이, 우리가 '진짜 내전'에 '개입'했다고 말하는 것은 단지 더 고통스러운 현실을 가리는 것일 뿐이며, 개입 초기에 공식적으로 내세웠던 '북으로부터의 남침'이라는 말만큼이나 근거 없는 믿음(신화)이었다. 유엔 헌장, 그리고 우리 자신이 공언한 이상에 비춰 그것은 외국의 침략 전쟁, 즉 미국의 침략 전쟁이었다.[35]

그 표리부동을 폭로하기 위해 엘즈버그는 그 연구를 두고 일컫는 '펜타곤 페이퍼'를 《뉴욕타임스》에 보냈다.

캄보디아를 둘러싼 불협화음

1965년 이후 베트남은 소련에 더 의존하기 시작했으며, 중국은 베트남의 전쟁 전략에 대해 의문을 제기했다. 베트남 지도자들은 분열됐다. 레주언Le Duan(1907~1986)과 레득Le Duc은 소련과 더 가까워지기를 바랐고 보응우옌잡, 쯔엉찐Truong Chinh(1907~1988)과 팜반동Phạm Văn Đông(1906~2000)은 그런 생각이 덜했다. 하노이는 1969년 호찌민이 타계한 뒤 소련 쪽으로 기울었고, 곧 캄보디아에서 일어난 사건들을 둘러싸고 베이징과의 사이에 긴장이 조성됐다. 1970년 3월, 미국이 지원한 쿠데타로 노로돔 시아누크Prince Norodom Sihanouk(1922~2012, 캄보디아 국왕, 부왕-옮긴이)가 실각하고 친서방적 정부가 들어섰다. 중국과 베트남은 모두 캄보디아의 중립을 원했지만, 베트남과 캄보디아는 서로 과거에 영토를 두고 격렬하게 싸운 오래된 적국이었다. 중국과 베트남은 캄보디아에서 미묘한 균형을 유지하려 애썼으나 폴 포트Pol Pot(1925~1998, 캄보디아의 급진적인 좌익 무장단체 크메르 루주의 지도자, 1976~1979년에 민주 캄푸치아 총리-옮긴이)가 권력을 장악하면서 균형이 흐트러졌다.[36]

폴 포트는 중국-크메르인의 후손으로, 벼농사를 짓는 다소 부유한 집안 출신이었다. 불교 선원에서 공부했고 나중에 가톨릭계 고등학교에 다녔으며, 무선 전자장치를 더 공부하기 위해 파리로 가서 마르크스주의자가 됐다. 3년 연속 입시에서 낙방한 그는 1953년에 캄보디아로 돌아와 크메르 루주Khmer Rouge(캄푸치아공산당의 무장 군사조직이며, 당 자체를 지칭하는 말이기도 하다-옮긴이)의 지도자가 되고 민주 캄푸치아(1975~1979년간 존속한 캄보디아 크메르 루주의 공산정부. 킬링필드의 비극이 이 기간에 자행됐다 - 옮긴이)의 총리가 됐다. 그의 집권 기간(1976~1979)에 크메르 루주는 도시 거주자들을 농촌의 집단농장과 건설사업 현장으로 강제로 보내 일을 시켰다. 나라 전체 인구 800만의 약 4분의 1이 가혹한 노동환경과 영양실조로 목숨을 잃었다. 중국 관리들은 그런 정책을 탐탁지 않게 생각했으나 크메르 루주 지도부는 자신들이 원하는 대로 했다. 폴 포트와 중국은 서로 의심하는 관계였으며, 이념보다는 편의에 따라 뭉쳤다. 중국인들은 곤경에 처했다. 중국인들은 폴 포트의 학살 행위가 베트남과 그들을 직접 대결 구도로 몰아갈 것이라는 우려가 있었으며, 그렇다고 베트남이 인도차이나에서 주도권을 장악하게 할 수도 없었다. 결국 폴 포트는 자국 경제를 망가뜨리고, 중국을

난처하게 만들었으며, 베트남과 전쟁을 유발했다.[37]

시아누크는 베트콩과 북베트남 부대가 캄보디아 동쪽 국경지대를 자유롭게 다닐 수 있도록 한 반면 남베트남과 미국 군대가 그들을 공격하기 위해 캄보디아 영내로 들어오는 것은 막았다. 론 놀Lon Nol(1913~1985, 캄보디아 총리를 두 차례 지내고, 1970년 미국이 지원하는 쿠데타로 시아누크를 축출하고 집권한 뒤 하와이로 망명하기까지 크메르 공화국 초대 대통령 역임-옮긴이)의 새 정부가 캄보디아에서 북베트남과 베트콩 부대의 철수를 요구하자, 베트남은 지금이 행동할 때라고 판단했다. 베이징 회담 때 팜반동 베트남 총리는 론 놀에 대한 통일전선을 제안했으나, 중국은 당시 소련에 대적하기 위해 미국과 제휴를 시작했기 때문에 망설였다. 그 와중에 폴 포트가 캄보디아공산당-캄푸치아인민혁명당the Kampuchean People's Revolutionary Party, KPRP, 나중에 캄푸치아공산당the Kampuchean Communist Party, KCP으로 불렸다-내의 파벌 투쟁에서 친하노이 파벌로부터 권력을 탈취했다. 베트남은 폴 포트를 중국의 앞잡이로 봤고, 폴 포트는 다른 크메르 루주처럼 베트남인들을 불신했다. 그럼에도 불구하고 라오스와 캄보디아, 남베트남의 혁명단체 연합이 형성되었지만 협력은 어려웠다. 베트남인들이 중국인 고문들을 싫어한 것처럼 크메르 루주는 베트남인 고문들에 분개했으며, 민족적 마찰이 비일비재했다.

중국과 베트남의 관계는 계속 악화했다. 파리에서 평화회의가 중국과 미국 간의 화해와 동시에 진행됐고, 그것은 중국의 의도에 대한 베트남의 의심에 기름을 부었다. 중국과 미국 간의 우호는 미국에 인도차이나와 좀 더 타협할 수 있는 여지를 만들었으나, 베트남은 그것을 미국이 중국의 반대를 두려워하지 않고 더 강경한 협상 입장을 취할 수 있다는 것으로 받아들였다. 중국은 이전에는 베트남에 오래 끌어온 전쟁을 계속하라고 조언했으나, 1971년에는 베트남민주공화국의 평화계획을 지지했다. 베트남은 기뻤지만, 바로 뒤 닉슨의 중국 방문 소식을 듣고는 충격에 빠졌다. 베트남인들은 미국과 중국이 베트남에 손해를 끼칠 뒷거래를 하고 있다고 의심했다. 닉슨의 중국 방문 시기는 이러한 의심을 더욱 키웠다. 그것은 중국이 평화회의에서 자신들의 입지를 강화해줄 것으로 기대하고 계획했던 부활절 공세 직전인 1972년 2월에 일어났다. 베트남 입장에서 닉슨의 중국 방문은 바로 뒤통수를 치는 행위였다.

베트남전쟁 이후

긴장의 주요 원인은 전쟁 수행과 더 폭넓은 글로벌 지정학적 문맥에 대한 시각 차이였다. 중국은 두 패권국-미국과 소련-을 염두에 둔 관점에서 세계를 바라본 데 반해 베트남은 자국의 해방 투쟁에 초점을 맞추었고 누구든 가장 강력한 지지를 보내주는 쪽에 기댔다. 베트남은 중국이 동남아를 지배하기 위해 베트남이 분단 상태로 남아 있기를 바라는 게 아닌지 의심했으며 한편으론 베트남 자신이 전통적 라이벌인 캄보디아에서 우위를 점하려고 했다. 중국은 일본, 프랑스, 미국에 대한 베트남의 연이은 투쟁에서 한결같이 베트남을 지원했건만 거기에 베트남이 감사할 줄 모른다고 심하게 불평했다. 한편 베트남에 있는 중국인 화교의 운명과 남중국해에서 경쟁하고 있는 영해권

동·남중국해, 힘과 힘이 맞서다

주장을 둘러싸고 긴장이 고조됐다.

1975년 사이공 정부가 무너진 뒤 하노이 정부는 화교가 소유한 대형 사업체 몇 개를 차지했고, 1978년 2월에는 화교를 추방하기 시작했다. 그들 중 일부는 베트남에서 몇 세대째 계속 살고 있는 사람들이었다. 수천 명의 화교가 국경 너머 중국으로 피난 가면서 난민 위기 문제를 촉발했다. 맨 먼저 떠난 사람들은 북부 지역 화교들이었다. 그들 중 일부는 일자리를 잃거나 베트남 국적을 취득하도록 강요당했다[많은 화교가 중화민국Republic fo China(신해혁명으로 청조가 무너진 뒤인 1912년에 건국해 1945년 국민당 세력이 타이완으로 이주하기 전까지의 중국-옮긴이) 여권을 소지하고 있었다].[38]

중국은 해외 화교들에게 현지 국적을 취득하도록 권장했으나, 많은 동남아 국가들이 자국 내 화교 국민의 국가에 대한 충성심을 불신하거나 그들의 사업 성공을 부러워했다. 베트남이 화교들의 점진적 귀화를 허용하겠다는 약속을 어긴 것을 비난하면서 중국은 수많은 베트남 지원 프로젝트들을 취소했다. 베트남은 사기업의 국유화는 중화인민공화국을 포함한 모든 사회주의 국가들이 시행하고 있는 정책일 뿐이라면서 그런 조치가 인종적 이유로 촉발됐다는 주장을 부인했다. 1978년 7월까지 난민 홍수는 14만 명에 이르렀으나, 난민 출국 절차를 진행하기 위해 호찌민시에 두기로 한 영사관 설치 계획이 무산됐으며, 중국인 철수를 위해 파견된 선박엔 부두 접안이 허용되지 않았다. 피난민 문제를 다루기 위한 고위급 회담은 악감정만 남긴 채 결렬됐다.

1973년 12월, 베트남은 통킹만에서 석유 채굴을 계획하고 있다는 사실을 통보하면서 영토 분쟁 가능성을 해소하기 위한 협상을 제안했다. 중국은 이에 동의했으나, 그것은 남베트남(사이공)이 먼저 점령하고 있던 파라셀 군도Paracel Islands[남중국해의 산호초 섬들. 서사군도西沙群島(중국), 호앙사군도(베트남)-옮긴이]의 일부 섬들을 장악한 뒤였다. 첫 라운드에서 베트남은 해양 국경선을 획정하기 위한 토대로 1887년에 체결한 중국-프랑스 조약을 활용하자고 제안했다. 이는 통킹만의 3분의 2를 베트남에 주는 것을 의미했기 때문에 중국은 즉각 거부했다. 회담은 결렬됐고 국경 지역에서 긴장이 고조되면서 무력충돌이 뒤따랐다. 이번에는 중국이 회담을 제의했으나 베트남은 지방 당국이 해결하도록 놔두는 게 좋다며 거절했다. 물론 이것은 불가능한 해법이었다.

1975년 베트남전쟁이 끝난 직후 베트남 군대는 사이공 체제가 예전에 점령했던 스프래틀리 군도Spratly Islands(남사군도南沙群島. 남중국해 남부 해상의 섬들-옮긴이)의 6개 섬을 장악했다. 중국은 협상을 제안했으나 베트남은 거절했다. 1977년, 베트남 신문이 파라셀 군도와 스프래틀리 군도를 베트남 영토로 표기한 지도를 실었다. 분노한 중국은 호찌민의 최측근 막료였던 팜반동이 저우언라이에게 보낸 편지를 인용하면서 반격을 가했는데, 그 편지에는 1958년에 두 군도에 대한 중국의 주권을 인정하는 내용이 담겨 있었다.

캄보디아 침공

해묵은 크메르-베트남의 적대감과 베트남이 인도차이나를 지배하려 한다는 의심에 사로잡힌 크메르 루주가 베트남-캄보디아 국경 지역의 베트남 마을들을 공격했고 많은 민간인 사상자가 발생했다. 몇 개월간 전례 없이 수많은 병사들이 가담한 국경 지역의 소규모 충돌이 진행된 뒤 베트남은 폴 포트 체제를 제거하기 위한 전면적인 침공에 나섰다. 소련의 물자 지원 아래 베트남은 1978년 12월, 15만 군대로 공세를 벌였다. 베트남에 상대가 되지 않았던 크메르 루주는 금방 궤멸당했다. 크메르 루주 지도부는 타이로 피신했고, 헹 삼린Heng Samrin(1934~)을 필두로 해서 새로운 친베트남 정부가 구성됐다. 하지만 크메르 루주는 그들의 학살 기록에도 불구하고 유엔의 지지를 얻어냈다. 유엔은 신속하게 캄보디아 주둔 외국군의 철수를 촉구했다. 동남아시아국가연합ASEAN도 베트남의 침략을 인도차이나에서 베트남이 주도권을 확립하려는 것으로 보고 비난했다. 베트남은 국제사회로부터 고립됐고, 그 때문에 수십 년간 전쟁으로 인한 파괴를 재건하는 데 절실히 필요한 외부 지원이 끊어지고 말았다.

베트남이 영토 확장 야욕을 갖고 있다고 본 덩샤오핑은 이를 막기 위해 1979년 2월 베트남에 대한 징벌적인 군사작전을 명령했다. 그 작전에서 중국의 풋내기 신병들이, 홈그라운드를 방어하는 경험 많은 베트남군에 대적했다가 많은 사상자를 내긴 했지만 국경 지역의 여러 마을을 점령했다. 중국군은 27일 뒤 임무 완수를 선언하고 철수했다. 이후 베트남은 10년이나 고립됐는데, 그 기간에 원자재와 곡물 수입을 소련에 크게 의존했다. 그러나 장기간에 걸친 아프가니스탄에서의 군사작전과 군비경쟁으로 소련의 자원이 고갈되자 소련은 베트남에 대한 지원을 삭감하기 시작했다.[39] 사면초가에 몰린 베트남 지도부는 캄보디아 점령의 대가치고는 외부 고립 피해가 너무 크다고 보고 1989년에 전면 철수 명령을 내렸다.[40] 소련의 아프가니스탄 점령과 동시에 진행된 베트남의 캄보디아 점령에서 베트남인 4만 5천 명이 죽거나 다쳤다. 국제사회에 복귀하기 위해 베트남은 경제개혁을 단행하고 중국과 관계를 회복했다. 1994년 11월, 중국 국가주석 장쩌민(江澤民, 1926~)이 하노이를 방문해 상호관계의 원칙을 논의했다.[41]

베트남의 중앙계획경제는 소련이 갑자기 수십억 루블 상당의 원조를 끊어버리자 극심한 결핍으로 고통받았으며 교역은 곤두박질했다. 그리하여 베트남공산당은 중국의 행보를 뒤따르기로 했다. 베트남의 경계심을 유념하면서, 중국은 평화공존 5원칙 준수를 맹세했다. 소련이 무너졌을 때 덩샤오핑은 세계공산주의 운동의 지도자가 되기를 거부했다.[42] 1991년 관계 정상화 이후 첫 10년간 교역은 3,223만 달러에서 26억 6천만 달러로 83배 증가했다. 이는 양국이 설정한 목표치를 가볍게 넘어선 규모였다. 2000년에 중국은 총 1억 8천만 달러를 투자했고, 보조금과 무이자 차관 4,500만 달러를 추가로 제공했다.[43] 1999년에 육지 국경을 획정하는 조약이 조인됐으며, 그다음 해에는 통킹만의 해양 국경을 획정하는 조약이 체결됐다. 짠득르엉Tran Duc Luong(1937~) 베트남 국가주석이 2000년에 중국을 공식 방문한 것은 중국-베트남 화해에 중요한 의미가 있는 발걸음이었다. 두 나라는 중국-아세안 자유무역협정에 동참하고 있으며, 지역경제통합이 진척되면서 상호 교역이 더욱 확대될 것이라는 기대가 쏠리고 있다. 엔지니어링, 구매(조달) 그리고 건설 프로젝트의 80퍼센트가 중국 업자들 몫으로 돌아갔다. 비록 파라셀 군도와 스프래틀리 군도를 둘러싼 분쟁은 여전히 골칫거리로 남아 있지만.

그들의 긴 역사 속에서 베트남과 중국은 가까운 동맹이기도 했고 혹독한 적이기도 했다. 중국-베트남 관계는 기술적 균형이라는 통상적인 패턴을 회복했으며, 모든 베트남 지도자들은 중국에 저항하면서도 잘 지내야 한다는 것을 알게 됐다. 양쪽 모두 공통의 이념(이데올로기)을 통해 형제 관계를 계속 공유하지만, 친중과 반중 그룹은 국가 장래에 대한 영향력을 둘러싸고 경쟁을 벌이고 있다.

중국-베트남 관계는 전쟁과 강대국 간 외교로 점철돼 있지만, 중국과 다른 동남아 국가들 간의 관계는 다른 그림을 보여준다. 무대의 주요 배우들은 관료와 군인들이 아니라 상인들, 예술가들 그리고 이미 기원후 1세기부터 남중국해를 건너간 노동자들이었다. 초기에는 단기 체류에다 주로 남성들이었는데, 그들은 상품과 도구, 기술을 가지고 가서 지역경제를 탈바꿈시켰다. 그들은 무기를 들지 않았으며, 세월이 지나면서 서로 혼인을 해서 혼혈민족사회를 만들었으나, 유럽인들이 도래하면서 새로운 도전에 직면했다. 누가 마닐라를 건설했고, 스페인인들과 필리핀인들은 중국인을 어떻게 생각했을까? 스페인의 식민정책은 프랑스의 식민정책과는 어떻게 달랐을까? 우리는 다음 장에서 이런 의문들을 다룰 것이다.

필리핀

생계를 위해 건너온 중국인들과 달리
수탈을 목적으로 침략한 스페인과 미국, 일본.
진정으로 필리핀의 역사를 바꾼 것은 누구일까.

필리핀 군도는 7천 개가 넘는 섬들로 이뤄져 있다. 하지만 19세기 말까지 사람이 사는 섬은 1천 개도 되지 않았다. 스페인인들이 도래하기 전에 필리핀은 통합된 정치체제가 없었다. 그때까지 필리핀은 역사적 기록이 거의 남아 있지 않은 몇 개의 작은 왕국들로 이뤄져 있었다. 라구나 동판(1989년에 라구나 지역에서 발견된 동판銅版으로 비문이 새겨져 있다-옮긴이)은 기원후 900년까지 거슬러 올라가는데, 이는 필리핀에서 발견된 가장 오래된 기록문으로 알려져 있다. 베트남이나 일본과는 달리 필리핀에는 중국과 전쟁을 치른 기록이 없다.

중국과 필리핀의 관계는 국가 대 국가 간의 외교 교류가 아니라, 상인과 장인 그리고 생계를 위해 남중국해를 건너간 노동자들의 활동을 통해 시작됐다. 이는 중국인 이민자들의 이야기이자 그들이 맺은 관계, 즉 처음에는 원주민에서 점차 스페인인들, 미국인들, 일본인들과 맺은 상호작용에 관한 이야기다. 중국인 남성과 원주민 여성의 결혼으로 메스티소mestizos(원래 스페인 식민지 라틴아메리카에서 백인 스페인인과 현지 원주민 인디오의 혼혈 인종을 가리키는 말이었으나, 점차 스페인인과 식민지 현지인 간의 혼혈 인종으로 범위가 넓어졌고, 여기서는 인종·민족 간 혼혈 인종의 의미로 쓰였다-옮긴이) 공동체가 형성됐고, 이는 필리핀 민족의 정체성을 형성하는 데 중요한 역할을 했다. 그들은 필리핀 독립운동의 선봉에 섰다. 이 장은 필리핀 사회에 중국인이 관여해온 긴 역사와 그것이 오늘날의 중국과 필리핀의 관계에서 갖는 함의를 추적한다.

필리핀 속의 중국인

중국인들이 필리핀에 간 것은 마젤란Ferdinand Magellan(1480~1521, 포르투갈 출신 항해가, 탐험가. 역사상 처음으로 대서양과 태평양을 횡단했다-옮긴이)이 1521년에 이 섬들에 발을 들여놓았을 때보다 적어도 500년은 더 빨랐다. 중국과 필리핀 간의 직접 접촉은 송(960~1279)나라 초기에 이미 시작됐다.[1] 9세기부터 중국 상인들은 입국이 금지된 아랍인들과 교역하기 위해 필리핀으로 갔다. 13세기에 중국 역사가 마단림馬端臨은 982년에 필리핀 상인들이 상품을 가지고 광저우와 취안저우에 왔다는 기록을 남겼다.[2]

중국 연대기에 따르면, 필리핀 북부의 가장 큰 루손섬은 금을 생산했는데, 그 덕에 번창했다. 1586년의 스페인 문서는 필리핀인들이 "장사꾼으로 오랜 세월 중국과 교역을 해왔으며, 스페인인들이 항해 모험을 떠나기 전에 말루쿠 제도Maluku Islands(인도네시아의 군도로 말레이 군도의 일부-옮긴이), 말라카Malacca, 아체Aceh(수마트라섬 북단에 있는 인도네시아 특별 행정구역-옮긴이), 보르네오Borneo와 다른 왕국들로 항해했다"고 적어놓았다. 중국의 지리학자 조여괄趙汝适(1170~1228)과 왕대연汪

大淵(1311~1350)은 스페인인들이 오기 전의 필리핀인들은 고지식할 정도로 정직했다고 썼다. 상품들은 금이나 금속 징metal gongs으로 값을 매겼지만, 교역은 물물교환 방식으로 이뤄졌다.[3] 중국 시장은 송나라 때는 해안 지역에서, 명나라 때는 내륙 지역에서 번성했다.[4] 정화鄭和(1371~1434) 제독 함대는 1405년에서 1417년 사이에 세 번이나 필리핀을 방문했고, 고위관료 허채로許柴佬는 루손섬에 파견됐다.[5]

1560년대 스페인인들의 등장은 새로운 기회를 가져왔다. 중국 푸젠성 상인들은 자신들의 상품을 중국에서 마닐라로 싣고 가 다시 당시 스페인 제국의 일부였던 멕시코 시장으로 싣고 갈 수 있다고 보았다. 포르투갈인들과는 달리 스페인인들은 중국에 교역 거점이 없어서 상품을 중국에서 그들의 배로 운반해 갈 수 없었다. 그들은 비단과 면직물, 도자기, 철물, 설탕, 다른 사치품들을 마닐라로 옮길 때 취안저우와 샤먼廈門(아모이Amoy로도 알려져 있다-옮긴이)에서 온 중국 배들에 의존했으며, 그 물품들은 다시 마닐라 갈레온선(15~17세기에 사용된 스페인 대형 범선-옮긴이)에 옮겨져 멕시코로 운반됐다. 갈레온선은 마닐라로 돌아올 때 멕시코의 은을 싣고 와 중국 물품 구입대금으로 지불했는데, 중국과 스페인 중간상인들이 이 중계무역으로 큰돈을 벌었다.[6] 1571년에 스페인인들이 세운 마닐라는 멕시코산 은이 갈레온선 교역을 통해 중국으로 흘러 들어가면서 그 뒤 200년간 중국 상품을 거래하는 최대의 해외 항구가 됐다.

스페인인들은 식민지(멕시코)에 온갖 종류의 상품과 서비스를 공급하기 위해 재빠르게 중국에 기대기 시작했다. 비단과 값비싼 물품뿐만 아니라 소, 말, 식재료, 금속, 과일, 그리고 잉크와 종이까지 중국에서 조달했다. 의사, 이발사, 짐꾼, 재단사, 제화공에서부터 금속 노동자, 은 세공사, 조각가, 자물쇠공, 화가, 석공, 방직공에 이르기까지 스페인의 식민지들에는 없는 효율적이고 저렴한 서비스를 중국은 제공했다. 검소하고 근면하고 기민한 그들은 경제의 근간이 됐다.[7] 지역(식민지)은 인구가 희박해서 정복자들은 마닐라의 번영을 위한 인프라를 구축하는 데 필요한 브로커, 장인, 노동자들을 구할 때 중국인들에 의존했다. 1590년까지 마닐라에 살고 있던 7천 명 중국인들은 마닐라의 번영에 없어서는 안 될 존재였다. 많은 이주민처럼 그들은 가난한 농가 출신으로 생계를 꾸리는 데 골몰했으며, 필리핀 여성을 아내로 두었지만 여전히 고국에 소속돼 있었고 지역 정치에는 거의 관심을 기울이지 않았다.[8] 인류학자 데이비드 배로즈David P. Barrows(1873~1954)는 다음과 같이 관찰했다.

> 모든 동양의 인종 가운데 오직 한 인종만이 섬 생활에서 변함없이 중요한 요소로 존재해왔다. 바로 중국인이다. 중국인들은 의문의 여지 없이 이 세상에서 가장 주목할 만한 식민지 개척자들이다. 그들은 어떤 인종과도 기꺼이 결혼한다. 그런 결합을 통해 낳은 아이들은 수적으로 많을 뿐만 아니라 건강하고 머리도 좋다. 중국 해안지대는 과잉인구로 득실거린다. 어떤 지역으로 이민을 가든 그것은 가난하게 태어난 중국인들에겐 더 나은 삶을 의미한다. 이런 자질과 조건, 교역에 예민한 감성, 육체적 과로와 위험에 대한 무관심은 정치적 장벽이 그들의 입국을 막지만 않는다면, 중국인을 거의 우성 인자로 만들어준다.[9]

동·남중국해, 힘과 힘이 맞서다

이 강인한 민족은 소매업을 독차지하고 매판買辦(옛날 중국에서 외국 상사 등에 고용돼 외국과의 상거래를 중개한 중국인-옮긴이)으로 활동하면서 중국산 수입품을 스페인 공동체용 지역 생산품과 교환해서 마을로 가져간다. 하지만 그들의 수가 스페인인들보다 많아지면서 하나의 위협 요소로 인식된다. 마닐라를 건설한 지 채 32년도 지나지 않은 1603년 루손섬의 중국인 수는 2만 명으로 추산된 데 비해 스페인인은 1천 명이었다.[10]

중국인에 대한 스페인인들이 취한 자세는 스페인 내의 무어인(아프리카 북서부에 살았던 이슬람 종족. 8세기에 스페인을 점령했다-옮긴이)과 유대인들과 겪은 경험에서 비롯됐다. 중국인들처럼 그들(무어인과 유대인)은 경제적으로 필요한 존재들이었으나 문화적으로는 동화하기 어려웠다. 스페인인들은 그들을 스페인화하고 분리하려 했으며 이베리아 반도에서 그들을 추방하려고도 했다. 스페인인들은 같은 방식을 중국인들에게도 적용했고, 그러자 몇 년 뒤 적대적인 관계로 변했다. 그들은 중국인 화상华商을 생글리sangley[11]라고 불렀다. 그것은 곧 경멸적인 어조를 띠었으며, 그들에게 원주민들(스페인인들은 원주민을 인디오스indíos라고 불렀다)보다 더 많은 세금을 부과했다. 제멋대로 세금을 부과하고 갤리선(고대 그리스나 로마시대 때 주로 노예들에게 노를 젓게 한 배-옮긴이)의 노를 젓게 했다.[12]

이에 불만을 품은 중국인들은 반란을 일으켰으나 언제나 결과는 더 안좋게 끝났다. 1603년에 마닐라의 전체 중국인 2만 명이 학살당했으며 1639년에는 봉기가 일어나 3만 명으로 추산된 중국인 주민 중에 2만 명이 죽었다. 스페인인들은 당시 중국인 수를 6천 명으로 억제

하려 했으나 성공하지 못했다. 그들은 중국인들의 서비스 없이는 살아갈 수 없었기 때문이다.[13]

중국인 메스티소

주로 푸젠과 광둥에서 온 중국인들은 스페인인들이 오기 훨씬 전부터 필리핀 여성과 결혼했다. 스페인인과 필리핀인들(스페인인들은 그들을 인디아스indías라고 불렀다)끼리도 결혼했는데, 메스티소(혼혈아)의 다수는 중국인과 인디아스 간 결혼으로 태어난 자식들이었다. 중국인들은 식민지에 계속 체류하려면 가톨릭으로 개종하는 것이 유리했다. 교회는 중국인 혼혈(차이니즈 메스티소)을 환영했다. 그들이 언제나 충직한 개종자가 됐기 때문이다.

중국인 남성들은 이미 중국에 결혼한 아내가 있었고 늙으면 결국 중국으로 돌아갔는데, 독실한 인디아 어머니가 키운 메스티소 아이들을 남겨두고 떠났다. 메스티소들은 자유롭게 움직였고 수월하게 장사했으며 그들만의 하위문화를 창출했다. '인디오스보다 더 적극적이고 진취적으로, 더 신중하고 선구적으로, 더욱더 교역과 상업 쪽을 지향하는' 그들은 사회의 가장 역동적인 부분이 됐다.[14] 18세기 중반까지 차이니즈 메스티소는 지역 인구의 5퍼센트를 차지했으나, 마닐라 거주자 중에서 차지하는 비중은 훨씬 더 컸다.[15] 그들은 스페인인들이 마닐라를 제대로 꾸려가는 데 필요한 존재들이었으므로 일정한 법률적·정치적 권리를 누렸으며, 괜찮은 사회적 지위도 누렸다. 그들은 필리핀 중산층과 필리핀 민족의 형성에 중추적 역할을 했고, 1898년

혁명의 추진력이 됐다. 그럼에도 장사에 있어서는 중국인을 당해낼 수가 없었다. 하지만 18세기 중반에 스페인이 비기독교계 중국인을 추방해서 또다시 상업 분야에서 중국인들의 지배력을 깨뜨리려고 했을 때 특별한 기회를 얻게 됐다.

돈 페드로 마누엘 데 아란디아Don Pedro Manuel de Arandía(1754~1759) 총독은 마닐라에서 개종하지 않은 중국인들에게 추방을 명했고, 남겨진 중국인 기독교 신자들은 농사를 지어야 했다. 총독은 그들을 내쫓고 대신 스페인인이 경영하는 회사를 들여앉히려 했지만 그 회사는 1년도 못 가 폐업했다. 중국인 추방 명령은 메스티소들에게 중국인들이 장악하기 전에 시장에 침투할 수 있게 해주었고, 그들은 새로운 공급자가 됐다.

마닐라에서 그들은 수출입 업자, 도매업자, 소매업자 그리고 장인으로 중국인들과 경제력을 나눠 가졌으며, 지방에서는 소매업을 장악했다. 아란디아 총독의 추방 명령을 피하고자 많은 중국인이 개종하고 인디아를 아내로 맞이했다. 종교를 추방의 기준으로 내세움으로써 아란디아는 뜻하지 않게 메스티소 공동체의 성장을 자극해, 19세기 중반까지 중국인 메스티소가 24만 명으로 불어났는데, 이는 스페인 메스티소가 1만 명에 지나지 않았던 것과 대비된다. 19세기 후반에 그들의 수가 더 많아지고 영향력도 커져서 메스티소라고 하면 일반적으로 그들 중국인 메스티소를 가리켰다. 1861년 런던에 보낸 보고서에서 영국 부영사는 이렇게 적었다.

일로일로Iloilo(필리핀 파나이섬 남동부 지역─옮긴이) 메스티소, 특히 중국에 그 뿌리를 둔 그들은 상업과 산업, 투기에 대단한 재능을 지닌 종족으로, 해마다 사회·정치적 중요성을 더해가고 있다. 비록 인내심이 강하고 엄청난 경쟁의 압박 속에서 지속적인 성공을 거두는 데에 필요한 상업적 자질을 지닌 중국인만큼은 아니지만, 그들이 작업을 통해 상당한 경작상의 발전을 이뤄내리라 기대할 만한 선견지명과 에너지, 기획력이 없는 것은 아니다.[16]

중국인 메스티소들은 19세기 내내 사업가로서 번영을 구가하면서 중산층으로 등장했다. 하지만 1850년대 이후 중국인 이민자들이 다시 늘어나고 그들의 강한 경쟁력 때문에 메스티소들은 중국인들에겐 금지된 영역으로 밀려날 수밖에 없었다. 수많은 메스티소가 지방으로 옮겨 전문직, 지주, 수출작물 재배 쪽으로 전업하는 데 성공하면서 새로운 지주계급이 됐다.[17] 1860년대 말까지 부유한 메스티소들은 지역 명문대학에 입학할 수 있었고, 나중에는 자식들을 프랑스, 영국, 오스트리아, 독일 학교에 보냈다. 영국인 여행가이자 외교관 팰그레이브W. G. Palgrave(1826~1888)는 이렇게 관찰했다. "그들은 지적으로 주변의 비혼혈인보다 일반적으로 더 우수하다. 전체 인구에서 차지하는 그들의 수가 많지는 않지만, 부와 영향력은 그런 약점을 보완하고도 남는다."[18]

민족주의

메스티소들이 부유해지면서 그들은 점점 더 독립적이고 덜 순응적

동·남중국해, 힘과 힘이 맞서다

인 사고를 하게 됐다. 스페인인들은 '스페인에 전혀 호의적이지 않고', '억누르기 어려운' 메스티소들로부터 위협을 느꼈다. 1827년 초, 스페인 관리 마누엘 베르날데스 피사로Manuel Bernaldez Pizarro(1778~1834)가 인디오와 메스티소 성직자들이 '혁명에 대한 위험스러운 경향'이 있다고 경고했다. 스페인인들은 메스티소가 이끄는 인디오 혁명을 우려하면서, '중국인 메스티소와 원주민 사이에 인종적 반감'을 조성해 두 계급이 '서로 칼을 겨누게' 해야 한다는 결론을 내렸다.[19] 하지만 메스티소와 인디오들이 문화적·사회적으로 밀접한 관계이고 불만을 공유하면서 정치적 동맹을 결성했기 때문에 그 둘 사이를 떼어놓기는 어려웠다. 인디오들에게 가혹한 처벌이 내려지면 메스티소들이 그들 사이를 갈라놓은 틈새를 메웠다. 스페인인들과 밀접한 관계를 맺고 있던 스페인인 메스티소들과 달리 중국인 메스티소들은 인디오들과 친했으며, 19세기 중후반까지 중국인 메스티소와 인디오들은 스스로를 필리피노(필리핀 사람-옮긴이)로 여겼다. 필리피노는 그 이전에는 필리핀에서 스페인 부모 사이에 태어난 스페인인들을 가리키는 말이었다. 이 필리피노 민족의식이 처음 등장한 것은 두 사람의 중국인 메스티소-페드로 파테르노Pedro Paterno와 그레고리오 산시안코Gregorio Sancianco가 쓴 글에서였다.

파테르노의 시詩〈삼파구이타Sampaguita〉(1880)와 그의 소설《니나이Ninay》(1885)는 필리피노의 민족 감정을 그렸고, 산시안코의《필리핀의 전진El Progresso de Filipinas》은 필리핀의 경제와 정치 문제를 다뤘다. 산시안코는 스페인인과 스페인 메스티소에겐 면제해주면서 인디오와 메스티소를 차별하는 공물세tribute tax를 비난했다. 그는 필리핀이 스페인의 한 지방으로 편입되고 그 주민들에겐 이베리아반도에 사는 본국 스페인인들과 동등한 권리를 부여해야 한다고 주장했다.[20] 파테르노와 산시안코의 생각은 오랜 역사를 지닌 메스티소(남)와 메스티자mestiza(여)의 후손인 작가 호세 리살Jose Rizal(1861~1896, 필리핀 의사, 언론인, 교육가 겸 독립운동가-옮긴이)에 의해 한층 더 발전하게 된다.[21] 파테르노, 산시안코 그리고 리살은 점증하던 필리피노의 민족의식을 분명히 표현했으며, 그것은 혁명의 씨앗이 됐다.

스페인의 통치

400년에 가까운 스페인 통치 기간은 잔인함과 무능력, 인종차별주의로 점철됐다. 광산업과 농업은 낙후돼 있었지만, 수천 명의 스페인인은 부정부패와 징세로 부자가 됐다. 엔코미엔다 체제encomienda[스페인령 아메리카에서 1503년에 제정된 제도. 스페인의 정복자나 식민자가 식민지의 토지와 마을을 할당받을 때 거기에 속한 원주민(인디오)들도 함께 재산으로 받았다-옮긴이] 아래서 원주민들은 스페인인들에게 할당돼 노예 취급을 당했다. 스페인인들이 이익을 가져다주었다 할지라도 엔코미엔다는 부정부패와 인종차별주의를 키우고 가톨릭교회를 위한 개종 목적으로 만들어진 제도이기 때문에 그런 이익은 부수적일 뿐이었다. 전도하러 온 도미니크회 수사들, 아우구스티노회 수사들 그리고 프란체스코회 수사들Franciscans은 곧 북부 섬들에서 거의 50만 에이커에 달하는 상등급 땅들과 마닐라 중심부의 가장 비싼 부동산을 지배하게 된다. 그들은 그 땅을 원주민들에게 소작지로 빌려주고 주민들을 도로와 교회, 수도

원 건설 노무자로 강제동원했다.

스페인인들은 자신들이 오기 이전의 필리핀 문화를 하찮게 여겼고, 원주민들을 '걷고, 먹고, 잠자면서 존재하는 기계'로, '어떤 단일한 특정의 형태를 이루지 못하고 감정의 혼란, 본능, 욕망, 에너지, 격정, 색깔 등이 떼를 지어 모여 있는 불완전한 전체'로 간주했다. 그들에게 필리핀 사람들은 '서로 다르고 모순되는 조건과 자질들의 잡다한 뒤섞임… 호기심과 철학적 연구 대상으로 삼을 수 없는' 존재였다. 스페인인들은 사회적 계층화를 활용해 사람들의 지위를 정했는데, 1837년에 제정된 법은 스페인인들만 넥타이를 맬 수 있으며, 인디오와 메스티소들은 목 장식 없이 셔츠를 헐겁게 입어야 한다고 명했다. 필리핀 국민복인 바롱 타갈로그Barong Tagalog(필리핀 전통의 남성용 긴 소매 셔츠-옮긴이)는 이런 금지 규정이 파생시킨 옷이다. 인종적 편견은 필리핀 사람들을 스페인인들과 분리했으나, 이 또한 필리핀 사람들 사이에 공통의 정체성을 조성했다.[22] 글과 연설을 통해 필리핀 지식인들은 식민정부의 병폐와 미움받는 수도사들에 관한 관심을 불러일으켰다.

세속화

태생적으로 종교적인 원주민들은 쉽게 가톨릭 신앙으로 개종했지만, 그들의 종교적 헌신은 오히려 마찰의 원인이 됐다. 교육받은 필리피노들 다수는 성직자가 되기를 원했지만 스페인인들은 사제 서품을 하면 사회적 해방으로 이어질까 우려하여 금지했기 때문이다.[23] 한 스페인 비평가는 원주민 사제를 "사제의 캐리커처(사람의 특징을 잡아 희극적으로 그린 그림), 인디오의 캐리커처, 스페인인의 캐리커처, 메스티소의 캐리커처, 모든 사람의 캐리커처로 보았다. 그(원주민 사제)는 많은 것들을 잇대어 놓은 잡동사니이자 아무것도 아니다"라고 말했다. 이런 인종차별주의는 1841년의 봉기를 촉발했다. 인종차별에 대응해 독실한 필리피노 가톨릭 사제 아폴리나리오 드 라 크루즈Apolinario de la Cruz(1815~1841, 에르마누 풀레Hermano Pule로 더 잘 알려진 필리핀 종교 지도자-옮긴이)는 자신의 수도회 코프라디아 드 산호세Cofradía de San José를 만들었고, 고향 땅에서 많은 추종자를 확보했다. 가톨릭교회에 보복하기 위해 코프라디아 수도회는 드 라 크루즈의 허락 없이는 스페인인들과 스페인 메스티소들을 들어오지 못하게 했다. 전성기에는 4,500명에서 5천 명에 이르는 신도들을 자랑했다. 드 라 크루즈는 교회에 자신의 수도회를 인정해달라고 신청했다. 스페인이 드 라 크루즈와 그의 추종자들을 짓누르기 위해 군대를 보냈을 때 그들은 반격했지만 패하고 말았다. 드 라 크루즈는 붙잡혀 재판에 넘겨졌고 사형 선고를 받아 머스킷 소총으로 처형당했다. 그의 몸뚱이는 절단돼 머리는 루크반Lucban에 있는 그의 부모 집 앞에 세워진 장대 끝 조롱에 내걸렸다.[24]

분규가 더 많이 일어났다. 많은 교구민을 이끈 것은 사제들이 아니라 스페인 수사들이었지만, 교회는 주교의 감독 아래로 들어갔고, 주교가 수사들이 이끄는 교구민들을 사찰하려 하자 분규가 일어났다. 수사들이 이에 항의해 자리에서 물러나자 필리핀 태생의 고위 성직자 몬시뇨르 페드로 펠라에즈Monsignor Pedro Pelaez(1812~1863) 대주교는 필리피노 사제들의 서품을 신속히 처리해 수도사들의 빈 자리를 채웠다. 스페인 수도사들은 갈색 피부와 훈련이나 경험 부족 때문에 필리핀 사람들이 성직에는 맞지 않는다고 봤다.

1863년에 지진이 일어났고 대주교가 죽었지만 필리피노 사제 3명—마리아노 고메즈Mariano Gomez, 호세 부르고스José Burgos, 하신타 자모라 Jacinta Zamora 신부—을 포함한 사제들은 싸움을 계속했다. 당국은 아무런 설명도 없이 카비테Cavite(루손섬 북쪽 지방-옮긴이)의 포르트 산 펠리페Fort San Felipe 요새의 필리피노 군인들과 노동자들의 특권을 폐지해 버렸다. 특권은 공물 납부와 강제노역에서 면제해주는 것이었다. 소식을 들은 군인과 노동자들이 반란을 일으켰다. 1872년 1월 20일 밤의 그 반란은 진압됐고, 당국은 고메즈, 부르고스, 자모라 신부를 처형했다. 그때 이후로 스페인 정부는 필리피노들이 스페인 통치를 전복하기 위해 음모를 꾸미고 있다고 봤다.

호세 리살

아마도 가장 위대한 필리피노라고 해야 할 국민 영웅 호세 리살은 라구나주(루손섬의 마닐라 남동쪽 라구나호수를 에워싼 지역-옮긴이)에서 11명 형제 가운데 하나로 태어났다. 푸젠 지방에서 온 중국 상인인 그의 조상 람 코Lam Co는 17세기에 굶주림과 역병, 그리고 만주족의 침략을 피해 필리핀으로 이주했다. 농부로 정착한 그는 차별을 피하려고 가톨릭으로 개종하고 이름을 도밍고 메르카도Domingo Mercado로 바꿨다. 리살의 어머니는 부유한 중국인 메스티소 가문 출신으로, 리살이 다섯 살 무렵부터 읽고 쓰는 법을 가르쳤다. 리살은 스물한 살 나이에 스페인 마드리드대학에 의학을 공부하러 갔고, 파리와 하이델베르크에서도 공부했다. 과학과 예술에 능숙한 박식가가 된 그는 유럽에 체류하며 시와 에세이, 소설을 썼다. 그는 1882~1892년 기간에 유럽에서 살았다. 가장 유명한 그의 두 소설 《사회적 암Noli Me Tangere》과 《탐욕의 지배El Filibusterismo》는 스페인 통치의 야만성과 부패를 폭로해 필리핀 민족주의에 영감을 주었다. 스페인어, 영어, 프랑스어, 독일어, 중국어 그리고 아랍어에 능통했던 그는 프로파간다 운동-필리핀을 스페인의 한 지방으로 통합하는 것, 스페인 의회에 대의권을 갖는 것(의원 선출), 스페인 수사들을 필리핀인 사제들로 교체하는 것, 필리핀인과 스페인인 모두 법 앞의 평등을 이루기 위해 이베리아반도의 스페인인들로부터 지지를 얻어내기 위한 캠페인-의 지도자가 됐다.

리살은 1892년에 필리핀으로 돌아왔고 리가 필리피나Liga Filipina로 불린 비폭력개혁협회를 설립했다. 그 일로 그는 민다나오에 4년이나 구금돼 있었다. 1896년에 필리핀 민족주의자 비밀결사인 카티푸난Katipunan이 봉기했는데, 리살은 그 반란에 가담하지 않았지만 체포돼 군사재판에서 유죄판결을 받아 루네타 공원에서 공개 총살형을 당했다. 그의 순교로 인해 필리핀 사람들은 스페인으로부터 독립하는 것 외에 대안이 없다고 확신했다.

혁명

프랑스와 필리핀은 사회·정치적 상황이 비슷해 필리핀인들은 1789년 프랑스혁명에서 많은 영감을 얻었다. 두 나라 모두 상층계급은 권력과 특권을 누린 반면 하층계급은 무거운 세금 부담을 졌다. 거대한 토지를 소유한 채 교육을 통제하고 자체 세금을 징수했던 교회는 사실상 국가 속의 국가였다.[25] 처음에 필리핀 중산층은 독립보다는 개혁을 추구하면서 프로파간다 운동을 벌였다. 그 운동의 멤버 중에는 마르셀로 H. 델 필라Marcelo H. Del Pilar(1850~1896), 호세 리살, 그라시아노 로페스 하에나Graciano López Jaena(1856~1896)처럼 유럽에서 공부한 중국인 메스티소들이 포함돼 있었다. 그들의 글은 일부 스페인인들의 공감을 얻어냈지만, 마드리드의 스페인 정부는 대체로 무시했다. 사태는 당국이 마닐라에서 필리버스터들(의사 진행 방해자들-옮긴이)을 체포해 처형함으로써 곪아 터졌다. 1896년의 혁명은 인디오들과 자신을 점차 동일시하게 된 메스티소들의 정치적 자각 덕이 컸다. 스페인 작가 엔리케 폴로 데 라르Enrique Polo de Lar는 1880년대 말에 다음과 같이 경고했다.

> 필리핀 메스티소는 온갖 요소들의 잡종이다. 그는 불안과 초조의 전조이며, 소동의 조언자, 그리고 식민지 법률에 복종하기를 거부하는 자다. 모든 관리자는 그들을 아주 특별히 경계하고 모두가 조심해서 일반 대중과 섞이지 못하게 해야 한다.[26]

혁명이 일어나자 메스티소들은 필리핀인 신분으로 참여했다. 그들은 에밀리오 아기날도Emilio Aguinaldo(1869~1964, 스페인과 미국에 대항해 싸운 필리핀 독립운동가, 제1대 필리핀 대통령-옮긴이)와 아폴리나리오 마비니Apolinario Mabini(1864~1903, 필리핀 혁명가이자 독립운동가, 초대 국무총리-옮긴이)처럼 카티푸난의 리더가 됐으며, 또한 그 조직의 다수를 차지했다.

카티푸난

안드레스 보니파시오Andrés Bonifacio(1863~1897, 무장항쟁을 주장한 필리핀 독립의 아버지-옮긴이)가 1892년에 설립한 카티푸난은 스페인 통치를 무너뜨리려 했던 무장 독립운동 단체이자 정당이다. 1896년에 식민 당국이 이 비밀조직을 적발한 것이 필리핀 혁명의 발발로 이어졌다. 보니파시오는 톤도Tondo(마닐라에서 가장 인구밀도가 높은 지역-옮긴이)의 슬럼가에서 자랐으며, 부모가 세상을 떠나자 그는 학교를 나와 생계를 책임지는 가장이 됐지만 열렬한 독서가였다.

엄밀히 말하면 종교운동은 아니지만, 카티푸난은 기독교의 사회·정치적 이상과 그 신조인 '인민의 아들의 임무The Duties of the Sons of the People'[27]를 구현했다. 그 임무에는 성심으로 하나님을 사랑하고, 네 것을 가난한 이들과 함께 나누고, 나라의 자유를 위해 목숨을 바치며, 인민의 의지가 바로 하나님의 의지임을 믿으라는 명령이 들어 있었다.[28] 1896년에 도시 중산층이 혁명보다는 계속 개혁을 추구할 때 카티푸난은 주로 노동자들과 농민들로 이뤄진 10만 명 가까운 회원을 자랑했다. 그런 막대한 회원 수에도 불구하고 마땅한 봉기 수단이 없었기 때문에 투쟁은 스페인인들이 이 비밀결사를 적발해내고 분쇄하려 했을 때 비로소 시작됐다.

1896년 8월 25일 마닐라 일원에서 교전이 시작돼 지역으로 확산했다. 스페인의 우세한 군사력에 맞서 그들은 유일하게 가능한 전략인 게릴라전을 택했다. 10명당 1정의 소총으로 무장한 반란군은 막대한 사상자가 나왔지만 때로는 놀라운 승리를 거두기도 했다. 바실리

동·남중국해, 힘과 힘이 맞서다

오 아우구스틴Basilio Augustin(1840~1910) 총독이 항복한 자들에게 사면을 제의하자 일부 카티푸난 회원들이 무기를 내려놓고 체포당한 뒤 정보를 캐내려는 당국으로부터 고문을 당했다. 수백 명이 구금됐으며 지역의 반란 혐의자들은 마닐라로 이송돼 '정당한 처벌'에 직면했다. 집안의 가장들이 배에 실려 캐롤라인 제도(500여 개의 환초로 구성된 뉴기니 북쪽, 필리핀 동쪽의 서태평양 섬들-옮긴이)나 아프리카의 유형지로 이송됐으며, 부유한 가정들은 사랑하는 이들의 석방을 위해 뇌물을 바치며 갈취당했다.

두 개로 파벌이 나뉘면서 반란군은 계속 패배를 당한 끝에 북쪽으로 퇴각해 비악 나 바토Biak-na-bato에 이르렀으며, 거기에서 1897년 7월에 아기날도가 공화국을 선포했다. 8월에, 모두가 인정하는 혁명의 지도자가 된 아기날도는 스페인과 평화협정을 체결하면서 80만 페소를 세 번에 걸쳐 받는 조건으로 망명을 떠난다는 데에 동의했다. 반란군은 이를 살아서 다음을 기약하는 기회로 여겼다. 그들은 첫 회분 40만 페소를 받고 홍콩으로 안전한 출국을 보장받았지만 나머지 2회분의 돈은 받지 못했다. 그러나 협정이 발효되자마자 미국 해군 함대가 마닐라만으로 출항했다.

마닐라만 전투

스페인은 지구의 반대편에 있는 또 다른 식민지에서 다른 전쟁을 치르고 있었다. 필리핀인들처럼 쿠바인들도 스페인으로부터 독립하기 위해 싸웠다. 쿠바 반란군은 그 섬에 관심 있는 미국의 사업상 이해 때문에, 또한 스페인의 쿠바인 학대에 관한 신문의 보도 때문에 미국의 공식 지원을 받았다. 미 해군 함정 메인호USS Main가 의문의 폭발 사고를 당한 뒤 미국 전함이 미국 시민들을 소개疏開하기 위해 아바나 Havana에 파견됐고, 미 의회는 1898년 4월 25일 스페인에 선전포고를 했다. 미국 전함이 스페인 전함들을 산티아고 데 쿠바Santiago de Cuba항 에서 침몰시켰고, 미국 육군은 쿠바에 상륙해 스페인군을 궤멸시켰 다. 5월 1일, 마닐라 주재 스페인군이 미국의 스페인을 향한 선전포고 를 통보받기 전에 홍콩에서 출항한 미국 전함들이 마닐라만에 정박해 있던 스페인 함대를 파괴했다.

마닐라를 장악할 군사태세를 미처 갖추지 못한 미국은 아기날도 에게 필리핀으로 돌아와 스페인과 싸움을 다시 시작하라고 촉구하면 서, 스페인 통치에서 해방된 필리핀을 미국이 지배할 의사가 없음을 아기날도에게 확약했다. 그 말을 믿은 아기날도는 미국과 동맹을 맺 고 필리핀으로 돌아와 스페인과 싸움을 다시 시작했다. 6월에 반란군 은 마닐라를 제외한 필리핀 거의 전역에 대한 통제권을 확보했으며, 아기날도는 6월 12일 독립을 선언했다. 하지만 스페인도 미국도 그의 선언을 인정하지 않았다.

마닐라 포위

미군 증원군이 6월 30일 도착했고 그 뒤 7월 17일과 31일 각각 제 2차, 제3차 분견대가 왔다. 이제 마닐라에서 스페인인들을 몰아낼 수 있겠다고 확신한 미군 사령관 조지 듀이George Dewey 준장은 스페인 총독 바실리오 아우구스틴에게 싸우지 말고 항복하라고 설득하기 위한 협상을 시작했다. 본국 마드리드 정부는 아우구스틴이 항복할 계획임을 알고는 그를 즉각 페르민 하우데네스Fermin Jaudenes 장군으로 교체했다. 하우데네스 역시 미국과 필리핀 연합군에게 패배할 수밖에 없다는 결론을 내렸다. 체면을 지키고(또 스페인의 예법에 따르기 위해) 그는 실제 전투가 아닌 모의 전쟁을 벌인 뒤 항복하되 반란군을 마닐라시 해방에 참여시키지 않는 조건으로 하자고 제안했다.

8월에 듀이는 모의 전쟁이 벌어지는 동안 필리핀 반란군을 제지하면서 정해진 절차에 따라 마닐라를 '함락'했다. 필리핀군은 마닐라 입성이 허용되지 않았으며, 합의를 위한 협상이 진행되는 동안 윌리엄 매킨리William McKinley(1843~1901, 미국 제25대 대통령-옮긴이) 대통령은 1만 명의 군대를 추가 파병했다. 필리핀 지도자들은 스페인과 평화회담에서 배제됐다.[29]

2개월 뒤인 12월 10일, 스페인과 미국은 파리에서 스페인-미국 전쟁과 스페인의 필리핀 식민지배를 끝내는 조약을 체결했다. 사실상 모든 해외 영토를 잃게 된 스페인은 빈손으로 미국과 협상을 벌였다. 스페인은 필리핀에 설치한 자국 '인프라Spanish infrastructure'를 넘겨주는 대가로 2천만 달러를 받는 조건으로 미국에 필리핀을 '양도'했다. 필리핀 외교관 펠리페 아곤실로Felipe Agoncillo(1859~1941)는 필리핀의 독립을 인정받기 위해 워싱턴으로 갔으나 매킨리 대통령으로부터 무시당했다. 그러자 그는 서둘러 파리로 가서 각서를 제출했으나 이 역시 무시당했다.[30] 아곤실로는 또다시 워싱턴으로 돌아가 미국 상원에 조약을 비준하지 말아달라고 호소하면서 다음과 같이 주장했다.

　　만일 스페인인들이 애초에 그들이 갖고 있지 않았던 권리를 미국인들
에게 넘길 수 없다면, 미국인들이 필리핀을 무력으로 정복하지 않는다면,
마닐라 점령이 필리핀인들이 준비한 결과라면, 국제 관리들과 미국의 대
표들이 필리핀의 독립과 주권을 인정하고, 그들의 동맹이 될 것을 요청하
고 받아들인다면, 어떻게 그들 자신이 필리핀의 통제, 행정, 장래 정부의
결정자가 될 수 있겠는가?

　미국 상원은 그의 항변을 깡그리 무시하고 1899년 2월 6일 조약
을 승인함으로써,[31] 미국의 이중성을 의심할 나위 없이 분명하게 보여
주었다.[32] 이제 그다음 무대는 또 다른 전쟁이었다. 그러나 두 주권국
간의 전쟁은 아니었다. 그것은 단지 미국이 국내 '반란'을 진압하기
위해 필리핀에 대한 자국의 '주권'을 강제적으로 행사하는 전쟁이 될
것이었다.[33] 마닐라 일대에는 통제하는 미국인과 그들을 둘러싸고 있
는 필리핀인들 사이에 불온한 평화가 유지되고 있었다. 스페인이 무
기를 내려놓자 듀이는 아기날도를 업신여겼다. 필리핀인들은 자신들
이 속았다는 걸 깨달았다.

　미국은 필리핀에 친구가 아니라 친구라는 가면을 쓴 적으로 온 것
이었다.[34] 긴장감이 고조됐고, 2월 4일에 미 육군 이등병이 먼저 필
리핀 병사에게 총을 쏘았다. 필리핀인들도 대응 사격을 했다. 사태
를 진정시키기 위해 아기날도는 미군 사령관 엘웰 오티스Elwell Stephen
Otis(1838~1909) 장군에게 그 사격이 자신의 명령에 반하는 것이라고

주장했으나 오티스는 "싸움이 일단 시작됐으면 끝장을 봐야 한다"고 말했다.[35]

필리핀-미국 전쟁기의 중국인 메스티소

스페인에 대적한 전쟁이 미국과의 전쟁으로 바뀌자 중국인 메스티소들이 계속 그 전쟁을 이끌었다고 미 육군 문서보관원 존 테일러 John Taylor 대위는 기록했다.

> 지난 몇 년간 반란을 이끌었던 원주민들은 아마도 거의 모두 중국인 피가 섞인⋯ 중국인 메스티소들, 중국인 후손들일 것이다. 많은 경우 그들은 스페인이나 유럽의 다른 지역에서 교육을 받았으며, 필리핀의 경제적 부와 지식을 이끌어왔다. 그들은 스페인 권력을 무너뜨리는 데 중요한 역할을 했으며, 있는 힘껏 외쳐 필리핀인들의 발언권을 가로채왔다. 그들을 식별하는 것이 항상 쉬운 일은 아니다. 그들은 필리피노라 불리기 바라지만 미국에 대한 필리핀의 반란 문서들을 분류할 때 별도의 색인카드가 필요한 중요한 사람 164명 가운데 27명은 의심할 여지 없이 중국인 후손들인데, 좀 더 자세히 찾아보면 그 수가 늘어날 것이다. 아기날도도 그 27명 가운데 하나이며, 그의 각료 중 2명, 그의 장성 중 9명(그들 중 한 사람은 순수 중국인 혈통), 그의 내각 또는 정부위원회 수장 2명 중 1명, 그리고 그의 주요 재정담당자들 또한 그러했다.[36]

호세 이그나시오 파우아

혁명 지도자들 가운데 최고의 지략가는 푸젠성에서 이주해 온 류형푸劉亨賻라는 사람이었다. 스페인식 이름 호세 이그나시오 파우아 Jose Ignacio Paua(1872~1926)로 더 잘 알려져 있었다. 극빈 가정에서 태어난 파우아는 열여덟 살 때 중국을 떠나 마닐라의 비논도Binondo의 중국인 구역에서 대장장이로 일했다. 배움이 빨랐던 그는 곧 자신의 철물점을 열었고 소금 사업에도 뛰어들었다. 혁명이 시작되자 혁명가들에겐 무기가 절실했다. 파우아는 자신의 야금학冶金學 지식을 활용해 대포와 다른 무기들을 수리하고, 중국인들로부터 40만 페소의 혁명자금을 모았다. 다른 중국인 대장장이들 도움을 받아 그는 탄약 공장을 지었다. 아기날도는 파우아의 소형화기 지식과 필리핀인들에 대한 그의 공감과 지지에 감동했다. 동료들과 함께 싸우면서 발군의 실력을 발휘한 파우아는 장군의 자리에까지 올랐다. 필리핀인 지도자 테오도로 곤살레스Teodoro Gonzales는 이렇게 회상했다.

> 캠프에서 그는 이상한 모습이었다. 대령 제복에 변발한 늠름한 장교였다. 그의 부하 장병들은 필리핀인들로, 모두 베테랑 전사들이었다. 하지만 그들은 그가 중국인이었음에도 그에게 복종했고 그의 전투 준칙에 따라 복무하는 것을 자랑스러워했다.[37]

1898년 6월 12일 아기날도는 독립을 선언했고, 파우아는 자신의 변발을 잘랐다. 동료들이 그 일로 놀리자 파우아는 이렇게 선언했다.

동·남중국해, 힘과 힘이 맞서다

"이제 여러분은 외국인 선생한테서 자유로워졌고, 나도 변발에서 벗어났다." 변발은 중국을 통치한 청나라 만주족에 대한 충성의 상징이었다. 또 다른 중국인 혁명가들로는 프란시스코 오소리오Francisco Osorio(1860~1896), 마리아노 림잡Mariano Limjap(1856~1926), 텔레스포로 추이디안Telesforo Chuidian 그리고 로만 옹핀Roman Ongpin(1847~1912) 등을 들 수 있다. 부유한 집안 출신인 오소리오는 붙잡혀 처형당했다. 림잡과 추이디안은 새로 선포된 공화국 정부에서 요직에 앉았으며, 사업가이자 자선가인 옹핀은 재정적 지원을 했다.

하지만 대체로 중국인들은 어느 쪽에도 공개적인 약속을 삼갔다. 쓰라린 경험을 통해, 중국인들은 자칫 편을 잘못 들었다가는 큰 대가를 치른다는 것을 알고 있었다. 영국의 마닐라 점령 기간(1762~1764)에 그들은 영국 쪽을 지원했다가 영국이 철수한 뒤 스페인으로부터 호되게 당했다.[38] 작은 공동체를 꾸리고 있는 그들로서는 어려움을 견디며 전쟁이 끝나기를 기다리는 수밖에 없었다. 그들은 자신들의 재산을 훔치거나 파괴하고 몰수하는 혁명가들에게 손쉬운 표적이었으며, 그들을 보호하라는 아기날도의 명령에도 불구하고 지방으로 피신한 사람들마저 강탈에서 안전하지 못했다.[39]

미국의 범죄행각

많은 필리핀인은 미국이 자국의 독립뿐만 아니라 쿠바의 독립을 지원하기 위해서도 싸워온 도덕적인 국가라 여겼다. 그들은 미국을 이타적인 동맹세력으로 생각했으나, 곧 그들도 스페인인들만큼이나 야만적이고 인종차별적이라는 사실을 알게 됐다. 필리핀 전사들에 대한 일반 대중의 지원을 끊기 위해 미국인들은 민간인들을 강제수용하는 '레콘센트라도스reconcentrados'라는 보호구역을 설정했는데, 어느 수용소 사령관은 이를 '지옥의 변두리'라고 불렀다. 1902년 1월과 4월 사이에 약 29만 8천 명의 수용자 중에서 8,350명이 죽었다. 일부 수용소들은 사망률이 20퍼센트나 된다는 보고도 있었다. 2마일×1마일(1마일=1.6킬로미터) 넓이의 수용소에 8천 명의 필리핀인들을 수용하기도 했다.[40] 교전수칙에 대해《필라델피아 레저Philadelphia Ledger》는 이렇게 보도했다.

우리 병사들은 손을 들고 얌전하게 항복한 사람들을 사로잡았고, 한 시간 뒤 그들이 반군임을 보여주는 아무런 증거가 없는데도 그들을 다리 위에 세우고는 차례차례 총을 쏘아 아래 물속으로 떨어뜨려 떠내려 보내면서 자신들이 쏜 총알로 벌집이 된 시체들을 발견한 사람들에게 본보기로 삼았다.[41]

…지금의 전쟁은 무혈의 희가극 오페라 공연이 아니다. 우리 병사들은 가차 없이 남자, 여자, 어린이, 죄수와 포로, 활동적인 저항세력과 열 살 이상의 젊은이들 가운데 혐의자들을 가리지 않고 죽여 없앴는데, 필리피노는 개보다 나을 게 없다는 생각이 만연해 있었다….[42]

'물 요법(물고문)'이 실시됐는데, 남자를 누여놓고 깔때기를 입에 대고 물을 거의 배가 터지도록 강제로 마시게 했다. 그런 다음 그의 배 위에 앉아 물을 토해내게 했는데, 그런 과정을 되풀이했다. 그러나 시어도어 루스벨트Theodore Roosevelt(1858~1919) 대통령은 1902년 현충일에

동·남중국해, 힘과 힘이 맞서다

재향군인과 언론인을 상대로 분노에 찬 연설에서 그 전쟁을 문명과 야만인 간의 싸움으로 묘사하면서 미군의 잔혹 행위를 옹호했다. 그는 필리피노들을 '중국 혼혈아Chinese half-breeds'라며 무시했고, '이것은 우리나라 역사에서 가장 영광스러운 전쟁'[43]이라고 주장했다. 그 전쟁으로 필리피노들은 800만 전체 인구에서 25만 명이 목숨을 잃었다.[44] 작가 마크 트웨인Mark Twain(1835~1910)은 경악한 나머지 이렇게 썼다.

> 우리는 의심할 줄 모르는 친구의 땅과 자유를 빼앗았다. 무구한 젊은 이들 어깨에 평판 나쁜 머스킷 총을 메게 해서 강도들도 으레 두려워하지만 따르지는 않는 깃발 아래 강도질을 하게 했다. 우리는 미국의 명예를 더럽히고 세계 앞에서 얼굴에 먹칠했다.[45]

필리핀 합병

시어도어 루스벨트는 확고한 식민지 기업 옹호자였다. 1899년 4월 10일 시카고에서 해군부 차관보 자격으로 한 연설('불굴의 삶' 연설)에서 그는 미국의 새로운 소유물(필리핀) 획득을 유용한 전략적 거점이요 '문명의 대의'를 위한 고무적인 약속이고, 대영제국 건설자들이 개척한 '희망을 주는 인간의 위대한 과업'에 대한 기여라며 정당화했다. 그는 그것을 미국의 서부 개척 연장으로 보면서, 필리핀인들은 열등해서 아메리카 원주민(인디언)들과 똑같은 대우를 받아 마땅하다고 믿었다.

아기날도가 이끄는 자치 정부를 허용하는 것은 "추장이 이끄는 아파치족 인디언 보호구역에 자치를 허용하는 것과 같다"라고 했다. 그는 자신의 비판자들을 향해 "부패한 중국인 혼혈아들과 흉포한 타갈족Tagal(루손섬 중부를 비롯한 필리핀 전역에 거주하는 말레이인 계열의 원주민-옮긴이) 강도들의 연합체"를 지원하고 위로하려 한다며 비난했다. 전쟁이 끝나자 루스벨트는 미국인들이 이제는 필리피노들의 도덕, 산업, 사회 및 정치의 실질적인 개선을 위한 과업으로 돌아가야 한다고 말했다. 오직 지도 및 관리를 통해서만 이 의존적인 민족이 '폭정과 무정부' 사이에서 동요하지 않고 먼 훗날에 독립할 준비를 하게 만들 수 있다고 주장했다.[46] 루스벨트와 같은 생각을 공유했던 전임자 매킨리도 자신이 필리핀의 장래를 위해 어떻게 기도해서 신성한 가르침을 받았는지 다음과 같이 썼다.

어느 날 밤늦게 그것은 이렇게 왔다-정확히 어떻게 왔는지는 모르지만 왔다-(1)우리는 다시 그것을 스페인에 되돌려줄 수 없다. 그것은 비겁하고 창피스러운 일이 될 것이다, (2)우리는 그것을 프랑스나 독일-동양에서 우리의 상업적 경쟁자-에 돌려줄 수 없다. 그것은 불리한 거래고 불명예스러운 일이다, (3)우리는 그들을 그들 손에 맡겨둘 수 없다. 그들은 자치 정부에 적합하지 않으며 (그렇게 하면) 그들은 곧 무정부 상태가 되고 스페인이 통치할 때보다 더한 실정을 할 것이다. 그리고 (4)우리가 해야 할 일은 필리피노들을 모두 거두어서 교육하고 희망을 주고 교화하고 기독교도로 만드는 것이며 우리를 위해 죽기까지 한 그리스도처럼 하나님의 은혜로 그들을 위해 최선을 다하는 것이다. 그러고 나서 나는 침대로 자러 갔고 푹 잤다.

속임수를 당하고 군사력마저 열세여서 혁명은 실패로 돌아갔다. 아기날도는 1901년 3월 23일 붙잡혔고, 4월 1일 미국 정부에 충성 맹세를 강요당했다. 4월 19일 그는 추종자들을 찾아가 무기를 내려놓으라고 했지만 일부는 계속 저항했다. 이듬해 비센테 룩반Vicente Lukbán(1860~1916) 장군이 체포되고 미구엘 말바르(Miguel Malvar, 1865~1911) 장군이 항복하면서 혁명은 치명적인 타격을 받았다. 전쟁은 1902년 7월 2일 공식적으로 끝났지만, 독불장군 마카리오 사카이 Macario Sakay(1870~1907)가 이끄는 카티푸난 용사들은 이후 몇 년간을 더 싸웠다. 경제는 엉망이 됐다. 농업생산이 지장을 받았고 상품 수출은 중단됐다. 게릴라들은 변방을 배회했으며, 소 역병이 돌아 물소의 90퍼센트가 죽었다(물소는 일하는 역축役畜으로 활용됐다). 그 결과 쌀 생산이 75퍼센트나 줄었으며, 메뚜기들이 그나마 남은 쌀을 먹어 치우려 했다. 7년 뒤인 1909년에 미국 의회가 두 나라 사이의 자유무역을 허용하고 나서야 농업이 되살아났다.[47]

미국의 통치를 받는 중국인들

4만 명 중국인 대부분은 혁명에 가담하지 않았지만, 일단 미국은 중국인 이주를 제한했고, 미국에서 시행 중인 것과 같은 반중국인 이민 정책을 필리핀에서도 적용했다. 중국인 배제법은 새 법률로 연간 500명의 이민을 할당했던 1940년까지 남아 있었다.[48] 중국인 배제 정책은 기능공 공급을 차단함으로써 중국인 노동자 도급업자들, 카베실라(우두머리 상인들)와 여관 주인들의 삶에 영향을 끼쳤고 건축업, 기계 공구, 수리소, 목공일 같은 업종을 위축시켰다. 일부는 상품(특히 쌀) 투기로 전업했고, 또 일부는 새 정부에 대한 상품과 서비스 공급 입찰에 나섰다. 스페인 통치 시대에 당국자들은 아편 계약, 도박 허가, 징세 업무를 중국인들에게 맡겼다. 오티스 장군이 징세 도급을 중단시키고, 중국인들로부터 중요한 생계수단들을 박탈함으로써 미국 통치가 시작된 초기 10년간 많은 중국인이 생계를 유지하는 데 어려움을 겪었다.

1923년 연안해운법Coastwise Shipping Act은 중국인을 비롯한 외국인들이 연안해운업 분야에서 기업을 소유하지 못하도록 막았다. 그 뒤 중국인들을 운송과 화물수송업에서 배제하는 필리핀화 촉진법들이 제정됐다. 그리하여 중국인들은 서방 기업들이 지배하고 있던 상품 수출 분야에서 경쟁력을 잃었지만, 국내 시장으로 들어갔다.[49] 세계 대공황 전에 두 차례 이어진 '황금의 10년(1909~1920)' 기간에 그들은 소매업 분야에서 예전의 지위를 되찾았으며, 1922년에는 그 분야의 70~80퍼센트를 장악했다. 세금의 성문화(법전화)와 회사법은 스페인 통치 시대의 자의적인 징세 관행을 끝내고, 새로운 기회의 장을 열었다.[50] 중국인들은 쌀 생산에 돈을 댔고 도정搗精과 배급을 장악했다. 그들은 은행 업무를 시작했는데, 그것은 사실상 모든 사업 분야에 관여하면서 나라 전체로 그 영향력을 넓히는 것이었다. 체류자라는 인식 때문에 중국인들은 언제나 토지와 공장보다는 소매와 도매업, 부동산, 은행업, 담배, 비누, 양초 등에 대한 투자를 선호해 1930년대에 약 2억 페소를 쏟아부었으며, 온갖 규모의 회사 1만 개 이상을 소유했다.[51]

전통적으로 중국인들은 민족의식이 희박해 그들의 모국에 대한 정서적 연대는 정치보다는 가족과 종교, 문화에 그 기반을 두고 있었다. 그러나 20세기 초반기에 그것이 바뀐다. 1911 신해혁명 뒤 1920년 대에 중국을 통일하려는 북벌운동이 벌어졌고 1930년대에는 일본군이 침략하면서 중국의 재외교포(화교)에게 애국심을 불러일으켰다.[52] 필리핀의 중국인들은 난징의 국민당KMT 정부에 지원을 맹세하고 장제스 장군에게 일본 침략자들을 몰아내라고 촉구했다. 그들은 끊임없이 모국 지원을 위한 모금 운동을 벌여 1939년에 1,200만 페소를 항일투쟁 세력에 기부했으며, 고등학생을 비롯한 젊은이들은 자발적으로 최전선의 군인, 운전사, 전투기 조종사가 됐다. 그들은 자신들에게 돌아올 손해까지 감수하면서 일본 상품 불매운동을 벌였고, 중국인들의 유통 경로를 통제했다. 그 결과 1931년과 1933년 사이에 일본제 수입은 50퍼센트나 줄었다.

필리핀 내 일본인 거주자들은 그들 자신의 소매 네트워크 결성으로 맞섰는데, 일본인 가게들은 1935년까지 775개(이에 비해 중국인 가게는 1만 3,818개)로 늘었다. 규모는 작았지만 일본 업자들이 중국인들로부터 시장 점유율을 빼앗기 시작했고, 필리핀인들조차 중국인 몫을 빼앗으려 하면서 일본인들이 일정 분야를 장악했다. 그리고 전쟁이 일어났다.

일본의 점령

1941년 12월 8일, 일본군이 하와이 진주만을 기습 공격한 지 몇 시간 뒤 타이완을 출발해 루손섬 해안에 상륙했다. 침략군은 신속하게 진군해 1942년 1월 2일 마닐라를 장악했다. 필리핀 주둔군 사령관인 더글러스 맥아더Douglas MacArthur(1880~1964) 장군은 프랭클린 루스벨트 대통령의 명으로 1942년 3월 12일 오스트레일리아로 날아가 일본군에게 체포당하는 것을 피했다. 미군의 패배는 그해 4월 바탄반도Bataan Peninsula(루손섬의 마닐라만을 에워싸고 있는 왼쪽 반도 지역-옮긴이), 그리고 5월에 코레히도르Corregidor(마닐라만 입구에 떠 있는 작은 섬-옮긴이)에서 미국-필리핀군이 항복함으로써 마무리됐다. 마닐라를 점령한 다음 날 일본군 사령관 혼마 마사하루本間雅晴(1888~1946) 장군은 "미국의 압제로부터 필리핀인들을 해방시켰다"고 발표했다. 그는 이제 필리핀인들이 대동아공영권大東亞共榮圈 안에서 자유롭게 "필리핀인들을 위한 필리핀"을 건설할 수 있게 됐다고 선언했다.

중앙행정기구로 이름을 바꾼 정부는 일본인 고문들의 지시에 따랐다. 이후 3년간 필리핀은 혹독한 전쟁을 치렀다. 일본 점령군은 고의적으로 인간 생명을 무시해 수천 명이 구금당하거나 처형당했다. 등록하지 않은 라디오를 갖고 있던 집은 불시 단속을 당해 사용자들이 구금당하고 산티아고 요새 지하 감옥에서 고문당했다. 미국인들이 자행했던 물고문이 부활했다. 구금자들은 손이 묶이고 나무 몽둥이로 맞거나 벌겋게 단 쇠나 전깃줄로 고문을 당했다.

점령 초기에 일본군은 여성들을 제멋대로 강간했다. 길거리 보초들은 자신들에게 고개 숙여 인사하지 않는다고 남녀 심지어 어린이들까지 때렸다. 소녀들은 납치당해 일본군 '위안소'에서 성노예 생활을 강요당했으며, 교육마저 일본에 대한 충성심을 주입하는 쪽으로 개편

됐다. 경제는 전쟁 수행상의 수요에 맞춰 가동됐으며, 말과 자동차, 트럭 기타 운송수단들은 징발당했다. 쌀 생산량은 떨어졌으며 한정 수량은 군대용으로 전용됐다. 식량과 의약품이 부족해 수천 명이 영양실조, 말라리아, 결핵 같은 질병으로 목숨을 잃었다. 거리에는 열대 궤양에 걸려 파리가 새까맣게 달라붙은, 병들고 굶주린 남녀와 어린이들이 눈에 띄었다. 일본군 점령 기간에 50만에서 100만의 필리핀인들이 목숨을 잃었다. 일본인들이 모든 사람을 적으로 돌리자, 많은 사람이 산으로 도망가 저항세력에 합류했다.[53]

일본군은 중국인들을 표적으로 삼았다. 마닐라로 들어갔을 때 일본군은 외교관의 면책특권 규범을 무시하고 중국인 총영사 클레어런스 광선 영(양광생楊光洼)과 그 직원들의 뒤통수를 쏘아 죽였다.[54] 반일세력 지도자들을 일제히 검거해 처형했고 대형 중국인 업체들을 빼앗거나 폐업 명령을 내렸다. 경제 마스터플랜인 대동아공영권 체제하에서 중국인들은 소매업에서 배제돼 농사를 짓거나 군 프로젝트에 '자원봉사자'로 동원됐다. 중국인 학교는 문을 닫았으며, 중국인을 통제하기 위한 협회를 만들어 기부금을 짜냈다.[55] 무서운 헌병대(군 경찰) 손아귀를 피하려고 일부는 부역하는 쪽을 택했으나 저항군에 암살당했다.

국민당과 중국공산당CCP은 각기 게릴라 조직을 만들어 경쟁했다. 공산주의자 항일전사들은 주로 노동계급 남성들로 구성돼 있었는데, 그들 중 다수는 독신이거나 가족 연고가 없는 사람들이었다. 쉬징청許敬誠과 리융샤오李永孝와 같은 사람들은 중국에서 국민당의 박해를 피해 필리핀으로 오면서 지하공작과 게릴라 전술[56]에 관한 귀중한 경험을 갖고 왔으며, 항일조직인 필리핀 후크발라합(항일국민군=인민군)이 공산주의자 화즈華支 전사들을 받아들여 그들에게 기술을 배웠다.[57]

전쟁 전에 단일조직으로 출발한 공산주의자들은 종종 내분에 휩싸인 국민당 집단보다 훨씬 강한 단결력과 더 나은 협조태세를 보여주었다.[58] 1944년 10월 22일 마침내 미국 해병대가 레이테Leyte(필리핀 중부 비사야 제도Visayas에 있는 섬-옮긴이)에 상륙한 후 1945년 2월에 마닐라에 접근하면서 전쟁의 흐름이 바뀌었다. 1만 7천 명이 넘는 일본 수비대가 3만 5천 명의 미군에 맞서 마닐라 방어전을 펼쳤다. 미군은 마닐라에 맹렬한 폭격을 가했다. 한 달간의 마닐라 전투에서 약 24만 명의 마닐라 주민들이 1만 6천 명의 일본군과 함께 목숨을 잃었다. 미군의 사상자는 이례적으로 적어, 약 1천 명이 죽고 5,600명이 다쳤다. 태평양전쟁에서 가장 격렬했던 전투로, 16세기까지 거슬러 올라가는 풍부한 건축 유산을 지녔던 대도시가 완전히 파괴됐다.

전후 통합

일본의 3년 반 점령 기간에 1만여 명의 중국인들이 사망한 것으로 추산되지만, 그 트라우마가 중국인 사회를 근본적으로 바꿔놓진 못했다.[59] 그들의 경제적·사회적 구조는 오랜 이념적 차이와 개인 간의 경쟁이 그랬듯이 온전히 살아남았다. 전쟁이 끝난 뒤 몇 년간 부역자들과 정치적 라이벌에 대한 암살이 이어졌다. 국민당이 후원하는 필리핀-중국 상공업회의소연합(보통 '연합Federation'으로 불린다)이 1954년에 결성돼 기존의 총상공업회의소(또는 '총회의소')에 도전하면서 중국인 사회를 선도하는 대변자가 됐다. 중국인에 대한 필리핀인들의 태도도 바뀌지 않았다. 1945년 9월 23일, 수백 명 중국인이 상원의원 입후보 자 마누엘 로하스Manuel Roxas(1892~1948, 독립운동가이자 제5대 대통령-옮긴 이)가 전쟁 때 부역한 사실을 비난하며 반중국법을 통과시킨 의원들 추방을 요구하는 대규모 집회에 참석했을 때, 그들의 주장은 '필리핀 내부 현안에 대한 부당한 간섭'이라는 이유로 묵살당했다.[60] 마닐라 《데일리 뉴스》에 이런 사설이 실렸다.

> 우리는 이들 중국인의 도발적인 태도에 강력하게 항의한다. 그들은 이 나라 정치 문제에 개입할 권리가 없다. 그들은 탐탁지 않은 외국인이 됐다. 우리 법률에 따라 체포될 수도 있고 달갑지 않은 외국인으로 강제추 방될 수도 있다. 우리는 연방 대통령에게 이들 중국인을 즉시 모두 검거해 서 그들의 나라로 송환하기를 촉구한다.[61]

《마닐라 포스트》는 이렇게 주장했다.

> 중국인들은 필리핀인들의 부역 문제나 그와 관련한 또 다른 우리 국 내 문제에 대한 자신들의 간섭을 절대 정당화할 수 없다. 우리 의회를 판 단할 때 중국인들은 의회 지도자들을 선출한 필리핀인들을 무시하는데, 필리핀인들만이 자신들이 선출한 관리들을 비판할 수 있는 정당한 자격 이 있다.[62]

얼마 되지 않는 수(1947년 필리핀 전체 인구의 0.6퍼센트)였지만 경제적으로 잠재력이 있는 소수였던 중국인들은 늘 적대적인 거주국 정부와 싸웠다. 처음에는 스페인 정부, 그다음에는 미국 정부, 그리고 필리핀 정부와 싸웠다.[63] 동남아시아 다른 지역들에서처럼 중국인들의 경제적 영향력은 정치적 영향력으로 전이되진 못했다. 오히려 그들은 종종 정치인들의 손쉬운 표적이 됐다. 법의 사각지대에 있었기에 모국 정부나 거주국 정부의 기소(고소)에 취약했다. 밀수, 해적 행위, 반란을 막기 위해 송, 명, 청 왕조는 교역과 해외여행을 금지하는 해금海禁 정책을 폈다. 해외 진출을 시도하는 이는 법을 어기는 것이어서 구제받을 길이 없었다. 1894년에 그런 금지 조치가 해제됨으로써 그들은 비로소 안전하게 귀국할 수 있었다.[64]

필리핀 거주 중국인 지도자들은 나중에 마닐라에 영사관을 개설해 자국민들이 불공정한 징세와 자의적인 정책 때문에 입는 피해를 막아달라고 청나라 조정에 요청했다. 청나라 조정은 1897년에 영사관을 설치했으며, 7년 뒤에는 중국인 상업회의소가 개설돼 중국인 이해를 대변했다. 하지만 본국과 강한 친족 관계 때문에 중국인들은 거주국(필리핀)에 양면적인 태도를 보였으며, 필리핀 시민권(국민 자격)을 획득하는 데 별 관심을 보이지 않았다. 그런 태도는 1975년의 대규모 귀화와 1977년 이후 중국 학교의 필리핀화 이후에야 바뀌었다.

교육은 언제나 중국과의 정서적·문화적 연결을 유지하는 데 중요한 역할을 했다. 전쟁이 끝나자 중국인 학교들이 다시 문을 열었다. 교육부의 권한 바깥에서 이들 독립적인 학교들은 타이완의 교과서와 교사들을 채용했고 학생들은 타이완과 장제스 총통에게 충성을 맹세했다. 학부모들에게 중국식 교육은 신성불가침 영역이었으므로 그들은 중국어 사용을 줄이고 필리핀 교육과정을 채택하여 학교를 필리핀화하려는 시도에 저항했다. 하지만 대중의 반중 정서를 의식한 젊은 지도자들은 '중국다움Chinese-ness'[65]에 대해 경고했다.

중국인들은 선택의 갈림길에 서 있었으며, 통합 외에 다른 선택지가 없었다. 학교의 필리핀화는 중국어 능력을 감퇴시켰고, 그 결과 학생들은 영어와 필리핀어 표현까지 동원하지 않고는 부모와 제대로 대화할 수 없게 됐다. 한때 중국어 교육의 보루였던 장제스 대학Chiang Kai-shek College마저도 캠퍼스 내에서 정기적인 '중국어로 말하기' 캠페인을 벌여야 할 필요가 있다는 사실을 깨달았다. 대규모 귀화로 통합에 가속도가 붙었고, 1986년에 계엄령도 해제되면서 더 많은 정치적 참여의 길이 열려, 더 많은 중국인이 중국어가 아니라 필리핀어로 공직에 출마하는 쪽을 택했다.[66]

중국 정책

1946년에 미국이 독립을 허용했지만, 필리핀은 제대로 된 주권을 거의 누리지 못했다. 전쟁 뒤 동남아시아의 다른 이웃 나라들보다 더 큰 장래성의 조짐을 보였음에도 부패와 국내외의 고질적인 이해관계로 인해 경제 발전이 힘들었고, 메우기 어려운 빈부 격차가 계속됐다. 2017년에 필리핀의 1인당 GDP(국내총생산)가 3천 달러로, 세계 126위를 차지했으며 부탄, 볼리비아, 인도네시아보다도 낮았다. 1992년까지 필리핀은 '동반자' 관계 속에 미국의 해외 군사시설 가운데 가장 큰 두 개(수빅만Subic Bay의 잠발레스Zambales 지역에 약 678.6평방킬로미터 넓이로 펼쳐져 있던 해군기지는 거의 싱가포르 면적만 했다)를 수용하고 있었다. 필리핀 정치가 클라로 렉토Claro Recto(1890~1960)는 이렇게 말했다.

> 파산한 행정부는 필연적으로 구걸 외교를 하게 된다. 그리하여 스스로 할 수 없는 일을 하기 위해 어쩔 수 없이 외국의 개입을 부르기 마련이다. 정부가 자국민의 단합된 지지를 기대할 수 없을 때는 외세의 지원에 기댈 수밖에 없다. 거지들은 선택할 수 있는 여지가 없으므로 우리는 완전히 무시당하고도 그것을 당연하게 여기거나 강요당하며, 문간에서 공손히 모자를 쥐고 서서, 들어와도 좋다고 할 때까지 기다릴 수밖에 없다.[67]

몇백 년에 걸친 스페인과 미국의 통치는 땅뿐만 아니라 사람의 마음마저 식민화했다. 필리핀인들은 스스로 서양에 순응했으며, 이웃 말레이시아인, 인도네시아인 또는 중국인보다 미국인이 누구인지를 더 잘 이해했다. 마닐라는 유엔 표결 때 한결같이 미국 편을 들었다. 미국 뒤를 따라 마닐라는 1946년부터 타이완과의 외교 관계를 유지하다가 리처드 닉슨의 역사적인 중국 방문 뒤인 1975년에야 타이완을 버리고 중국을 승인했다. 미국과 오랜 관계 때문에 필리핀 정책 입안자들은 역사적 추세를 알아차리는 데 뒤처져, 2016년에 로드리고 두테르테Rodrigo Duterte가 대통령이 돼 새로운 진로로 방향을 틀 때까지 미국과 발을 맞추었다.

남쪽 민다나오섬 출신의 첫 필리핀 대통령인 두테르테는 법과 정치를 공부했고, 검사로 복무했으며, 22년간 다바오시Davao City(민다나오섬 중심 도시로, 인구 140만의 필리핀 제2 도시-옮긴이) 시장을 지내면서 범

동·남중국해, 힘과 힘이 맞서다

죄를 줄인 공로로 인정을 받았다. 필리핀에는 200만 명의 중국계가 살고 있는데, 할아버지가 중국 푸젠성의 샤먼 출신인 두테르테는 필리핀 민족의 약 4분의 1에 어느 정도 중국인 피가 섞였다고 본다. 그는 남중국해에서 비적대적 접근 자세를 취하면서, 석유 공동탐사와 필리핀에 절실한 사회기반시설(인프라) 구축을 위해 중국과 손을 잡았다. 두테르테의 외교정책을 이끄는 힘은 글로벌 추세에 대한 그의 이해와 미국 헤게모니에 대한 혐오가 짝을 이룬다. 미국에 대한 그의 반감은 미국이 필리핀에서 저지른 행위에서 비롯된 것이고, 중국으로 무게 중심을 옮긴 것은 남중국해를 사이에 둔 중국과의 수백 년에 걸친 접촉에 바탕을 두고 있다. 외무장관 페르펙토 야세이Perfecto Yasay 는 필리핀이 "미국의 영원한 작은 갈색 피부 형제들"이 될 수는 없다고 말한다.[68]

말레이시아

교역으로 말레이시아 경제를 좌우한 중국과

무력으로 말레이시아를 점령하려 했던

포르투갈, 네덜란드, 영국, 일본 간의 결말은 정반대였다.

중국과 초기 접촉

말레이반도Malay peninsula는 인도차이나반도 남쪽 끝에 있다. 잉글랜드나 뉴욕주 정도의 크기인데, 일련의 산들이 등줄기를 이루고 있으며, 울창한 열대우림으로 뒤덮여 있다. 중국 문명과 인도 문명의 교차로에 위치하여 인도와 중국 교역자들이 그곳을 찾는 것은 시간문제였을 뿐이다. 중국인과 말레이인들의 최초 접촉은 기원전 300년께로 알려져 있다. 방문자들은 철제 도구들을 가져왔으며, 그로 인해 그곳 주민들은 석기시대에서 벗어났다.[1] 인도인 교역자들은 금과 주석을 찾아왔으나 중국인들은 도자기를 갖고 왔다.[2] 지중해 지역과 중국이 교역했다는 증거도 있다. 기원전 4, 5세기의 그리스 꽃병 파편들이 말레이반도에서 발견됐다. 지중해 유럽과의 교역은 기원후 첫 200년간 페르시아와 중앙아시아의 캐러밴 루트caravan routes를 통해 비단이 로마에 당도하고, 로마의 배들이 인도에서 말라카 해협을 거쳐 중국에까지 항행할 정도로 계속 성장했다.[3]

처음에 중국과 인도의 교역은 대부분 인도차이나반도를 인도화한 강력한 왕국 푸난Funan(AD 1세기에 캄보디아에서 발흥한 고대국가. 힌두 문명의 영향을 받은 동남아의 첫 주요국-옮긴이)을 통해 이뤄졌다. 기원후 6세기에 푸난 왕국이 몰락한 뒤 말라카 해협을 경유하는 모든 해상 교역로가 수마트라와 자바 연안 항구들을 발흥시키면서 더욱 유명해졌다. 이에 따라 이들 항구 배후지에 스리비자야Srivijaya(스리위자야라고도 한다-옮긴이)와 사일렌드라Sailendra(또는 Shailendra)와 같은 국가가 출현했다. 스리비자야에 관한 언급은 광저우에서 출발해 22일간의 항해 끝에 기원후 671년에 그 왕국에 도착한 중국인 승려 의정義淨의 일기에 처음으로 등장한다.[4]

수마트라 남쪽 팔렘방Palembang을 중심으로 한 스리비자야는 말레이반도 대다수를 지배한 최초의 왕국이 됐으며, 7세기부터 11세기에 동남아 지역 헤게모니를 장악했다. 왕국의 주요 대외 관심사는 수익성 좋은 중국과 교역하는 것이었다. 그 교역은 당나라에서 송 왕조까지 이어졌다. 스리비자야는 8세기에서 12세기 사이 불교 전파의 거점이었으나 자바에서 발흥한 강력한 두 주요 경쟁자 싱가사리Singhasari(1222~1292)와 마자파힛Majapahit(1293~1517) 왕국의 등장으로 쇠락해졌고, 13세기에 멸망했다. 말라카 해협의 말레이반도 쪽은 시암Siam(태국의 옛 이름-옮긴이)에 빼앗겼고 수마트라 쪽은 싱가사리 지배 아래로 들어갔다. 1천 년 동안 말레이는 인도로부터 문화적·종교적 영향을 받아왔으나, 이제 이슬람으로부터 새로운 문화·종교적 영향을 받기 시작했다. 이슬람은 말라카 해협 양안의 말레이 국가들 사이에 새로운 통일 이념을 만들어냈으며, 스리비자야 왕국의 말레이 계 승자 말라카 술탄국Malacca Sultanate에 길을 열어주었다.

말라카 술탄국

말라카는 말라카강 어귀에 자리 잡고 있다. 초기 주민은 고기잡이와 해적질로 살아가던 원시마을을 건설한 원말레이 인종Proto-Malay race인, 바다 유목민 생활을 하는 오랑라우트Orang Laut의 소수 부족 집단이었다. 1400년 무렵 시암인들이 투마시크Tumasik(오늘날의 싱가포르)를 파괴하자 거기서 탈출한 말레이 족장들이 밀려들었다. 그들 중에 파라메스와라Parameswara(1344~1414)라는 말레이 족장이 있었는데, 그는 그 마을을 북적거리는 수출입 화물 집산지로 만들었다.

중국 기록에는 말라카의 초기 무역 발흥기에 대한 내용이 남아 있다. 그중 가장 널리 알려진 것이 마환馬歡(항해가. 정화鄭和의 대항해 때 세 차례 수행했다-옮긴이)과 비신費信(정화의 대항해 때 무장으로 동행해 방문지들에 대한 기록을 남겼다-옮긴이)이 남긴 기록, 그리고 명나라의 정사正史다.[5] 이는 15세기 중국-말라카의 관계를 연대기적으로 기록하고 있다.[6] 말라카 해협의 가장 좁은 길목에 자리 잡은 전략적 위치 덕에 말라카항은 동서 교역으로 번성했다. 인도와 중국에서 오는 배들이 말라카로 물품을 실어 왔고, 부려진 물품들은 다른 지역에서 온 배들에 실려 다음 기착지로 운반됐다. 이런 식으로 말라카는 서방과 인도에서 온 상품과 또 중국, 동인도와 인도차이나에서 온 상품들이 교환되는 거점이 됐다.

포르투갈의 약재상 토메 피레스Tomé Pires(1465~1540)가 쓴 역사 저작물 《동쪽, 홍해에서 중국까지 개요Suma Oriental que trata do Mar Roxo até aos Chins》에 "내게 말라카는 이 세상에 둘도 없이 중요하고 많은 이익을 얻게 해주는 곳인 듯하다. …이 도시는 세상의 다른 어떤 곳보다 상품 거래에 최적화된 곳이다…"라는 구절이 나온다. 그와 동시대의 저술가 두아르테 바르보사Duarte Barbosa(?~1521)도 거기에 동의했다. "말라카는 수많은 도매상인과 세상 곳곳에 볼 수 있는 엄청난 배들이 모여드는 가장 부유한 항구다."[7]

그러나 말라카는 시초부터 시암(태국)에 매년 40타엘[兩]의 금을 바쳐야 하는 속국이었다.[8] 말라카는 태국으로부터 지켜달라고 중국에 보호를 요청했고, 1403년에 명나라 영락제가 윤경尹慶을 특사로 파견하면서 양단을 선물로 보냈다. 2년 뒤인 1405년, 파르메스와라가 중국에 답례 사절을 보냈다. 그때 영락제는 파라메스와라를 말라카 왕으로 승인하고 그에게 위임장과 봉서, 비단옷과 노란색 우산을 보냈다.[9] 1408년, 중국의 무슬림 제독 정화가 말라카를 방문해 국가의 주권을 재확인했다. 어촌은 활기찬 상업 중심지가 됐다. 말라카는 주석을 수출했고 중국제 자기와 염주, 비단을 수입했다. 1411년에 파라메스와라는 정화의 방문에 대한 답방으로 자신의 처와 아들, 대신들을 비롯한 수행원 450명을 데리고 중국에 가 영락제로부터 환대받았다. 파라메스와라의 후계자는 선물교환과 예방禮訪으로 구축된 관계를 유지했다.

초기 세 명의 후계자들은 직접 사절단을 이끌고 명 조정으로 갔으며,[10] 술탄 만수르 샤Sultan Mansur Shah(재위 1459~1477)가 명 황실의 한려보漢麗寶 공주와 결혼함으로써 중국과의 관계는 더욱 돈독해졌다.《말레이 연대기Sejarah Melayu》에 따르면, 한려보는 500명의 수행단과 함께 말라카에 왔는데, 그들은 부킷 차이나Bukit China(중국 언덕)라는 지역에 자리 잡고 살았다. 이 중국인 정주 지역에는 언덕 위에 1만 2천 기에 달하는 무덤이 증거물로 남아 있다. 그중에서 가장 이른 시기에 조성된 것은 1622년까지 거슬러 올라간다. 1430년 이후 명나라 통치자들은 해외로의 출항을 막는 해금 정책을 채택했고, 이후 해외여행은 제한되고 교역은 광둥에서만 허용됐다. 하지만 그 무렵 말라카 술탄국은 자체 힘을 키워 강국이 됐다.《말레이 연대기》는 그 영광과 힘, 통치를 예찬했다. 술탄국의 번영은 15세기 후반에 절정에 도달했으며, 16세기가 시작될 무렵엔 해협의 양안에서 남부 시암과 수마트라 동부 연안에까지 세력을 확장했다.

말라카의 흥기에는 이슬람의 도래가 큰 역할을 했다. 이슬람은 7세기 초 아라비아반도에 그 기원을 두고 있는데, 그 세기가 끝날 무렵 무슬림(이슬람교도=회교도-옮긴이) 통치자들은 이집트와 시리아, 페르시아와 알렉산드리아 및 다마스쿠스를 경유하는 중세 교역 통로들을 장악했다. 무슬림은 구자랏Gujarat(인도 서부의 주-옮긴이)을 포함한 인도 서부 해안의 광대한 지역을 정복했다. 무슬림 상인들은 페르시아인, 아랍인들과 함께 곧 아라비아해 교역을 지배했고 인도반도의 최남단 카니아쿠마리Kanyakumari(인도 남부 타밀나두주에 있는 도시-옮긴이)를 돌아 동남아시아로 가는 길을 개척했다. 마르코 폴로Marco Polo(1254~1324)가 1292년에 말라카 해협을 지나 베니스로 돌아갈 때, 그는 수마트라 연안의 사람들 속에서 수많은 무슬림을 봤다.

말라카는 후추 교역과 늘어나는 인구를 먹일 쌀을 수입해야 했기 때문에 수마트라의 항구들과 접촉했다. 그 결과 수마트라에서 구자랏 상인들이 유입돼 말레이 족장들을 개종시켰으며, 수마트라와 말라카 통치세력 간의 혼인은 이 새로운 종교(이슬람)의 위신을 드높였다. 말라카의 중요성이 커지면서 더 많은 인도 상인들을 끌어들였고, 그들과 그 지역 사람들의 결혼은 이슬람교의 확장을 가속했다. 무슬림 상인들이 장악하던 인도와의 교역과 말라카 통치자들의 개종은 말라카를 무슬림 교역망 속으로 더욱 깊숙이 통합시켰다. 하지만 무슬림의 독점은 곧 중무장 상태에서도 민첩하게 움직일 수 있는 함선들을 몰고 온 포르투갈인들에게 도전을 받는다.

포르투갈인들

로마시대 이래 지중해와 중국 간의 육로 교역 통로들은 페르시아와 중앙아시아 초원지대를 가로질렀다. 하지만 그 여정은 위험했다. 12세기 말에 몽골인들이 칭기즈 칸Genghis Khan(1162~1227)의 지도 아래 중국 북부 지역에서 러시아 남부의 흑해지방까지 뻗어 있는 땅을 정복했다. 1260년에 그의 손자 쿠빌라이 칸이 중국 전역을 장악했다. 쿠빌라이 치세에 유라시아 전체가 태평해지면서 교역은 활기를 띠었다. 몽골인들은 도로와 역참驛站들을 건설함으로써 교통연락망을 발전시켰고, 그 덕에 1260년 이후 100년간 그 이전 어떤 시기보다 여행하기가 쉬워졌다.

그러나 14세기 후반에 상황이 바뀌었다. 1368년에 몽골인들은 중국과 중앙아시아에서 밀려났고, 이슬람으로 개종했으며, 기독교도들에 적대적인 자세를 취하게 됐다. 1453년에 오토만 터키Ottoman Turks가 동로마제국 수도 콘스탄티노플Constantinople을 점령하면서 중국으

로 가는 육로가 막혔다. 이탈리아 상인들의 전유물이었던 동지중해가
터키 해상세력의 위협을 받으면서 유럽인들은 동방으로 가는 새 통로
를 찾아야 했다. 이베리아반도의 가장자리에 있는 작고 가난한 나라
포르투갈이 거기에 도전했다.

　북아프리카의 무슬림 무어인들이 711년에 이베리아반도를 침
공해 7년간의 전투 끝에 반도의 대부분을 정복했다. 포르투갈인들
은 반격했고 오랜 투쟁 끝에 무어인들 지배에서 벗어났지만 종교
적 열정과 국가적 팽창으로 그들은 적들을 쫓아 북아프리카로 갔
다. 그들은 전설적인 프레스터 존Prester John(중세에 아비시니아 또는 동방
에 기독교 국가를 건설했다는 전설 속의 왕-옮긴이)의 기독교 왕국에 관한 이
야기를 들었기 때문에 그를 찾아 동맹을 맺고 북아프리카에서 무슬
림 세력을 축출하려 했다. 포르투갈의 엔히크 항해 왕자Prince Henry the
Navigator(1394~1460)는 그것을 조선술 발전 쪽으로 이끌었다. 처음에
는 진전이 느렸으나 1488년에 포르투갈의 선장 바르톨로뮤 디아스
Bartholomew Diaz(1450~1500)가 아프리카 남단 희망봉을 돌았고, 그 10년
뒤 바스코 다 가마Vasco da Gama(1460~1524)가 아프리카를 남쪽으로 돌
아 오늘날의 케랄라Kerala인 인도 남서 해안의 캘리컷(인도 남서부 해안 케
랄라주 코지코드Kozhikode의 옛 이름-옮긴이)에 도달했다.

　동방에서 온 물품은 아랍이나 인도의 배들에 실려 홍해 어귀와 페
르시아만으로 운반됐고, 거기서 다시 육로로 대상(캐러밴)이 동지중해
의 항구들로 가져갔다. 교역 루트가 희망봉을 도는 해로로 바뀔 수 있
다면, 포르투갈이 극동 무역에 대한 무슬림의 지배권을 깨뜨릴 수 있
으리라는 건 분명했다. 포르투갈인들은 그들이 만난 모든 무슬림을

혐오스러운 '무어인들'로 여겨, 그들에 대한 싸움을 국민적 운동의 하나로 추진했다. 그로부터 얼마 지나지 않아 그들이 말라카에 모습을 드러냈다.

말라카의 전략적 가치에 대해 포르투갈 작가 두아르테 바르보사는 이렇게 썼다. "말라카의 주인이 누구든, 그가 베니스의 목줄을 쥐고 있다."[11] 1511년에 아폰수 드 알부케르크Afonso d'Albuquerque(1453~1515, 포르투갈의 군인이자 정복자, 포르투갈의 아시아제국 건설자-옮긴이)가 대선단을 이끌고 고아Goa(인도 서부 연안의 주-옮긴이)에서 말라카로 항해했다. 우월한 화력으로 포르투갈인들은 순식간에 말레이 방어군을 무너뜨렸다. 그들은 그 지역에선 일찍이 보지 못했던 고강도의 화력을 집중시켜 말라카를 점령했다.[12] 통치자 술탄 마흐무드Sultan Mahmud는 조호르 Johor(서말레이시아 남쪽 끝에 있는 주. 바로 아래가 싱가포르-옮긴이)로 도망가 말라카를 탈환하려고 몇 차례 공격을 시도했으나 소용없었다. 말라카와 인도양의 다른 항구들을 점령한 포르투갈인들은 향신료 무역을 사실상 독점했다. 향신료는 처음엔 후추와 계피였다가 나중에는 다른 제품으로 이루어졌다. 그 지역에서 휘두른 포르투갈인들의 폭력은 사업적·종교적 이유로 정당화되었다. 영국의 역사가 브라이언 해리슨 Brian Harrison은 이렇게 말했다.

포르투갈인들이 도입한 상업 전쟁과 종교적 십자군 전쟁의 기묘한 조합은 그 지역에선 일찍이 본 적이 없는 전쟁이었다. 포르투갈의 동방 진출은 단순히 아시아 무역의 고속도로를 따라가는 침략이었던 것만은 아니며, 기독교와 이슬람교 간 성전의 측면 돌파에서 큰 진전을 이룬 것이기

동·남중국해, 힘과 힘이 맞서다

도 했다. 따라서 그들의 상업적 목적과 그것을 달성하기 위한 수단—모슬렘Moslems(무슬림)에 대한 폭력 행위 또는 모슬렘 선박 강탈—은 편리하게도 신성화됐다.[13]

네덜란드, 영국, 프랑스인들이 포르투갈인들의 독점과 제해권制海權에 도전할 수 있었던 것은 그 세기가 다 지나고 난 뒤였다. 말라카의 붕괴는 교역의 중심지를 파타니Patani(말레이반도 북부–옮긴이), 조호르, 파항(말레이시아 쿠알라룸푸르 인근 동부 지역–옮긴이), 아체(수마트라 북단, 동남아에서 이슬람이 가장 먼저 퍼진 지역–옮긴이) 그리고 반텐Banten(자바섬 서쪽 끝, 자카르타 왼쪽 지역–옮긴이)과 같은 다른 거점으로 분산시켰다. 1500년에서 1630년 사이 교역이 발달함에 따라 이들 국가는 1511년의 말라카 몰락과 네덜란드령 바타비아Batavia(지금의 자카르타)의 발흥 기간에 번성했다.[14] 상업 및 세수 손실로 말레이 통치자들은 권력과 속국 유지에 심각한 타격을 입었다.[15] 우월한 무력을 지닌 유럽인들은 힘이 약한 주들로부터 각종 (불평등)조약을 강제로 받아냄으로써 말레이 세계를 약화하고 분열시켰다.

네덜란드인들

포르투갈의 위세는 16세기 말로 가면서 쇠퇴했다. 포르투갈은 브라질에서 마카오까지 널려 있는 광대한 제국을 유지하고 관리하기에 인력이 부족했다. 포르투갈 약재상 토메 피레스는 "대사大事를 관리할 사람이 없었다"고 했다. 16세기에 포르투갈 인구는 고작 100만 정도였다. 열대 풍토병과 전쟁은 그들의 용감한 자손들을 수없이 앗아갔고 관리들의 부패와 탐욕스러운 정책, 포르투갈인들의 사악한 전략에 대한 현지 주민들의 혐오는 그 종말을 재촉했다. 포르투갈인들이 그토록 오랫동안 말라카를 지배할 수 있었던 점은 특기할 만하다.[16] 조선술의 발전을 따라잡지 못한 결과, 포르투갈의 배들은 곧 네덜란드와 영국 배들에 압도당하고 만다. 1595년, 네덜란드는 동인도제도East Indies(말레이제도를 가리키는 역사적 명칭-옮긴이)에 첫 탐험대를 보냈고, 채 6년이 지나지 않아 암스테르담과 로테르담, 미들버그Middleburg와 그 밖의 네덜란드 항구 상인들이 조직한 65척의 배로 구성된 선단이 떠났다.

네덜란드는 자바의 반탐Bantam(지금의 반텐 인근에 있던 자바섬의 도시-옮긴이)항에 향신료 교역을 위한 거점을 건설하는 데 성공했다.[17] 포르투갈인들을 쫓아내기로 한 그들은 통칭 '네덜란드 동인도회사Vereenigde Oostindische Compagne, VOC'를 설립했다. 그것은 상장 합자회사였지만 국가 권력이 뒷받침해줬다.

그 무렵 영국도 동인도 쪽으로 시선을 돌렸다. 런던 상인들은 엘리자베스 여왕Queen Elizabeth에게 경쟁으로부터 자신들을 지켜줄 조치를 요구했고, 1600년 12월 31일 동인도회사East India Company가 설립됐다. 영국 동인도회사는 자국에서 희망봉 동쪽의 모든 지역과 교역 독점권을 보장받았으나 네덜란드 동인도회사만큼 국가의 지원을 받지는 못했다.

1641년에 말레이와 동맹을 맺은 네덜란드는 말라카를 점령했다. 네덜란드가 말라카를 점령한 것은 동인도제도에 대한 모든 접근을 통

동·남중국해, 힘과 힘이 맞서다

제함으로써 말라카가 동인도제도에서 네덜란드 상업활동의 중심지였던 바타비아의 경쟁자가 되지 못하도록 하기 위해서였다. 말라카의 교역은 네덜란드 통치 기간에 쇠퇴했다. 네덜란드는 유럽에서 동인도제도로 바로 가는 항로를 폐쇄하고 항구를 막아 큰 배들이 접근할 수 없게 했다. 인도와 동인도제도 간의 면직물 교역을 독점하기 위해 네덜란드인들은 배들을 말라카 해협을 지나가게 하면서 관세나 통행료를 내게 했다. 그 정책은 성공적이지 못해서 말라카는 지출을 충당할 만큼 충분한 세수稅收를 좀체 올리지 못해 바타비아로부터 보조금을 받아야 했다.

말라카는 기항지로서 중요성은 지킬 수 있었으나 더는 중계무역의 거점 역할을 하지 못했으며, 1726년까지 인구도 300가구 이하로 줄어들었다. 1730년 이후 네덜란드 동인도회사의 운도 쇠락하기 시작했는데, 무엇보다 부패, 피고용자들의 높은 사망률, 이윤을 초과하는 배당금 지급이라는 지속 불가능한 배당금 정책 때문이었다. 네덜란드는 점차 한 무리의 섬들을 포기한 뒤 또 다른 섬들을 포기하는 식으로 자신들의 소유물을 포기했다. 이를 틈 타 영국 동인도회사는 섬들에 번창하는 밀수입 체제를 구축했다.

1786년 영국의 페낭Penang(말레이반도의 말레이시아 북서 연안 말라카 해협 쪽에 있는 주-옮긴이) 점령은 말라카에 치명타를 가했으며, 1795년까지 네덜란드 동인도제국에 남은 것이라고는 자바, 몰루카스Moluccas(말루쿠제도Maluku Islands-옮긴이), 말라카와 그 밖의 요새 몇 군데뿐이었다. 1795년에 영국은 말라카와 몰루카스도 장악했다. 그해에 네덜란드 정부가 지명한 위원회는 네덜란드 동인도회사의 파산을 보고했으며,

1798년에 네덜란드 정부는 회사 정관을 폐지하고 남은 소유물의 관리권을 인수했다.[18]

영국인들

영국인들이 말레이반도에 나타나기 시작한 것은 말라카 해협을 따라 정착지 세 곳을 건설하면서였다. 영국인들은 정착지를 '해협 식민지Straits Settlements'라고 불렀다. 영국 해군 장교(대위) 프랜시스 라이트Francis Light(1740~1794, 영국 탐험가, 페낭의 영국 식민지이자 수도 조지타운의 창립자-옮긴이)가 첫 식민지를 건설했다. 1786년 라이트가 페낭에 왔을 때, 울창한 정글로 뒤덮인 섬에 몇몇 말레이인들이 살고 있었다. 라이트는 정글을 제거하고 그곳을 해적들로부터 안전한 곳으로 만들어 섬과 그곳 항구를 유럽과 아시아 정착민들을 끌어들이는 상업활동의 안식처로 만들었다.

또 다른 영국인 장교 스탬퍼드 래플스Stamford Raffles(1781~1826, 싱가포르 건국의 아버지로 불린다-옮긴이)는 말레이반도 남단에 싱가포르를 세웠다. 래플스는 1819년에 그 지역 술탄과 싱가포르에 교역소를 건설할 권리를 영국에 준다는 내용의 합의문에 서명했다. 마지막으로 영국인들은 1824년 네덜란드와 조약(런던 협약)을 맺어 말라카 소유권을 획득했다. 그 조약으로 말레이제도는 북부의 영국 지구와 남부의 네덜란드 지구로 분할됐다. 영국 지구는 말레이반도(말라카 해협 북쪽까지의 지역)로 구성되고, 네덜란드 지구는 수마트라, 자바와 해협 남쪽까지 그 밖의 섬들로 구성됐다. 영국은 수마트라의 벤쿨런Bencoolen 식민지를 네덜란드의 말라카 식민지와 교환했고, 싱가포르에 대한 확실한 지배권을 확약받았다.

해협 식민지에는 주로 중국인들이 거주했고, 소규모지만 중요한 유럽인 소수자들도 살았다. 1832년에는 수도를 페낭에서 싱가포르로 옮겼다. 식민지 세 곳은 흩어져 있어서 관리하기가 힘든데다가 1833년 동인도회사가 중국과의 교역 독점권을 상실한 뒤에는 관리비용 또한 늘었다.[19] 말레이반도 통치자들과 잇따른 조약 체결을 통해 영국은 점차 말레이 국가들(세랑고르, 페라크, 네그리 셈빌란, 파항 등 말레이반도 4개 보호국가-옮긴이)을 보호국으로 바꿈으로써 이들 지역은 해협 식민지들과 함께 '영국 말라야British Malaya'로 불리게 된다.

중국인들

중국과 말라야는 국가와 국가 간이라기보다는 중국인 이주자들과 그들이 거주하는 나라 사이의 관계였다. 조국을 떠나 말라야로 간 중국인들은 누구였을까? 무엇 때문에 그들은 말라야로 갔을까? 그들은 원주민들과 유럽인 식민 통치자들로부터 어떤 대접을 받았을까? 그들은 거주국의 사회, 경제, 정치 발전에 어떤 역할을 했을까? 그리고 21세기의 중국-말레이시아 관계에서 어떤 영향력(만일에 있다면)을 지니고 있을까?[이쯤에서 '말레이시아Malaysia'는 1948년에 말라야연방Federation of Malaya이 싱가포르와 보르네오의 사바Sabah(보르네오섬 북단의 말레이시아 주-옮긴이)와 사라왁Sarawak(보르네오섬 서북 해안을 차지하는 말레이시아 최대 주-옮긴이)주들을 포함한 지역으로 확장하면서 탄생한 새 국가를 가리킨다는 점을 지적해

뒤야겠다.[20] 말라야연방은 1957년에 수립됐다.]

말라야에 중국인이 처음 정착한 시기는 15세기 말라카 술탄국까지 거슬러 올라간다. 중국, 인도, 동남아시아 섬들에서 나오는 물품들을 교환하는 중계무역이 번창하자 중국인 교역자들이 몰려들었는데, 그들 중 일부가 사업을 위해 그곳에 남았다. 작지만 성장 중인 중국인 공동체는 술탄국의 대외교역에서 중요한 역할을 했다. 중국인 공동체 지도자는 외국인 관련 업무를 돕기 위해 4명의 항만 관리(샤반다르shabandar) 중 한 명으로 임명되었다.[21] 중국인 샤반다르는 중국인 거류민들의 상업활동을 통제하고 규제했으며 중국인 관련 업무에서 정부의 대리인으로 활동했다. 초기의 중국인들은 대부분 푸젠성 남부의 장저우漳州에서 왔지만, 단기 체류자들이어서 그곳에 뿌리를 내리진 않았다. 1641년에 네덜란드인들이 왔을 무렵 말라카에는 고작 300~400명의 중국인이 살고 있었다.[22] 그들은 1750년까지 2,161명으로 늘었고, 10년 뒤 그 수는 1,390명으로 다시 줄었는데, 당시 지역 전체 인구는 7,216명이었다.[23] 한편 해협 건너편의 자바섬에서 중국인들은 세금 징수자와 중개인으로서 네덜란드인들에겐 없어서는 안 될 존재였다. 스탬퍼드 래플스는 이렇게 썼다.

모든 동방 정착지에서 네덜란드인들이 선호하는 정책은 원주민을 억눌러고 중국인을 독려하는 것이었다. 중국인들은 일반적으로 떠돌이일 뿐 땅의 자손들이 아니며 열심히 일해서 얻은 열매를, 그것을 획득한 곳에서 소비하지 않고 중국으로 송금하는 것이 일반적인 관행이었다. 나이를 떠나 융통성이 있고 돈에 잘 매수되며 술수가 좋은 중국인들이 매우 이른 시

동·남중국해, 힘과 힘이 맞서다

기에 도박(투기)을 하던 네덜란드인들에게 스스로를 추천하지 않았을 리가 없다. 그들(중국인들)은 거의 처음부터 그들(네덜란드인들)의 대리인agents이었다. 특히 자바섬에서 그들은 징세 도급과 정부 계약에 대한 전면적 독점권을 따냈다.

세금 징수 청부제는 이집트, 로마, 그리스, 영국에서 일반적 관습이었다. 세금 징수 청부인이 세금을 징수할 권리를 입찰해서 따내는 대신 세수가 부족해지면 부족분을 책임지는 제도였다.

18세기 말에 중국인들의 말라카 이주가 더욱 늘었는데, 바로 그때 영국인들도 그 지역에 들어오기 시작했다. 중국인 장인들과 경작자들이 계속 유입됐으며, 그들 중 대다수는 돈만 좀 벌면 중국으로 돌아갈 사람들이었다. 한 영국인 의사는 "중국인들은 가장 진취적이고 가장 부유하며 가장 부지런하고 가장 열심히 부를 추구한다"[25]는 관찰기를 남겼다. 그들 중 다수는 중국 남부 출신의 빈한한 이주자들이었다. 그들은 정크선junk(평평한 바다에 사각형 돛을 단 중국 배-옮긴이) 선장들로부터 도항 비용을 빌렸다. 선장들은 이주자들의 노동을 현지의 부유한 주민들에게 팔았고, 이주자들은 빌린 돈을 갚을 때까지 몇 년간 일해야 했다. 그런 뒤에야 몇 년간 돈을 벌어 고향으로 돌아갈 수 있겠다는 희망을 품을 수 있었다.

중국인 이주자 중에 여성은 거의 없었다. 가난한 노동자들이 아내를 데리고 갈 여유가 없었고, 중국 당국도 여성의 이주를 금지했기 때문이다. 그들 중 대다수는 중국으로 돌아갔으나 일부는 현지에 남았다. 남은 이들은 말레이 여성과 결혼해, 말레이어를 쓰지만 중국식 생활을 하는 '바바스Babas' 공동체를 형성했다. 중국식 생활방식은 말레이와 다른 지역 관습에 따라 변형되었는데, 스코틀랜드 출신 의사이자 식민지 행정가 존 크로퍼드John Crawfurd(1783~1868)는 이런 글을 남겼다.[26]

　　많은 중국인이 자기 나라로 돌아갔는데, 아마도 모든 이주자가 애초에 그럴 생각이었겠지만 환경이 그들 중 일부를 섬에 붙잡아났다. 현지 주민과 결혼한 그들은 에너지와 정신 면에서 원래 정착민들보다 열등한 후손을 낳았지만 부모 나라의 말을 하고, 부모 나라의 옷을 입고, 부모 나라의 종교를 믿으면서 그 풍습에 영향을 끼쳤다.[27]

　　중국인들은 도시에 살려는 경향이 있었다. 일부는 환경 때문에 땅을 경작하거나 주석 광산에서 일했지만, 충분히 돈을 모은 사람들은 모든 쿨리와 하인들이 꿈꾸는 가게 주인이 될 수 있었다. 그들 중 일부는 도박과 아편 흡입 악습의 희생자가 됐으나, 빈털터리 이주자들은 사는 동안 종종 나리도 되고 사업가가 되기도 했다.[28] 중국인 이주자들은 대부분 거의 학교에 다니지 못했고, 가능한 한 많은 돈을 벌어 중국으로 돌아가는 것이 주된 관심사였기 때문에 당대에 관한 기록을 거의 남겨놓지 못했다. 그러나 식민지 관리들은 중국인들에 관한 풍부한 문헌 기록들을 남겼다. 페낭에 거주했던 프랜시스 라이트는 이렇게 보고했다.

　　주민들 가운데 중국인들은 가장 소중한 구성원이다. 그들은 남자, 여자, 어린이를 모두 통틀어 3천 명이 넘는다. 목수, 석공, 대장장이, 상인, 가게 주인, 농장주 등 다양한 직업을 갖고 있다. 그들은 작은 배들을 빌려 모험적인 무역상들을 인근 나라들에 보냈다. 그들은 비용이나 정부의 추가적인 노력을 들이지 않고도 세수를 올릴 수 있는 동양 유일의 민족이다….

말레이인들은 우리 주민의 상당 부분을 차지하는 또 다른 구성원이다. 그들은 대부분 궁핍하고, 예술과 제조업 또는 교역에 무지하다. 그들은 벌목장에 고용돼 있는데 그 일에는 숙련돼 있고 근면했으며 경작지에도 고용돼 있다. 그들은 두 부류로 나눌 수 있는데, 한 부류는 농부들로, 조용하고 고분고분하며 쉽게 다스릴 수 있다. 그들은 크게 분발할 만한 능력은 없지만 벼와 사탕수수, 과일나무를 심는 일에 만족한다. 그런 일에는 많은 노동력을 투입하지 않아도 된다. 또 다른 부류는 선박운행 분야에 고용된 사람들이다. 그들은 일반적으로 거의 예외 없이 좋지 못한 부류인데, 아편 흡입이나 노름 등 악습에 중독돼 있으며, 도둑질이나 암살을 부끄러워하는 경우는 그런 짓에 실패했을 때뿐이다…. [29]

중국인들은 말라카와 다른 동남아시아, 중국 항구들을 연결하는 친족 관계 기반 위에 무역회사를 차려 교역망을 구축하고 동남아시아 교역을 지배했다. 유럽인들이 들어오면서 중국 무역상들의 지위가 약화했지만, 그들은 16세기와 17세기 동안 지배적인 지위를 유지할 수 있었다. 그 이유는 유럽인들이 중국과의 직교역에서는 여전히 중국 당국으로부터 규제를 받고 있었기 때문이다. 그러나 18세기 말에 영국인들이 동남아시아에 침투하면서 새 항구들의 등장과 영국의 자유무역 정책으로 교역 규모가 커지고 경쟁이 심해지면서 교역 형태가 크게 바뀌었다. 영국은 정치적 지배력을 발휘해 영국인과 유럽인 무역상사들에게 특권을 부여했지만, 중국인들은 지역적·국제적 유통망에 스스로를 통합하는 방식으로 새로운 상황에 대응했다. 그들은 유럽 업체들과 지역 경제 사이에서 매판 역할을 떠맡았고, 얼마 지나지 않아 유럽에서 제조한 물품들은 중국인 중개상인 없이는 제대로 유통될 수 없었다.[30] 말레이 제도에서 20년을 산 웨일스 출신의 존 데이비스John Davis는 1834년에 이런 기록을 남겼다.

[중국인들은] 열정적이고 진취적인 장사꾼traders이며 거래의 달인들로, 자신들이 정착해 사는 나라의 교역 특성을 아마도 다른 어떤 민족보다도 더 잘 이해하고 있을 것이다. 그들은 매우 정확한 정보를 알고 있고, 또한 그것을 재빠르게 입수한다. 높은 평판을 얻은 사람들은 거기에 몹시 애착이 있으며 매우 정확하게 거래한다. 나는 그들이 유럽 국가들을 비롯해 상업에 능한 어떤 나라 사람들보다도 뒤떨어지지 않는다고 생각한다…[31]

싱가포르를 통치한 존 크로퍼드는 다음과 같이 질의응답형으로 비슷한 의견을 개진했다.

중국인들과 사귀어본 경험상 당신은 그들이 지적이고 활동적이며 상업적인 사람들이라고 생각하는가?
매우 그렇다. 그들은 모든 면에서 매우 근면한 사람들이며, 비즈니스 친화적인 사람들이다. 그들은 특성상 다른 아시아 민족들보다 유럽인들과 더 닮았다.

당신은 그들의 근면성과 지능이 다른 아시아 민족들보다 뛰어나다고 생각하는가?

유용하고 실제적인 목적에 비춰 그렇다고 생각한다. 일부 그들이 다른 아시아 민족들보다 뒤떨어지는 점도 있겠지만 그런 것들은 정말 얼마 되지 않는다.[32]

중국인들의 근면성과 관련해 영국의 동양학자 토머스 뉴볼드 Thomas J. Newbold는 조금 다른 해석을 내놓았다.

농사나 수공예 같은 평화로운 활동을 통해서든, 야생 숲의 미개인 무리 속에서 주석이나 철, 금 광산을 개발하든 돈벌이가 되는 곳이라면 어디에서든 탐욕스러운 중국인들을 발견할 것이다. '황금을 향한 저주받은 탐욕auri sacra fames'[33]은 그들을 지배하는 열정이다. 강도를 만나고 심지어 죽을 게 뻔해도 그들의 이익 추구 열망을 멈추게 하는 것은 거의 불가능할 것이다.[34]

시간이 흘러 싱가포르가 말라카와 페낭보다 번성하면서 말라카 해협 식민지 중에서 가장 성공한 곳이 됐다. 1864년에 싱가포르의 인구는 5만 명이 넘는 중국인을 포함해 총 8만 명 이상이었는데, 1,300만 파운드(물가나 화폐 가치 등을 감안하지 않고 지금 환율로 단순히 계산하면 약 1조 9,721억 원-옮긴이)가 넘는 교역 규모는 페낭의 3배였다.

많은 나라의 상인들이 싱가포르 거리에서 경쟁했지만 중국인들이 가장 중요한 존재였다. 1813년에 독점권을 상실한 영국 동인도회사는 중국과의 무역을 제외하고는 자체적으로 교역을 거의 할 수 없었다. 중국인들은 항구 정착지에만 박혀 있지 않고 내륙 후배지로 들어가 광산을 개발하고 환금작물 재배자가 됐다. 1820년대부터 중국인 이주자들은 페라크Perak(말레이반도의 말레이시아 중서부의 주-옮긴이), 세랑고르Selangor(말레이반도의 말레이시아 수도 쿠알라룸푸르 지역-옮긴이), 네그리 셈빌란Negri Sembilan(쿠알라룸푸르 바로 아래 지역-옮긴이)의 주석 광산에 모여들었는데, 영국인들이 그 지역에 뛰어들던 때보다 한참 전이었다.

1874년 영국이 말라야연방을 침략하기 전에 말라야는 30만 명 정도가 사는 인구가 희박한 지역이었으나 일단 영국이 그곳에 법과 질서를 확립하자 더 많은 중국인이 이주했다. 금세 중국인 남자가 말레이인 남자보다 많아졌다. 그러나 여성은 중국 정부의 여성 해외 이주 금지 조치로 말레이인이 더 많았다. 만일 그곳에 중국인 여성이 중국인 남성만큼 있었다면 중국인들 수가 말레이인 전체 인구를 넘어섰을 것이다. 1930년대까지 점점 더 많은 중국인이 들어왔는데, 매년 벌어들인 돈을 가지고 가족들과 재회하기 위해 수천 명이 그곳을 떠났다. 1911년에 말라야의 남녀 성비는 여자 1명당 남자 4명꼴이었다. 1930년대에야 중국 정부는 여성들의 해외 이주 금지를 해제했다. 그 무렵 말라야에 새로운 법이 제정되면서 중국 남자들의 입국을 제한했지만, 여성들은 제한하지 않아 많은 중국인 여성들이 자발적으로 일하러 와, 1933년의 남녀 성비는 남성 1천 명당 여성 833명으로 여성 비율이 높아졌다.[35]

중국인 여성의 비율이 높아짐에 따라 말레이에서 더 많은 중국인 아이들이 태어났고 영구 정착하는 중국인 수가 꾸준히 증가했다. 주로 도시에 살았던 중국인들은 말레이인들보다 더 나은 의료혜택을 받아 오래 살았다. 곧 들이닥친 전쟁은 중국인들의 말라야 영구 정착 증가에 기여했다. 먼저 1937년 일본이 중국을 침략하자 중국인들은 고국으로 돌아가기가 더욱 어려워졌다. 1942~1945년간 일본이 말라야를 점령했을 때는 아예 말라야를 떠날 수가 없었다.

중국인들만 이주한 것은 아니다. 초기에 해협 식민지들에는 수천 명의 인도인 상인들과 가게 주인들이 있었는데, 사탕수수와 커피, 고무를 재배하는 유럽인들의 대형 농장들plantations이 생겨나면서 노동 수요가 커지자 수천 명의 인도 남부 지역 노동자들이 더 들어왔다.[36] 해협 식민지들과 말레이연방 정부는 철도 및 도로 건설과 유지를 위해 인도인 노동자들을 대거 고용했다.[37] 그들은 말라야에 (영어를 할 줄 아는) 사무원과 교사들을 충당할 만큼 충분한 영어학교들이 세워지기 전에 인도와 실론에서 인도인 노동자들을 모집해 왔다. 초기 경찰관들은 대체로 시크교Sikhs(15세기 이후 18세기 초까지 인도 펀자브 지방에서 발전한 종교-옮긴이) 교도들로 채워졌는데, 터번을 두르고 수염을 기른 카키색 반바지 차림의 남자들이 특유의 차림을 한 런던 경찰(London bobby)처럼 말라야 경찰의 전형이 됐다.[38]

비밀결사

식민지에서 상호 지원과 보호를 위해 중국인들은 방언과 출신지 계보에 따라 친족(연대)조직을 만들었다. 서양 문학에서 '비밀결사(회당會黨)'로 묘사된 것들을 비롯한 사회조직의 구성원과 리더십에는 겹

치는 부분이 있다. 원래 만주 조정을 뒤엎고 한족漢族의 중국 통치를 회복하기 위해 조직되었으나, 동남아시아에서는 법과 질서가 갖춰지지 않은 현지 상황에서 서로 보호받기 위해 비밀결사가 결성됐다. 일부는 눈앞의 생존전략 차원에서 만들어졌지만 대개는 인상적인 규모로 협력과 조직을 이끌었다. 일부는 아편 거래, 도박, 매매춘에 가담했지만 상당수는 광산과 대농장, 기타 합법적인 사업들에 투자하는 합자회사로 진화했다. 19세기 말라야에서 비밀결사는 리더십을 제공하는 사회제도로 받아들여졌으나 이후 영국인들은 이것을 정치적 위협으로 여겨 1889년에 금지해버렸다.[39] 하이산海山과 이싱義興 두 조직 간 경쟁이 한창일 때 얍 아 로이Yap Ah Loy(1837~1885, 말라야의 중국인 공동체 지도자로, 쿠알라룸푸르를 상업 및 광산업 중심지로 발전시키는 데 공헌했다-옮긴이)가 등장했다.

카피탄 '얍 아 로이'

19세기 말라야에서 가장 중요한 인물이 바로 중국인 얍 아 로이다. 거의 또는 전혀 학교에 다니지 않은 하카客家(한족의 여러 계통 중의 하나로, 원래 화북의 황하 유역, 즉 중원이라 부르는 지역에 살던 후한 시대 한족의 후예-옮긴이) 출신으로 열일곱 살 소년일 때 광둥에서 건너왔다. 그는 말라카 주석 광산에서 4개월간 일한 뒤 친척이 운영하는 가게에 채용됐다. 그는 1년 뒤 중국으로 돌아가기로 돼 있었으나 싱가포르에서 배를 기다리다 도박으로 돈을 날려버렸다.

친척에게 면목이 없어진 그는 걸어서 가기로 하고 몇 주를 걸어 말레이반도 중서부의 근대적 도시 포트 딕슨Port Dickson 인근의 루쿠트Lukut(쿠알라룸푸르 바로 아래에 있다-옮긴이)에 당도했고, 그곳에서 그는 주석 광부와 소규모 무역상 일을 했다. 친구 류임광劉壬光이 쿠알라룸푸르의 두 번째 카피탄kapitan(중국인 공동체 지도자)으로, 말라야 지도자들과 나중에는 영국인 관리들과 거래할 수 있는 권한을 지닌 중국인 공동체의 사실상 지도자가 됐을 때 그의 운도 함께 트이기 시작했다.

얍은 류임광의 믿을 만한 이인자가 됐고, 1869년에 류임광이 사망하자 그의 자리를 물려받았다. 서른두 살의 얍은 강력한 행정조직과 경찰대를 만들었으나 그의 체제는 또 다른 하카 지도자 아래 결성된 조직인 류의 친척들로부터 도전을 받았다.[40] 1870년에 세랑고르에서 중국인 연합세력과 말레이 세력이 광산 수입권을 둘러싸고 내전을 벌였다. 쿠알라룸푸르의 주인은 계속 바뀌었으나 1873년에 승자가 된 얍은 침수된 광산을 복구하고 전쟁 기간에 불타버린 정착지를 다시 세웠다.[41] 말레이 지도자들과 동등한 수준의 권력을 누린 얍은 쿠알라룸푸르에 최초의 학교를 세우고, 법을 개정했으며, 6개 경찰대와 함께 법과 질서를 유지하고, 광산 지역과 다른 정착지로 가는 도로망을 개선했으며, 가게 및 가정집을 지을 자재를 생산하고 불에 잘 타는 아탑(브루나이, 인도네시아, 말레이시아, 싱가포르 등의 전통 주택-옮긴이)을 교체하기 위해 야심 차게 벽돌 제조 사업을 시작했다.

좁게 상업적 이익에만 몰두하는 다른 많은 동포와는 달리 얍은 정착지를 번창시키지는 못하더라도 독자적인 생존이 가능한 경제 중심지로 탈바꿈시키기로 작정했다. 주석 광산 운영을 통해 얍은 상당한 재산을 모았으나 그의 권위는 1879년에 쿠알라룸푸르에 온 첫 번째 영국인 거주자(식민지 고문) 때문에 실추됐다. 한참 늦어진 자신의 고향행을 준비하던 얍은 병에 걸렸고 마흔일곱 살에 기관지염으로 사망했다. 주치의는 유난히 빛났던 그의 눈빛에 대한 기록을 남겼다.[42] 영국인 식민지 행정관 프랭크 스웨튼햄Sir Frank Swettenham(1850~1946)은 얍을 "놀랄 만한", "경외할 만한", "용맹한doughty"[43] 사람으로 묘사했다. 그러나 쿠알라룸푸르를 세운 그의 공헌에도 불구하고 오늘날 수도에 그의 이름을 딴 짧은 거리만이 그를 떠올리게 하는 유일한 표지로 남아 있으며, 학교 교과서들은 그저 지나가는 투로 그를 언급할 뿐이다.

경제 발전

중국인들이 경제의 주도권을 쥐는 것은 시간문제였을 뿐이다. 초기에 그들은 노동을 통해 보탬이 됐다. 부지런하고 성실한 그들은 초기 말라야의 생활조건과 난관에 빠르게 적응했다. 그들은 창의력과 결단력을 발휘했으며, 소규모 무역과 소매업, 주석 노천광산 채굴과 운송은 순식간에 그들의 경제적 전유물이 됐다. 전간기戰間期(1919년부터 1939년까지 대략 20년-옮긴이)에 그들은 고무나무 재배와 가공, 은행업, 주석 준설浚渫과 새로 개발된 제조업 분야로 영역을 확장했다. 동남아시아에서 영업하는 유럽 기업들에 대한 중국인들의 투자는 중국 자본과 유럽 자본을 구별하기 어렵게 했다.

중국인들은 종종 천연고무처럼 새로 등장한 경제 부문에도 참여했는데, 천연고무 산업의 발전은 중국인 공동체에 큰 영향을 끼쳤다. 세기 전환기에 고무는 전기, 자전거, 자동차 산업에 없어서는 안 될 원료였으며, 그 가격이 1900년에 1킬로그램당 2.36달러에서 1906년에는 5.55달러로 치솟아, 산업을 키우고 말레이 경제를 탈바꿈했다.[44] 중국인들은 세계의 주요 상품과 연결됐으며, 많은 중국인 농장주들이 부유해졌다. 하지만 은행과 신용 없이는 대규모 상업기업은 할 수 없었다.

은행업

1901년부터 1941년까지 중국인들의 상업은행이 발전했다. 19세기 중반부터 유럽 은행들은 말라야와 싱가포르에 지점을 개설하기 시작했다. 가장 잘 알려진 것이 홍콩상하이은행HSBC이다. 영국인 상인들이 제1차 아편전쟁(1839~1842) 뒤에 아편 거래에 자금을 대기 위해 홍콩에 설립한 이 은행은 1877년에 싱가포르 지점을 개설했고, 1884년에는 페낭에도 개설했다.[45] 그러나 많은 중국인 사업가들은 문화적·계급적 장벽 때문에 유럽 은행들을 기피했다.

광익은행廣益銀行은 광둥 지역 사업가들의 수요를 맞추기 위한 최초의 중국인 은행이었다. 열일곱 살에 말라야로 와서 목수의 도제로 들어간 웡 아 푹黃亞福(1837~1918)이 1903년 싱가포르에 세운 은행이다. 교육을 거의 받지 못한 소작농 웡은 읽기와 쓰기, 주판을 겨우 배웠으며 거지에서 부자가 된 중국인의 성공 모델이 됐다. 4년 뒤 또 하나의 방언 그룹인 조주어潮州語(중국어 방언의 하나. 민난어閩南語의 한 갈래. 중국 광둥성 동부, 태국, 인도네시아, 말레이시아, 싱가포르 등에서 많이 쓴다-옮긴이)를 쓰는 사람들이 사해통은행四海通銀行을 싱가포르에 세웠다. 말라야에서 사업가이자 자선가로 활동하는 청역초이張郁才가 이끄는 광둥 사업가 그룹이 1913년 세랑고르에 광익은행을 설립했다. 웡과 마찬가지로 청도 빈한한 집안 출신으로 열여섯 살 때 말라야로 이주해 지역 의회의 사환이 됐다. 1920년에는 이포Ipoh (쿠알라룸푸르 북쪽의 말레이시아 도시. 페라크주의 주도-옮긴이)에 말라야은행이 설립됐다. 말라야에서 중국인 공동체에 직접적인 영향을 미친 또 하나의 싱가포르 은행은 1917년 부유한 호키엔족Hokkien(민난어계-옮긴이) 사업가 린펑샹林秉祥(1872~1944)이 설립한 화풍은행和豐銀行이었다. 이 은행은 국제 은행 업무를 시작한 최초의 중국계 말레이 은행이 됐다. 림은 뛰어난 기업가요 선주요 은행가였지만 화풍은행은 1930년대 초의 대공황과 고무 가격 폭락으로 큰 타격을 입었다. 1903년에서 1941년까지 적어도 7개 중국인 은행들이 말라야와 싱가포르에 설립돼 특정 방언 집단을 상대로 영업했으나, 시간이 지나면서 방언 간의 경계가 흐릿해지고 고객들도 더 다양해졌다.

제조업

제1차 세계대전 때까지 중국인들은 주로 무역과 소매업에 종사했다. 그러나 제1차 세계대전으로 제조업 생산물의 수입이 어려워지자 지역 산업 발전의 길이 열렸다. 중국인들은 과감하게 제조업과 고무, 식품 가공, 주석 제련과 파인애플 통조림 제조 등과 관련한 산업에 뛰어들었다. 최초의 중국인 소유 파인애플 통조림 제조공장은 유명한 기업가 탄카키陳嘉庚(1874~1961)의 아버지 탄키펙陳杞柏이 싱가포르에 세운 공장이었다. 20세기 첫 10년 말 무렵 싱가포르에는 10개의 중국인 소유 통조림 제조공장이 있었는데, 제1차 세계대전으로 인도와 유럽 시장에 접근하는 길이 끊어져 많은 통조림 공장들이 문을 닫았다. 그와 대조적으로 전쟁은 고무 가공제품에 대한 거대한 수요를 만들어내, 1918년까지 말라야와 싱가포르에는 72개나 되는 고무 가공공장들이 들어섰다. 중국인 사업가들은 이어서 비옷, 테니스공, 우산, 스포츠화, 고무제품, 슬리퍼(실내화), 장난감 그리고 타이어와 튜브 등 성장하는 자동차산업용 제품 생산에 뛰어들었다. 코코넛 오일 정제와 비스킷, 비누 제조에 뛰어든 사람도 있었다.

유럽인과 아시아인

대개 유럽인도 아시아인도 서로 사회적 접촉을 늘리려고 하지 않았다. 둘 사이에 사회적 관계를 가로막는 장벽을 제거하려는 노력도 좀체 없었다.[46] 몇몇 아시아인 남성이 영국에서 공부할 때 만난 유럽인 여성과 결혼했다. 그런 결혼이 유럽인과 아시아인 사이의 사회적 관계를 더 가깝게 하지는 못했다. 아시아인 남편과 유럽인 아내가 말라야로 돌아오면 그들은 유럽인의 사회생활에도, 남편이 속한 중국인 공동체의 사회생활에도 적응하기 어려운 현실을 마주하게 된다. 유럽인 아내들은 거의 언제나 유럽인 사회로부터 배제되었다. 그것은 그들이 아시아인 남성과 결혼해서가 아니라 대부분이 영국에서 하층민이었다는 사회적 출신 배경 때문이었다. 유럽인 여성이 매우 부유한 아시아인 집안의 남성과 결혼할 경우(세랑고르의 라자 무사Raja Musa의 아내처럼)에만 유럽인 사회에 받아들여질 수 있었다. 아시아인 남성과 유럽인 여성 간의 결혼은 드물었고, 결혼하더라도 결혼생활을 몇 년 이상 지속하기 어려웠다. 유럽인 남성과 아시아인 여성 간의 결혼 사례는 더 찾아보기 어려웠다.[47]

정치적 자각

초기 말라야에 이주한 중국인들은 정치에는 거의 관심이 없었다. 상류층들이 사회·정치적 분야를 지배하던 중국 남부 마을에서는 일반 마을 사람들은 정치 과정에 거의 참여하지 못했다. 하지만 중국에서 일어난 사건들로 촉발된 동남아시아에서의 중국 민족주의의 대두와 함께 이주자들의 생각이 바뀌었다. 제1차 청일전쟁(1894~1895)에서 중국이 패배하고 이어서 일본군이 만주를 침략한 사건은 중국의 장래에 깊은 우려를 자아내며 강렬한 애국심을 불러일으켰다. 산둥반도의 독일 할양지를 일본에 양도하기로 한 베르사유조약은 중국에서 격렬한 분노와 대규모 항의 사태를 촉발했다. 외국 침략에 직면한 청나라 조정의 허약성은 나라 전체를 놀라게 했고 격분시켰다. 나라의 운명에 대한 우려는 급속히 중국 바깥으로 퍼져나갔다. 캉유웨이와 량치차오 같은 개혁가들은 비틀거리는 제국을 구하기 위한 개혁을 촉구했다. 개혁은 실패했고 캉과 량은 일단 일본으로 피신했다가 미국으로 건너갔다. 1900년에 캉은 말라야를 방문해 중국 혁명 지원 자금을 모금했다. 그의 방문과 연설은 말라야와 싱가포르에 있는 중국인들의 정치의식을 일깨웠다.

동·남중국해, 힘과 힘이 맞서다

개혁가들의 방문 뒤 중국인 공화주의 혁명가들이 곧 말라야 정치 무대에 등장했다. 기존 정치체제를 내부에서 바꾸려는 개혁가들과는 달리 공화주의자들은 만주족이 지배하는 정치질서의 완전한 전복과 공화국으로의 교체를 원했다. 그들의 지도자는 기독교도로 의사이자 사상가 쑨원(1866~1925)이었다. 쑨은 캉의 방문 5개월 뒤에 말라야를 방문했다. 1900년의 광둥 봉기에 실패한 뒤 많은 중국인 혁명가들이 말라야로 피신했다.

그들 중에 광둥인 지도자 여우리에尤列(1864~1936)가 있었다. 그는 그 지역 혁명운동의 탄탄한 토대를 닦은 사람이다. 제1차 청일전쟁 뒤 더 많은 망명자가 말라야로 피신했다. 1906년에 쑨원이 싱가포르에 와서 그의 당인 동맹회同盟會의 지부를 설립하고 또 다른 중국 내 봉기를 위한 자금을 모금했다. 공화주의자들은 신문사와 독서클럽, 드라마 공연단을 만들어 정보를 전파하고 대중을 설득했다. 그들은 만주족 조정을 공격했으며 개혁가들과 열띤 토론을 벌였다. 두 진영 간의 경쟁은 종종 폭력 사태를 야기했다. 그들의 활동은 말라야와 싱가포르의 중국인들을 열심히 정치에 참여하게 했으며, 파편화한 중국어 방언 공동체를 이념적 노선에 따라 통합하게 하는 일에 보탬이 됐다. 중국에서 일어난 사회정치적 동요를 반영하여 황제에 대한 충성 규범, 효도 등의 전통적 규범과 성별 간 불평등은 이타주의, 평등, 민주주의적 이상으로 교체됐다.

이런 근대적 이상과 함께 모든 방면에서 보통교육 시행에 대한 열망이 커졌다. 전간기, 즉 제1차 세계대전 종결에서 제2차 세계대전 발발까지 말라야와 싱가포르의 중국인 교육은 약진했지만, 학교에서 유교의 고전과 도덕적 자기 수양과 같은 전통적 주제들, 그리고 역사, 지리, 영어 등과 결합한 초등교육을 제공했을 뿐이다. 이런 교육은 중국과 유교적 전통을 지향하는 학생들을 배출했다.

중국인들은 1919년 5·4운동 이후 중등교육의 중요성에 점점 더 눈을 떴으며, 백만장자 사업가 탄카키는 곧바로 그 지역에 중국어 중등학교를 설립했다. 중등교육의 도입은 중국어 학교들을 영어 중등학교와 대등하게 만들었기 때문에 학부모들은 중등교육을 위해 더는 자녀들을 중국에 보낼 필요가 없어졌다. 1920년대의 중국에서 정치 발전과 페미니즘 대두는 여성 교육을 고무시켰으며, 읽고 쓰는 능력의 증대는 봉건적 태도를 타파하고 여성의 지위를 향상시켰다. 그러나 이런 사회정치적 사고의 변화는 공동체의 지도력 없이는 불가능했을 것이다.

탄카키

대부분 빈곤층 출신인 성공한 기업인들은 자연스럽게 공동체의 지도자가 됐다. 20세기 상반기의 해외 중국인들 가운데 가장 우상화된 인물은 사업가이자 자선가였던 탄카키다. 1874년 중국 푸젠성에서 태어난 탄은 열여섯 살 때 아버지의 쌀 무역업을 돕기 위해 싱가포르로 갔다. 1903년, 아버지의 사업이 실패하자 탄은 자신의 회사를 차렸고 고무나무 농장, 공장, 제재소, 통조림 공장, 부동산, 수출입 중개업, 해운과 쌀 교역 등을 망라하는 상업제국을 건설하는 데 성공했다. 그는 '말라야의 헨리 포드'로 불렸고, 1961년 사망할 무렵에는 동남아시아와 중국에서 선구적인 기업가, 자선가, 사회개혁가, 원로, 선지자로 대중적 영웅이 돼 있었다.[48] 사심 없고 공적인 정신으로 충만한 그는 자신의 엄청난 부를 이용하여 싱가포르와 자신의 고향인 푸젠성에 사회적·교육적으로 중요한 기여를 했다. 그는 1921년에 그곳에 순전히 자신의 재산만으로 사립대학을 설립했다.[49]

탄은 해외 중국인과 중국의 발전 사이를 잇는 중요한 연결고리였으며, 일본의 중국과 동남아시아 침략에 대한 저항의 거점이 됐다. 1928년 5월 3일, 일본군이 중국 산둥성의 성도 지난濟南을 점령하고 5천 명의 중국 군인과 민간인들을 학살했다. 그 소식이 싱가포르에 전해졌을 때 탄카키는 희생자를 돕기 위한 모금을 위해 산둥구호기금山東籌賑會을 조직하고 일본의 침략에 대한 경각심을 높였다. 1937년에 일본이 중국에 대한 전면적인 침략 전쟁을 시작하자 탄은 저항세력을 지원하기 위해 싱가포르중국구호기금星華籌賑會을 설립하고 1천만 싱가포르 달러(1930년대 상황에서는 대단한 금액)를 모금했다. 탄은 일본의 침략을 비난하는 집회를 조직하고, 일본 제품 불매운동을 촉구했다. 널리 존경을 받은 그는 영국인 식민지 관리들과 대등한 관계를 맺었고 장제스와 마오쩌둥 같은 중국인 지도자들과도 마찬가지였다. 1940년에 그는 중국공산당 본부가 있는 옌안延安(산시성陝西省의 도시-옮긴이)과 국민당 정부가 있는 충칭重慶(원래 쓰촨성四川省에 속했던 중국 4개 직할시 가운데 하나-옮긴이)을 각각 방문하는 10개월에 걸친 여행길에 나섰다. 싱가포르로 돌아온 그는 자신이 옌안에서 본 금욕적인 내핍생활을 충칭의 부패와 비교하는 보고서를 냈다. 탄은 마오쩌둥과 저우언라이, 주더朱德(1886~1976. 중국 공산 정권의 개국공신이자 중국군 원수-옮긴이)를 대놓고 예찬하면서 장제스와 그의 체제에 실망감을 감추지 않았다. 그가 공산주의자들이 국민당을 이기리라고 예언한 것은 놀랄 일도 아니었다.

1942년 2월, 싱가포르가 일본군 수중에 떨어지자 탄은 체포를 피해 자바로 피신했다. 거기서 그는 네덜란드인들에게 가혹한 대우를 받는 중국인들을 목격했다. 전쟁 뒤 그는 싱가포르로 돌아와 계속 여론을 선도했다. 탄은 중국인민정치협상회의CPCC의 회원이 돼 1950년에 중국으로 영구히 귀국했다.[50] 그는 아시아, 라틴아메리카, 아프리카의 독립운동에 대한 중국의 지원과 식민지배와 독재정치에 저항하는 투쟁을 지지했다. 동시에 미국의 대아시아 정책을 탐탁잖게 여기면서 타이완의 장제스 체제에 대한 미국의 지원을 비난했다. 그는 한국전쟁 때 미군에 대항하기 위한 중국의 개입을 지지했다. 1957년 탄은 영국 시민권을 포기했으며, 1961년 베이징에서 사망하자 국장으로 장례식이 거행되었다.

일본의 점령

전쟁 시기 일본군의 최대 성취 가운데 하나는 말라야와 싱가포르 점령이었다. 하와이 진주만 공격 70분 전인 1941년 12월 8일 자정 직후부터 침공이 시작됐다. 그것은 태평양전쟁 최초의 주요 전투였다. 야마시타 도모유키山下奉文(1885~1946) 육군 대장 휘하의 제25군 부대는 태국 남부와 말레이반도 동북 연안에 상륙했다. 중국전쟁에서 단련된 베테랑들인 그들은 삽시간에 전략적 요충지인 코타바루Kota

Baru(말레이시아반도 북동부와 동부 연안의 클란탄주 주도-옮긴이) 비행장을 점령했다. 그다음 날 영국이 자국 최대의 전함 '프린스 오브 웨일스'와 '리펄스' 두 척을 태평양으로 보냈다. 두 척은 시암만에서 일본군의 해상 침투를 저지하려 했으나 바로 그다음 날 일본군의 공습으로 침몰해 그 지역에서 영국 해군력은 심각한 타격을 받았다. 코타바루 비행장은 일본군에게 제공권을 안겨주었다. 한물간 연합군 항공기들은 일본의 최신예기 제로Zero 전투기에 어떻게 해볼 여지도 없이 압도당했다.[51] 7만 명의 일본군이 14만 명의 영국, 오스트레일리아, 인도 방어군과 겨룬 전투였음에도 말이다. 플랜테이션 도로들을 따라 자전거를 타고 진군한 일본군 보병은 영국군 진지 측면을 공격했다. 1942년 1월 11일에 그들은 쿠알라룸푸르까지 진격했다. 영국군은 1월 30일 밤에 서둘러 싱가포르까지 후퇴했으나 섬으로 진격해 오는 일본군을 막을 수는 없었다. 일본군이 삽시간에 방어군을 압도해버려 영국군 사령관 아서 퍼시벌Arthur Percival(1887~1966) 장군은 1942년 2월 15일에 항복했다. 그 전투는 고작 70일 만에 끝났다.

그 완전한 패배에 연합군과 말라야 사람들은 망연자실했다. 일본군 사상자는 9,700명인데 반해 연합군은 1만 7,500명이 죽거나 다쳤으며 13만 명이 포로로 붙잡혔다.[52] 윈스턴 처칠Winston Churchill(1874~1965)은 싱가포르 함락을 두고 영국군 역사상 "최악의 참사요 최대 규모의 항복"이라고 말했다. "10만이나 되는 사람들(그들의 절반은 우리 종족)이 어떻게 수적으로 열세인 일본군에게 두 손을 들 수가 있나?" 하고 그는 극도의 실망감을 토로했다.[53]

연합군이 항복한 뒤 일본군은 중국인 거류민들에 맞섰다. 일본군은 중국인들, 특히 공산주의자를 무자비한 적으로 간주했다. 일본군의 중국 침략 이후 중국 공산군에서 사상자가 많이 나왔기 때문에 야마시타는 일본의 점령에 저항할 공산이 크다고 보고 중국인들을 몰살시키라고 명령했다. 중국구호기금 후원자들, 비밀결사 구성원들, 공산주의자들, 정치가들은 모조리 검거당했다. '다이켄쇼大檢證'라 불린 일본군의 숙청작업이 곧바로 거의 모든 중국인에게 불어닥쳤고, 그들 중 다수는 항일 그룹과는 아무 연관이 없었다. 2월 18일에서 3월 4일에 이르는 숙청 기간에 중국인들은 멀리 떨어진 해안으로 보내져 물에 빠져 죽거나 기관총으로 사살당했다. 페낭의 마을들은 모조리 파괴당했다. 그것은 난징 대학살에 버금가는 동남아시아 대학살이었다. 역사가들은 2만 5천 명에서 5만 명의 중국인들이 그때 목숨을 잃은 것으로 본다. '숙청대도살肅淸大屠殺'로 불리는 그 학살로 일본군은 그 지역 사람들로부터 어떤 협력도 얻어낼 수 없었다. 따라서 질서를 유지하기 위해 상당수 군인이 더 필요했다. 싱가포르 전투 때 싸웠던 싱가포르의 정치가요 변호사인 데이비드 마셜David Marshall(1908~1995)도 붙잡혀 홋카이도의 강제노동수용소로 보내졌다. 그는 자신을 억류한 자들에 대해 이렇게 썼다.

3년 반 동안의 죄수 생활은 내게 겸손을 가르쳐주었다… 나는 [일본군 전쟁포로로서] 인간이 무자비한 잔혹 행위를 저지를 수 있다는 걸 깨달았다. 나는 화를 낼 수 있고, 의심의 여지 없이 5분, 10분간 잔인해질 수 있다. 하지만 일본인의 잔인성은 냉혹하고 끝이 없었다. 사람의 사람에 대한 비인간성은 사실 현실에서는 내가 죄수가 됐을 때 제대로 드러나 보였으

동·남중국해, 힘과 힘이 맞서다

며, 나는 그것이 실제로 작동하는 것을 봤다. 물론 나는 그전에도 인간의 잔인성에 대해 알고 있었다. 그러나 광범위한, 장기간의, 냉혹한, 끝없는 잔인성을 전에는 본 적이 없었고, 그토록 오만했던 영국 제국주의자들에게서조차 그런 잔인성을 경험하진 못했다. 그것은 큰 충격이었다. 나와는 주파수가 전혀 맞지 않는 인간들이라는 느낌, 내가 보기에 그들은 아예 인간이라고 할 수도 없었다.[54]

대다수 사람은 무자비한 적에 대항할 힘이 없었다.[55] 점령기의 가장 비극적인 희생자 중에서 이른바 '위안부慰安婦'로 불린, 납치당하거나 속거나 강제로 성노예가 된 수십만 명의 여성과 소녀들이 있었다. 대부분 점령 지역, 특히 조선Korea과 중국 출신으로 그 수가 41만 명이나 됐다. 그들은 태평양 전역에서 일본군 병사들의 성노예를 강요당했다.[56] 수많은 싱가포르인과 말레이시아인은 말레이반도에 설치됐던 위안소들의 위치를 지금도 기억하고 있다.

한 중국인 생존자는 1943년 어느 날 새벽 3시에 일본군 병사들이 어떻게 그녀가 사는 마을을 급습해 집집을 뒤져 여성들을 끌고 갔는지 증언했다. 그녀는 저항했으나 두 아이를 그녀 품에서 잡아챘고 그녀는 다른 여성들과 함께 트럭에 실려 갔다. 큰 집에 감금당한 그녀에겐 일본식의 하나코라는 이름이 붙여졌고 매일 계속해서 일본군 병사들에게 겁탈당했다. 아침 8시부터 병사들은 오기 시작했고, 밤에는 장교들이 와서 밤새도록 머물렀다. 바쁜 날에는 하루 약 30명의 병사에게 겁탈당했다. 그녀는 옷을 입을 새도 없어 벌거벗은 채 침대 위에 누워 있기만 했다. 병사들은 종종 술을 마셨고 얼굴을 때렸으며 머리카락을

잡아채기도 했다.[57]

점령 기간에 중국인들은 영국의 대의명분을 지원하기 위해 할 수 있는 모든 일을 했다.[58] 중국인 불법 거주자들과 쿨리들은 목숨을 걸고 영국군을 도왔고, 피난처를 찾은 유럽인들 중에 현지에서 거절당한 경우는 한 번도 없었다. 부유한 중국인들은 일본에 거액의 기부금을 강제당했으며, 친영국 감정이 있는 것으로 의심받은 수천 명이 학살당했다. 수많은 중국인이 정글로 도망가 일본 점령군에게 저항한 유일한 세력인 말라야공산당Communist Party of Malaya, CPM의 게릴라 부대인 말레이인민항일군Malayan People's Anti-Japanese Army, MPAJA에 합류했다.[59] 지도자는 친펑陳平(1924~2013)이라는 진지한 젊은이였다.

친펑

친펑(현재 중국어 발음은 천핑Chen Ping - 옮긴이)은 1924년에 이포에서 남서쪽으로 50마일(약 80킬로미터) 떨어진 시티아완Sitiawan구에서 옹분화라는 이름으로 태어났다. 이포에서 그의 아버지는 자동차와 자전거 부품 가게를 운영했다. 그는 중국인 학교에 들어갔고 거기서 열심히 중국 역사와 전략, 사회주의 사상 도서들을 읽었다. 열다섯 살 때 말라야 공산당에 입당해 친펑이라는 가명을 썼고, 빠르게 승진했다. 열여덟 살 때 게릴라와 적의 전선 뒤에서 암약하는 영국의 비밀 특수부대 136 사이를 연결하는 핵심 연락관이 됐다.

런던에 보낸 친펑에 관한 보고서에서 존 데이비스John Davis(1832~1901) 소령은 그가 "비상한 능력이 있으나 호들갑 떨지 않고 격식도차리지 않아 자연스레 사람들의 존경을 받으며, 기민하게 돌아가는 두뇌와 비상한 능력을 지닌 조용한 인물로, 솔직하고 믿을 만하다"라고 썼다.[60] 전쟁 중에 공산주의 전사들과 함께 산 적이 있는 영국의 비정규전 전문가 F. 스펜서 채프먼Freddie Spencer Chapman(1907~1971)은 그를 '영국의 가장 믿을 만한 게릴라'라고 불렀다.[61]

그의 지도력과 용기를 기려 영국은 그에게 2개의 메달과 대영제국훈장Order of the British Empire, OBE을 수여했다. 일본이 항복한 뒤 친펭은 중앙위원회 위원이 됐고, 스물세 살에 당 지도자가 됐다. 영국인들이 돌아와 말라야를 재식민화하려고 하자 친펭은 그들을 쫓아내기 위해 12년간 투쟁했다. 완곡어법으로 '비상사태'라고들 하는 그 반란에서 총 7만 명의 영국인, 오스트레일리아인, 뉴질랜드인, 피지인, 구르카Gurkha인 그리고 또 다른 영연방 군인들이 1만 명의 게릴라들에 맞서 싸웠다. 친펭은 자신의 회고록에 이렇게 회상했다. "식민지 착취는, 누가 주인이든, 일본인이든 영국인이든 상관없이 도덕적으로 잘못됐다. 만일 돌아온 영국인들이 어떤 짓을 자행했는지 봤다면 당신은 내가 왜 무기를 들었는지 알 것이다."

전쟁으로 1만 명 이상이 목숨을 잃었고 식민지에서 영국인들에 대한 신뢰는 추락했다. 영국 정부는 친펭에게 준 대영제국메달을 취소했고, 1957년에 영국의 이해관계에 동조하는 정부를 앉힌 뒤 독립(또는 메르데카Merdeka. 말레이어로 독립이나 자유를 의미)을 허용했다. 영국은 계속 말레이 경제의 거대한 영역과 수비대를 통제했고, 메르데카(독립) 이후에도 경찰을 지도했다[영국 풀햄Fulham 출신의 클로드 페너Sir Claude Fenner(1916~1978, 말레이시아의 초대 경찰청장)가 1966년까지 경무관으로 있었다].[62] 친펑이 열여섯 살 때 집을 떠나 저항군에 가담하기로 했을 때 그의 어머니는 더 안전한 선택지들을 제시하며 만류했으나 소용없었다.

전쟁이 일어났을 때 나는 게릴라들과 함께 일본군에 대항해 싸워야 했다. 그것은 나의 어린 시절과 10대 때의 성향에 따른 자연스러운 순리인 것 같았다. 젊었던 나는 나의 남은 인생에 그보다 더 잘 어울리는 다른 길을 찾지 못했다. 전쟁 전의 영국 식민지 시절에 소름 끼쳤던 나는 일본의 침략에 격분했다. 나는 침략자들을 물리치는 일을 적극적으로 도와야 했다. 타협은 우리가 걸어서 통과해야 할 험난한 언덕과 정글들보다 더 끔찍할 것이었다.[63]

말라야공산당은 1989년에 평화협정을 체결하고 해산했지만, 말레이시아 정부는 합의를 어기고 친펑이 망명지에서 돌아오는 걸 거부했다(그가 자신의 시민권을 입증할 출생증명서를 작성할 수 없을 것이라는 이유로). 반면 그의 예전 말레이인 동료들인 압둘라Abdullah C. D.(말레이시아 정치인), 라시드 마이딘Rashid Maidin(1917~2006), 수리아니 압둘라Suriani Abdullah(1924~2013) 등은 따뜻한 환영을 받았고 왕족으로부터 환대받았다. 친펑은 타이에서 타계했고 그의 유해는 여전히 입국 금지 상태다.[64]

전후 말라야

일본의 점령은 1945년 원자폭탄이 히로시마와 나가사키에 투하

돼 최후의 한 사람까지 싸우겠다던 일본의 결의를 꺾어버린 뒤에야 갑작스레 종말을 고했다. 점령기의 고난과 궁핍은 심각했다. 경제는 완전히 무너졌고 식량부족과 영양실조가 만연했으며, 가혹한 법들이 난폭하게 시행됐다.

영국인들이 다시 돌아오자 "사람들, 특히 중국인들은 영국인들을 다시 보게 됐다며 문자 그대로 기쁨의 눈물을 흘렸다"고 채프먼은 썼다.[65] 하지만 일본에 완패당한 백인들은 더 이상 예전과 같은 존경을 받지 못했으며, 1945년에 들어선 임시 영국 군정청British Military Administration, BMA은 주로 행정 경험이 없는 군인들로 구성돼 있었다. 군정청은 무능하고 부패했으며, 터져 나온 주민들의 항의는 즉시 입막음을 당했다. 플랜테이션의 유럽인 소유주들은 대다수가 제대한 군인들이었는데 폭력배들을 동원해 인도나 중국으로 추방하겠다고 협박하며 노동자들을 윽박질렀다.

말레이반도를 단일 행정부 아래 두기 위해 식민정부는 잡다하게 나뉜 전쟁 전의 정치적 관할권들-해협 식민지들, 말레이국 연방, 말레이 비연합국Unfederated Malay States-을 대체할 연합체제를 제안했다.[66] 싱가포르는 영국 왕령 식민지crown colony가 되겠지만 페낭과 말라카는 말레이 국가들Malay States과 합쳐져 말레이연합Malayan Union이 될 것이라고 했다. 연합은 또 말레이인과 비말레이인들에게 같은 시민권을 주고 동등한 정치적 권리를 줄 것이라고 했다.[67] 중국인 중에 모국 중국과의 관계를 포기할 사람은 거의 없었지만 중국에 돌아가는 것은 현실적으로 어려웠으므로 비록 자신들의 문화적 정체성에 애착이 있더라도 말레이 시민(국민)이 되는 것 말고는 다른 선택지가 없다고 그들은 생각했다.

전쟁 전에 말레이 국가들은 조약에 따라 영국 주재원의 조언을 따르게 되어 있었는데, 연합은 술탄들에게 종교를 제외한 모든 분야의 사안에 대한 권한을 넘기라고 요구함으로써 영국의 통제를 한층 더 강화했다. 술탄의 권한을 빼앗는 것은, 비말레이인들에게도 동등한 시민권을 주겠다는 말레이연합안을 비롯한 식민 당국의 계획을 거부한 말레이인들이 도저히 받아들일 수 없는 일이었다.[68]

온 자파르

거기에 대한 시위를 주도한 사람은 조호르 지사chief minister of Johor의 아들인 온 자파르Onn Jaafar(1895~1965)로 말레이인이었다. 그의 가족은 조호르 왕실과 가까웠는데, 그는 술탄의 아들과 같은 대접을 받았다. 열 살 때 영국의 기숙학교에 보내진 온은 스포츠에 뛰어난 자질이 있어 학교 크리켓팀과 축구부 주장이 됐다. 5년 뒤에 귀국한 그는 영국인들이 말레이 귀족의 자제들을 위해 건립한 쿠알라 캉사르 말레이대학(말레이시아 최고의 기숙학교로, '동방의 이튼 칼리지Eton of the East'로도 불린다-옮긴이)에 입학했다. '동방의 이튼'을 졸업한 그는 공무원이 됐으나, 나중에 말레이인들 복지에 대한 글을 쓰는 저널리스트가 됐다. 경제적 우위를 지닌 중국인과 인도인들을 정부 관료로 참여시키는 것은 말레이 인종의 '소멸extinction'로 이끌 것이라고 확신한 온은 식민정부의 연방계획에 저항하기 위해 1946년에 통일말레이국민조직United Malay National Organization, UMNO을 결성했다.[69]

그를 지지하는 사람 중에 마하티르 모하맛Mahathir Mohamad이라는 젊은 학생이 있었다. 식민성Colonial Office은 자세를 낮추고 말레이인의 특수한 권리를 보호하는 개정 헌법을 채택했다. 조호르의 술탄은 그 승리를 안겨준 온을 지사로 임명함으로써 보답했다. 하지만 온은 곧 통일말레이국민조직의 지방자치주의 정책에 경악했고, 1951년 그 조직이 모든 종족에게 조직 참가의 문을 열기를 거부하자 넌더리를 내며 떠났다. 말라야는 1957년에 케임브리지에서 단련된 케다Kedah(말레이시아반도 북서쪽의 주-옮긴이) 왕가 출신의 변호사 툰쿠 압둘 라만Tunku Abdul Rahman(1903~1990)을 초대 총리로 세워 독립했다. 말라야연방 헌법은 장학금과 공무원 조항 등을 통해 말레이인들의 특권을 명기했다.[70] 헌법과 선거제도는 말레이인들의 정치적 영향력을 그들이 가까스로 다수를 차지하고 있는 인구 구성상의 비율보다 훨씬 더 많이 보장해주었다. 1960년대 중반에 말레이인들이 공무원직을 장악함으로써 더 확장할 여지가 제한되자, 중국인 공무원들과 정치인들은 비즈니스 분야로 관심을 돌리기 시작했다.

5월 13일 사건

1959년 8월 독립 후 첫 10년간 인구는 말레이인이 46퍼센트, 중국인이 36퍼센트, 그리고 인도인이 10퍼센트, 비무슬림 원주민이 6퍼센트를 차지했고, 기타 2퍼센트였다. 정당들은 민족별로 결성됐지만 폭넓은 지지를 얻어내기 위해 주요 사안들에 관해 절충하는 일을 각 공동체의 핵심 리더들에게 맡겼다. 말레이인, 중국인 그리고 인도인을 각기 대표하는 3개의 민족정당—통일말레이국민조직UMNO, 말라야화인협회Malayan Chinese Association, MCA, 그리고 말라야인도인회의Malayan Indian Congress, MIC—이 동맹이라 불리는 연합체를 구성했다. 연합체는 공감대를 형성했지만 근저에는 긴장감이 남아 있었다.

식민지 시대부터 누려온 말레이인들의 특권이 논란거리가 됐다.[71] 또 다른 문제는 말레이 언어가 갖는 지위였다. 말레이인들은 말레이어가 공식어가 돼 학교 수업시간에도 쓰이기를 바랐으나, 다른 종족들은 영어, 중국어, 타밀어를 사용할 권리를 원했다. 1969년 선거에서 연합세력은 의회 104석 중 66석을 얻어 다수를 유지했으나 과반수에 미치지 못했으며, 이전 의석수보다 10퍼센트가 줄었다. 야당은 '승리'를 자축하는 퍼레이드를 벌였으며, 방관하던 말레이인들은 위협을 느꼈다. 말레이인 정치가들은 1969년 5월 13일 정부를 지지하고 '중국인들에게 교훈을 주기 위한' 시위를 조직했다.[72] 무장한 말레이인들이 중국인 재산을 약탈하고 불태웠다. 경찰은 수적으로 열세였고, 주로 말레이인들로 구성된 군대는 폭도들 편에 섰다. 통행 금지와 중무장한 군대가 출동했지만 약탈은 이틀간 계속됐다. 런던의《타임스》는 "거리마다 뒤집히고 불에 탄 자동차들과 오토바이들, 스쿠터들이 그 주인들에게 닥친 운명에 대한 아무런 증거도 없이 널려 있었다"고 보도했다.[73] 툰쿠 압둘 라만 총리는 이렇게 회고했다.

쿠알라룸푸르시는 불타고 있었다. 나는 언덕 위 꼭대기의 내 거처에서 대화재를 똑똑히 지켜볼 수 있었다. 내 평생에 보게 되리라고 상상하지도 못한 광경이었다. 사실 말레이시아를 행복하고 평화로운 나라로 만들기 위한 최근 몇 년간의 내 모든 작업과 세상에서 가장 행복한 총리가 되려던 나의 꿈 또한 불타 없어졌다.[74]

약 6천 명의 쿠알라룸푸르 주민들―그들 중 약 90퍼센트가 중국인들―이 집을 잃었다. 정부는 178명이 사망했다고 발표했지만 현장을 취재한 신문 기자들은 훨씬 더 많은 수가 희생당한 것으로 봤다.[75]

6월 28일, 말레이인들이 다시 폭동을 일으켰는데, 이번에는 센툴 Sentul(쿠알라룸푸르시 북쪽 외곽―옮긴이) 지역의 인도인들을 겨냥했다. 비상사태가 선포되고 의회는 중단됐다. 1971년 2월 23일, 의회가 다시 열려 압둘 라작Abdul Razak이 새 총리에 선출됐고, 시민권과 말레이인의 특수 권리, 이슬람의 지위, 그리고 유일한 국어로서의 말레이어 지위에 대해 문제 제기하는 것을 불법으로 규정한 헌법 개정안을 통과시켰다. '다른 종족들 간에 악의와 적대감을 조성하는 경향'이 있는 행위와 연설, 출판물은 법으로 금지했다.[76] 그 폭동으로 인해 신경제정책New Economic Policy이 도입됐다.

신경제정책의 역효과

정부는 처음엔 폭동을 야기하는 정치적·심리적 요소들을 비난했으나, 나중에는 경제적 요인들을 지적하면서 인종 간의 평화와 사회정의를 확보하기 위한 '구조조정'을 촉구했다. 정부는 1990년까지 모든 비즈니스 분야에서 말레이인들의 소유 및 참여율을 30퍼센트까지 끌어올린다는 목표치를 발표했다. 불평등은 사회 전체의 부의 분배라는 관점에서 측정되지 않고 공동체 간의 부와 일자리 그리고 경제권력의 집단적 배분이라는 관점에서 측정됐다.[77] 표면상으로 빈곤과 인종 간의 불평등을 줄이기 위해 고안된 신경제정책은 각종 형태의 국가 개입을 통해 말레이인들에게 혜택을 안겨주었다.

'경제적 기능에 따른 인종 인식(인종과 경제적 기능의 동일시)을 막기위해' 사회를 구조조정 한다면서 은행업이나 텔레콤, 발전, 운송과 같은 핵심 분야들은 말레이인들에게 맡겼다.[78] 말레이인들이 장악한 이들 분야 기업들은 국가의 보호 아래 경쟁에서 자유로웠기 때문에 자금과 조건 없는 보조금에 접근하기 쉬웠다. 말레이인 자본가계급을 창출하기 위해 정부는 말레이인들에게 면허, 계약, 할인, 정책성 대출, 주식 배당에서 특혜를 주었는데, 이로 인해 졸부들이 생겨났지만 많은 말레이인이 단기 이익을 노려 중국인 사업가들에게 그 이권을 팔아넘겼으며, 이는 신경제정책이 유능한 말레이인 기업가들을 길러내기보다는 족벌주의nepotism, 부패, 제도적 비효율성을 조장했다는 논란을 야기했다.[79]

신경제정책 아래 중국인들

신경제정책으로 말레이시아는 다른 곳보다 중국인들의 사업에 적대적인 정책들을 펼쳤음에도 불구하고 많은 성공을 거두었다. 니체Friedrich W. Nietzsche(1844~1900) 식으로 얘기하면 "우리를 죽이지 않는것은 우리를 더 강하게 만든다"는 것인데, 중국인들에게 딱 들어맞는말이다.[80] 많은 사람이 그들을 유럽의 유대인들과 호의적으로 비교했다. 필리핀과 인도네시아에서처럼 그들이 소수자로 살아가는 곳에서도 그들은 작은 시골 가게에서부터 거대한 다국적 기업에 이르기까지 모든 산업 수준에서 특별한 역할을 하고 있다.[81]

그런 성공의 전형적인 예가 말레이시아 최대 갑부 로버트 쿼크Robert Kuok Hock Nien, 郭鶴年이다. 1923년에 태어난 쿼크는 일본군이 침공했을 당시 10대였다. 일본군 점령 기간에 그는 일본 최대의 무역회사 미쓰비시 상사Mitsubishi Corporation 점원으로 일하면서 쌀 교역 분야 책임자가 됐다. 전쟁이 끝난 뒤 그는 가족 사업을 일으켰고 그의 동생 윌리엄William은 게릴라 조직에 들어가 영국군에 대항해서 싸웠다. 로버트 쿼크는 일본인 사업가들과 파트너가 돼 신경제정책 도입 전에 말레이인 후원자들을 양성했다. 그는 온 자파르의 아들 후세인 온Hussein Onn(1922~1990, 1976년부터 1981년까지 말레이시아 총리로 재임-옮긴이)과 같은 반이었으며, 그들의 가족은 가까운 친구가 됐다. '잘못된 방향으로 가는 기차the train moving in the wrong direction'라는 글을 읽어보면 로버트 쿼크는 1975년 후세인이 총리가 되기 적전에 이렇게 말했다.

당신은 나라의 지도자가 될 것이고, 아들이 세 명이야, 후세인. 첫째 아들은 말레이인, 둘째는 중국인, 셋째는 인도인이야. 우리가 봐왔듯이 첫째 아들이 둘째나 셋째보다 좋은 대접을 받고 있어. 당신이 집안에서 그렇게 하면 장남은 매우 버릇없이 자랄 거야. 그는 성인이 되자마자 매일 밤 나이트클럽에 다닐 거야. 아빠가 사랑해주니까. 둘째나 셋째는 차별을 느끼면서 몹시 팍팍하게 자랄 거야. 해가 가면서 그들은 강철처럼 점점 더 단단해져서 결국 그들이 더 성공할 것이고 장남은 더 실패하게 될 거야.[82]

그는 친구에게 "인종이나 피부색 또는 신조와 관계없이 최고의 두뇌들, 올바른 마음을 지닌 사람들"을 등용하라고 촉구했다. 후세인이 자신의 충고를 듣지 않는다는 게 분명해지자 로버트 쿼크는 자신이 낙후된 중국을 도울 의무가 있다고 느낀 홍콩으로 옮겨 갔다. 그는 본토의 호텔과 부동산, 음료 공장에 투자했고, 자신의 성공이 어머니 나라인 인도 덕분이라 믿었다.[83] 아흔네 살 때 그는 젊은 세대에게 이렇게 충고했다.

…현실과 상상을 구별하고… [그리고] 단순하게 사는 법을 배워라… 겸손하게 사는 법을 배워라. 진짜 겸손은 여러분 동료들을 향한 연민에서 나오는 내면적 겸손이다.

중국과 말레이시아 관계

전쟁 후 중국과 말레이시아 관계는 순조롭지 못한 출발을 했다. 확고한 반공주의자 툰쿠는 1948~1960년 말레이시아 비상사태 때 공산주의자들의 저항을 진압하는 영국의 작전을 지지했다. 그러나 그의 후계자 압둘 라작이 1974년에 중국과의 관계를 정상화했다. 말레이 민족주의자로 비쳤던 라작에게 중국을 인정하는 것은 총선거에서 중국계 유권자들에게 구애하기 위한 나름의 방식이었다.[84] 중국은 중국계 공산주의자들의 반란에 대한 지원을 중단했고, 양국 관계는 덩샤오핑의 시장개혁, 그리고 특히 중국계의 지위 문제가 해결된 이후 더욱 개선됐다. 동남아시아 다른 정부들처럼 쿠알라룸푸르는 자국 중국

동·남중국해, 힘과 힘이 맞서다

계의 충성심을 확신할 수 없었으나 중국이 1989년에 시민권법(국민 자격에 관한 법)을 제정해 해외 중국인들에 대한 문호를 효과적으로 폐쇄했고, 그 보답으로 쿠알라룸푸르는 그다음 해에 장기간 유지돼오던 자국민의 중국 여행 금지 조치를 해제했다. 마하티르 모하맛은 교역 관계를 계속 증진하면서 조용히 중국과 함께 남중국해에서 석유 공동탐사를 벌였으며, 나집 라작Najib Razak(말레이시아의 정치인으로, 2009년부터 2018년까지 제6대 총리로 재임-옮긴이)은 중국의 일대일로—带—路 정책 아래 수많은 인프라 구축 프로젝트를 환영했다.[85]

마하티르 모하맛

말레이시아 정치에 다른 누구보다 기여를 많이 한 사람이 마하티르 모하맛이다.[86] 명민한 학생이었던 그는 싱가포르의 킹 에드워드 7세 의과대학을 졸업하고 고향 알로 스타Alor Star(말레이반도의 말레이시아 북서부 크다주의 주도-옮긴이)에서 의료 활동을 했다. 전후에 마하티르는 말레이인들의 권리를 옹호하면서 비말레이인들에 대한 시민권 부여에 반대했고, 중국계 시민권을 수용한 초대 총리 툰쿠 압둘 라만을 비판했다. 1969년 소요 사태의 근본 원인을 설명하기 위해 쓴 《말레이의 딜레마Malay Dilemma》에서 그는 말레이인들은 토착민으로서 특별한 권리를 누릴 자격이 있다고 선언했다. 그는 말레이인들은 유전자와 지리적 조건에서 불리하다며 열정적으로 자기주장을 펼쳤다. 유전적 요소들이 인종의 발전에 중요한 역할을 한다고 그는 썼다.[87] 말레이인들 중에 사촌 및 가까운 친척들과 결혼하는 경우가 많은데 그것은 근친교배로 이어지고, 몸과 마음 모두 취약한 사람들이 결혼하면 결함이 있는 자질이 유전된다며 그는 개탄했다. 동시에 반도의 기후와 토양이 양호해서 "음식물을 획득하는 데 대단한 노력이나 재간이 필요한 것도 아니어서… 가장 약한 자와 가장 게으른 자도 비교적 안온하게 살아갈 수 있고 결혼해서 아이를 낳을 수 있다"고 했다.

이와 대조적으로 중국의 역사는 자연재해나 인간이 만든 비극으로 얼룩져 있다. 중국인들에게 삶은 생존을 위한 끊임없는 투쟁이었고, 이는 강건한 인종을 만들어냈다. 중국에서 집안 내 결혼을 금지한 것은 이종교배를 보장해서 강한 특성들을 재생산하게 했다.[88] 마하티르의 관점은 존 크로퍼드, 스탬퍼드 래플스, 프랜시스 라이트 등 초기 영국 식민지 관리들의 관찰을 떠올리게 했는데, 마하티르는 나아가 그 차이가 불러올 피할 수 없는 결과를 이렇게 설명했다.

유전과 환경적 영향으로 약화된 말레이인들은 중국 이주자들의 맹공격 앞에서 후퇴할 수밖에 없었다. 말레이인들이 무엇을 하든 중국인들은 더 좋고 더 싸게 그것을 할 수 있었다. 오래지 않아 부지런하고 완강한 이주자들이 소규모 무역과 모든 방면의 숙련된 작업 분야에서 말레이인들을 밀어냈다. 그들의 부가 증대되면서 그들과의 접촉면도 커졌다. 자신들 본국에서 관료집단과 쌓은 예전 경험을 되살려 중국인 이주자들은 금세 중국식 관리와 상인들 간의 관계를 만들어냈다. 지배계급이 조직적이고 공공연하게 만족감을 나타내면서 중국인들은 도시에 자리 잡았고, 이는 그들이 경제를 완전히 지배하는 데 보탬이 됐다.[89]

이러한 불균형을 바로잡기 위해 그는 말레이인들이 먼저 책임을 져야 한다고 했다. 영국의 유능한 행정력을 인정하면서도 마하티르는 자결권自決權을 발휘하라고 주문한다.

> 독립하기 전에 영국은 이 나라를 잘 다스렸다. 그들이 비영국계 주민들에게 최선의 것들을 주진 않았겠지만 확실히 그들은 뛰어난 행정가들이었다. 그들은 일을 능숙하게 했다… 하지만 일이란 게 그것을 가장 잘할 수 있는 사람들이 해야 제대로 되는 법이어서 우리는 만족할 수 없었다. 우리에겐 자부심이 있었다. 우리는 이 나라를 스스로 다스리기를 바랐다. 우리는 그것을 제대로 할 수 없을지도 모르지만 그건 상관없는 일이다.[90]

마하티르는 그 틈새를 메울 확고한 행동을 촉구했지만 정치권력의 위험성을 모를 만큼 어리석지는 않았다.

> 이제 떠오르는 의문은, 유전과 이 새로운 환경이 말레이인들에게 어떤 영향을 끼칠 것인가 하는 것이다. 우리는 새로운 환경이 말레이인들에게 유리하지 않을 것이라고 예상할 수 있다. 그들은 더 연약해지고 스스로 어려움을 극복하기가 더 어려워질 것이다. 이 때문에 정치권력이 결국 그들의 완전한 몰락을 증명하게 될지도 모른다.
> 하지만 그 대안도 마찬가지로 기약이 없다. 모든 보호장치를 제거할 경우 말레이인들은 오직 적자생존만이 가능한 원시 법칙을 따르게 될 것이다. 만일 그렇게 된다면, 그것은 모든 이주자를 물리칠 수 있는 강건하고 지략이 풍부한 인종을 길러낼 수 있게 해줄 것이다. 불행하게도 우리에

게는 그렇게 해볼 4천 년이 없다.

　　답은 유전과 환경의 효과에 대한 조심스러운 연구 뒤에 수행된 …일종의 '건설적 보호' 속 어딘가에 있는 것 같다. 그렇게 할 때까지 말레이시아에서 유전과 환경의 유해한 효과는 지속될 것 같다.[91]

　　1981년 총리가 된 마하티르는 《말레이의 딜레마》에서 촉구했던 인종에 기초한 조치들을 취했다. 그는 하림 사드Halim Saad(말레이시아 사업가-옮긴이), 타주딘 람리Tajuddin Ramli(사업가), 라힘 탐비 칙Rahim Tamby Chik(정치인)과 같은 말레이인 롤 모델을 다듬는 한편, 2020년까지 말레이시아를 선진국 반열로 이끌어줄 수 있는 중국인 사업가들에게 도움을 요청했다. '와와산 2020Wawasan 2020(마히티르 총리가 1991년 제6차 말레이시아 플랜 계획을 짤 때 내세운, 2020년까지 자족적인 산업국가를 건설하겠다는 목표-옮긴이)'을 달성하기 위해 마하티르는 자동차 제조, 남북 고속도로 건설, 새 국제공항, 페트로나스Petronas 쌍둥이 빌딩, 푸트라자야 Putrajaya(쿠알라룸푸르에서 남쪽으로 약 25킬로미터 떨어진 지역-옮긴이) 행정수도 건설 등의 중요한 프로젝트에 착수했다.[92] 그는 1997년 아시아 외환위기(이른바 'IMF 사태'-옮긴이) 때 국제통화기금IMF의 처방을 거부하고 국가 재정 붕괴를 막아낸 것으로 유명하다. 그러나 그는 또 언론의 자유를 제한하고, 사법부를 약화시켰으며, 세습 통치자인 술탄들의 권한을 축소시켰다. 마하티르는 서방에 비판적이었으며, 예전의 영국 식민지인 말레이시아가 동쪽을 바라보며 일본으로부터 배우기를 바랐다.

　　마하티르는 22년간 집권한 뒤 물러났으나, 1MDB(국부펀드인 말레이시아 개발유한공사-옮긴이) 부패 스캔들을 둘러싸고 다음 총리 나집 라작과 충돌할 때까지 통일말레이국민조직UMNO에 대한 영향력을 유지했다. 그는 2018년 총선을 위해 그 당을 버리고 야당에 합류했다. 야당은 그 선거에서 61년간의 바리산 통치Barisan rule(국민전선Barisan National의 통치-옮긴이)를 끝장내는 충격적인 압승을 거두었으며, 당시 아흔세 살의 마하티르가 다시 한 번 총리가 됐다. 그러나 차별철폐조치affirmative action에 대한 그의 시각은 진화했다. "나는 말레이인들을 바꾸기 위해 22년간이나 노력했다. 내가 실패했다는 걸 인정할 수밖에 없다."[93] 그는 말레이인들이 "게으르고 신뢰할 수 없다"고 책망하면서, "우리는 자신과 우리 국민에 대한 임무를 갖고 있다. 우리가 실패하면, 그건 다른 누구의 탓이 아니다. 우리가 실패하면, 그것은 우리가 올바른 일을 하지 못했기 때문이다"[94]라는 점을 상기시켰다.

그는 림관엥林冠英을 재무장관으로 임명했는데, 그때 림은 44년 만에 처음으로 중국인 재무장관이 되는 소감이 어떠하냐는 질문에 이렇게 대답했다. "미안하지만, 나는 내가 중국인이라 생각하지 않는다. 나는 말레이시아인이다." 이는 인종 장벽을 넘어 국가 건설에 온전히 참여하고 싶다는 많은 중국계 사람들의 바람을 반영한 것이다. 새 정부가 전 총리 나집이 승인한, 중국 자금이 투입되는 몇 가지 인프라 건설 프로젝트들을 취소했을 때, 중국과의 관계를 손상할지 모른다는 우려가 제기됐으나 이에 대한 마하티르의 견해는 다음과 같이 잘 알려져 있다.

우리는 거의 2천 년 동안 중국과 거래해왔다. 중국은 매우 크다… 그들은 우리를 정복할 수 있었지만 그렇게 하지 않았다. ···그와 대조적으로 유럽인들은 1509년에 말라카로 왔고, 2년 뒤에는 함대를 끌고 와서 우리를 정복했다. 따라서 나는 중국보다는 유럽의 태도를 더 걱정한다. 나는 중국과는 어떤 분쟁에도 말려들고 싶지 않다. 중국은 14억 인구를 지닌 좋은 교역국이다. 나는 14억 인구가 매일 야자기름 한 숟갈씩만 먹는다면 우리는 엄청난 부자가 될 것이라고 말해왔다.[95]

야자기름은 말레이시아의 주요 수출 품목이며, 중국과 말레이시아 관계는 (1948~1960년의) 말레이시아 비상사태 이후 긴 여정을 거쳐왔다. 중국은 말라카 해협의 전망 덕분에 가장 중요한 동남아시아 동맹국이 될 수 있었던 말레이시아를 멀리할 이유가 없다.

영토 분쟁

영유권 분쟁으로 세계가 주목하는 동·남중국해
중국은 왜 남중국해와 동중국해를 차지하려 하는가,
그리고 왜 미국은 필사적으로 막으려 하는가.

남중국해

1974년 1월 19일 이른 시각, 남베트남 해병대는 섬을 점령한 중국의 인민해방군PLA 부대와 대치하기 위해 파라셀 군도Paracel archipelago의 덩컨섬Duncan Island(오스트레일리아 명칭-옮긴이)에 상륙했다. 베트남 해병대는 공격을 받았다. 수적으로 열세인 베트남군은 철수했지만 4척의 전함들로 짜인 그들의 소규모 함대는 다수의 중국 해군 함정과 근접 거리에서 팽팽한 교착 상태로 대치했다. 오전 나절에 베트남군은 중국군을 공격했고, 40분간의 해전에서 양쪽 모두 피해를 보았다. 더 작은 중국 함정이 베트남군 공격의 사각지대로 들어가 4척 모두에 손상을 입혔다. 베트남군 함정 1척은 엔진에 손상을 입고 함장과 함께 침몰했다. 다음 날 중국 항공기가 드러먼드섬Drummond Islands과 덩컨섬, 로버트섬Robert Islands의 베트남군 진지를 공습한 뒤 상륙강습上陸強襲을 감행했다. 베트남군은 미국 제7함대에 지원을 요청했으나 미국은 개입하지 않았다. 베트남군은 항복했고, 그 이후 중국이 파라셀 군도를 통제하고 있다.

남중국해의 섬들은 작아서 거기에 사는 토착 원주민들은 없다. 가장 큰 섬이 프라타스섬Pratas Island(동사군도東沙群島의 하나. 타이완이 실질적으로 지배하고 있다-옮긴이)인데, 6×2킬로미터 정도다. 섬들은 각기 파라셀, 스프래틀리, 프라타스로 불리는 3개의 섬 무리(군도)를 이루고 있다. 거기에는 메이클즈필드 천퇴Macclesfield Bank(천퇴淺堆는 대륙붕에서 언덕 모양으로 높게 솟아오른 부분-옮긴이)와 스카버러 사주Scarborough Shoal라 불리는 물에 잠긴 모래톱 2개가 있다. 파라셀 군도는 15개의 작은 섬들과 12개의 암초와 모래톱으로 구성돼 있는데, 가장 중요한 우디섬Woody Island 또는 룽싱다오龍興島는 2×1킬로미터 크기다.

섬들은 서쪽의 초승달 그룹Crescent Group과 동쪽의 암피트리테 그룹Amphitrite Group(암피트리테는 그리스 신화에 나오는 포세이돈의 아내로 바다의 여신-옮긴이)으로 나뉜다. 스프래틀리 군도는 광범하게 흩어져 있는 모래톱과 암초들, 작은 섬들의 집단인데, 남동쪽에서 북서쪽까지 1천 킬로미터가 넘는 광대한 분포를 보이고 있다. 타이핑섬太平島은 이 그룹에서 가장 큰 섬이다. 프라타스 군도는 가장 큰 프라타스 섬을 비롯한 3개의 작은 섬들로만 이뤄져 있다. 아열대 지역에 분포하고 있어서 대다수 섬이 잡목과 풀, 코코넛 야자와 맹그로브 습지로 덮여 있다. 중요한 것은, 그들 섬이 남중국해의 주요 항로들에 흩어져 있다는 점이다.

중국인들에게 전통적으로 난하이南海로 알려진 남중국해South China Sea는 중국과 서양을 이어주는 하나의 연속적인 바다다. 중앙아시아를 거치는 육로가 중요했지만,[1] 수로들은 약 2천 년 동안 중국이 세계로 뻗어가는 주요 관문이었다.[2] 고고학적 발견들을 통해 중국인들이 이미 기원후 1세기 초의 수십 년간 파라셀 군도와 접촉했다는 사실을 알 수 있다. 남중국해 섬들에 대한 언급은 삼국시대(220~280, 후한

이 멸망한 3세기 초 위·촉·오 세 나라가 다투던 때부터 서진이 통일한 3세기 후반까지-옮긴이)에 쓰인 《남주이물지南州異物志》에 처음으로 나온다.

거친 난하이南海 너머 바다는 얕고 자석 바위들이 많다. 큰 배를 타고 변방 너머로 가는 사람들이 그곳에 가려면 쇠바늘iron needle에 의지해야 한다. [하지만] 그곳에 도착하면 [그들은] 자석 바위들 때문에 더는 나아갈 수 없다.

마원馬援(BC 14~AD 49) 장군은 베트남에서 일어난 반란을 진압하기 위해 2천 척의 배로 이뤄진 함대를 이끌고 그 바다를 지나갔다. 《신당서新唐書》는 기원후 785~805년 무렵부터 광둥에서 수마트라로 항해했다는 기록을 담고 있다. 10세기 말부터 15세기 중반까지 500년간 남중국해에서는 중국인들의 해상활동이 꾸준히 활발해졌다.[3] 교역을 통해 남중국해는 중국의 영향력과 힘이 미치는 지역으로 진정한 중국의 호수가 됐다.

대륙 국가인 중국은 전통적으로 북방 지역-주요 안보 위협의 발원지-에 관심을 집중했다. 그러나 1127년, 송나라 통치자들은 북중국을 몽골족에게 빼앗기고 양쯔강 남쪽으로 피난 가서 연안 도시 항저우 이남 지역을 통치했다. 남송南宋(1127~1279)은 152년에 걸친 통치 시기에 그 지역의 지배적인 해양세력으로 성장했다. 12세기 말부터 15세기 중반까지 중국과 외국 선단들이 남쪽 바다의 광대한 교역망을 항행하면서 인도네시아의 향신료와 목향, 아라비아 유향, 중국의 비단과 자기 등의 물품들을 사고팔았다. 1225년과 1242년 사이에 쓰인《제번지諸蕃志》는 파라셀 군도와 메이클즈필드 천퇴에 관한 기술과 함께 남중국해를 가로지르는 수로에 대한 상세한 얘기들을 전한다. 약 30년 뒤인 1275년에 쓰인 또 다른 텍스트인《몽양록夢粱錄》은 수로들을 오간 선원들의 삶을 엿볼 수 있는 기록들을 제공한다.

남중국해를 건너는 것은 파도 아래 숨어 있는 암초와 바위들에 걸려 좌초하고 난파할 수 있는 위험투성이의 항해였다. "갈 때는 칠주가 두렵고, 돌아올 때는 곤륜이 무섭다去怕七洲 回怕崑崙"는 구절은 뱃사람들 공통의 후렴구가 됐다. 그럼에도 중국인들의 해양활동은 계속 증대돼 원나라 왕조(1271~1368) 시절에는 중국의 해군과 상인 선단들이 남중국해 항로를 지배했다. 쿠빌라이 칸의 선단들은 1282년에 참파(남베트남 왕조)를 공격했고, 그 10년 뒤에는 수천 척의 배들로 구성된 함대가 자바를 침공했다. 명나라 왕조 시절, 3만 7천 명이 탄 62척의 배로 구성된 유명한 정화 제독의 함대가 남해를 거쳐 아프리카까지 항해했다.[4] 명대의 항해들은 중국의 힘을 입증했으나 15세기 말, 중국의 해양 탐험은 종말을 고했다. 중국의 해군력은 새로운 세력이 수평선 너머에서 모습을 드러내던 바로 그 무렵에 쇠퇴했다.[5]

중국의 제해권은 유럽인들의 대양 항해 모험이 시작되던 시기에 시들해졌다. 16세기에 포르투갈인들과 스페인인들이 찾아오면서 남중국해 지배권을 둘러싼 치열한 경쟁이 시작됐다. 17세기에 네덜란드는 말라카, 자바, 타이완을 점령했고, 뒤이어 19세기에는 영국이 말라야, 보르네오, 홍콩을, 프랑스가 인도차이나, 일본이 타이완, 미국은 필리핀을 각각 차지했다. 중국의 호수는 외국 침략세력의 출입구가 됐으며 중국 자체가 반半식민지로 전락했다. 예전에 중국인들은 섬에 대해 항행을 방해하는 위험물로만 여겼으나 이젠는 방어를 위한 전초기지로 인식이 바뀌었다.

바위섬 쟁탈전

남중국해와 섬들에 대한 주권 문제가 이젠 전략적 중요성을 띠게 됐다. 19세기 이전에 중국인들은 바다 지배권에 대해 아무런 관심도 기울이지 않았다. 청 왕조의 해양 정책은 연안 항해 규제와 해적을 막기 위한 해안 방어 확립 차원에 그쳤다. 관할권 제한은 없었으나 1842년에 조약항체제Treaty Port System가 등장하면서 중국인들은 서양의 해양규범들을 알게 됐고 해역에 대한 법률상의 명칭을 주장하기 시작했다. 중국은 1884~1885년 중국-프랑스 전쟁 때 프랑스가 남중국해를 프랑스령 인도차이나 해역으로 통합하려 했을 때 이에 항의하면서 처음으로 남중국해 섬들에 대한 자국 주권을 주장했다.

프랑스는 1932년에 파라셀과 스프래틀리 군도에 대한 지배권을 공식적으로 주장하면서 그다음 해에 이들을 병합하고 이에 대한 중국과 일본의 항의를 무시했다. 그러나 1938년에 일본이 프랑스로부터 그 섬들을 빼앗은 뒤 군대를 주둔시키고 타이핑섬에 잠수함기지를 건설했다. 3년 뒤인 1941년, 일본은 파라셀과 스프래틀리 군도를 1895년 이후 일본의 식민지가 된 타이완의 일부로 편입했다.

1945년, 카이로와 포츠담 선언에 따라 중국 국민당 정부는 타이완과 파라셀 그리고 스프래틀리 군도에 주둔하던 일본군으로부터 항복을 받아냈다. 그다음 해에 중국은 파라셀 군도의 우디섬(룽싱다오)

과 스프래틀리 군도의 타이핑섬에 수비대를 배치했다. 프랑스는 우디섬에서 국민당 군대를 몰아내려 했으나 실패했다. 그럼에도 그들은 패틀섬Pattle Island(지금의 산후珊瑚섬)에 어떻게든 작은 막사를 설치했다. 1950년, 중국 내전에서 패배한 국민당은 파라셀과 스프래틀리 군도의 주둔군을 철수시켰다. 1954년에 프랑스는 디엔비엔푸 전투에서 패배한 뒤 동아시아에서 완전히 철수한 이후 그 지역에서 더는 영토 주장을 하지 않았다. 1956년에 하노이(북베트남)는 파라셀과 스프래틀리 군도가 중국 영토임을 인정했다. 그 무렵 중국은 우디섬에 수비대를 다시 배치했고, 타이완은 타이핑섬에 다시 부대를 주둔시켰다. 하지만 그해에 사이공(남베트남)이 산후섬의 프랑스 막사를 재건한 뒤 파라셀과 스프래틀리 군도를 병합했다고 선언했다. 그럼에도 북베트남과 내전에 집중하기 위해 사이공은 1966년에 파라셀 군도 주둔군을 산후섬에 배치한 일개 수비대 수준으로 감축했다. 중국은 그것을 굳이 제거하려 하지 않았다.[6]

1974년에 사이공은 스프래틀리 군도에 정착민들을 입식시키고 중국인 어부들을 파라셀 군도에서 추방하면서 영유권 주장을 밀고 나갔다. 뒤이은 파라셀 군도 해전에서 중국은 베트남군을 물리치고 파라셀 군도 전체로 통제권을 확장했으며, 이후 실질적인 도전을 받지 않았다. 그 5년 뒤 하노이(지금의 통일 베트남 정부)는 초기의 입장을 바꿔 남중국해의 모든 섬에 대한 영유권을 주장하며 1980년대 초에 스프래틀리 군도에 부대를 주둔시켰다.

필리핀도 예전 식민 종주국이었던 스페인과 미국이 400년 동안(1543~1946) 주장한 적이 없었던 스프래틀리 군도의 섬들에 대한 권리를 주장했다. 1956년에 필리핀인 사업가 토마스 클로마Tomás Cloma(1904~1996, 변호사-옮긴이)가 스프래틀리 군도에 '프리덤랜드 Freedomland'라는 새로운 국가의 수립을 선포했는데, 이로 인해 베이징과 타이완(대만)이 스프래틀리 군도에 대한 영유권 주장을 되풀이하게 됐다. 타이완은 타이핑섬에서 클로마를 쫓아내기 위해 군대를 파견한 뒤 계속 주둔시켰다. 처음에 필리핀 정부는 영토 주장을 하지 않았으나 1972년부터 분쟁에 가담했다. 1974년, 페르디난드 마르코스 Ferdinand Marcos(1917~1989) 대통령이 클로마에게 1페소를 줄 테니 필리핀 정부에 권리(만일 그런 게 있다면 어떤 것이든)를 양도하라고 명했다. 같은 해에 필리핀은 스프래틀리 군도의 5개 섬을 점령했으며, 1978년에는 2개의 작은 섬과 2개의 암초를 추가로 점령했다. 필리핀은 타이핑섬을 빼놓고 해양의 섬들은 주인이 없는 땅(무주지無主地)이라면서, 그 섬들이 1978년에 선포한 자국의 200해리 배타적 경제 수역EEZ 내에 있다는 주장까지 펼쳤다. 말레이시아도 스프래틀리 군도 남단의 섬들이 1979년에 선포한 자국의 배타적 경제 수역 안에 있다며 분쟁 대열에 합류해, 1983년 풀라우 라양 라양Pulau Layang-Layang(별칭은 Swallow Reef)섬을 점령하고 군대를 주둔시켰으며, 비행기 활주로와 리조트, 호텔 건설에 필요한 땅을 확보하기 위해 간척작업을 하고 있다.

중국은 남중국해에서 가장 큰 군도인 스프래틀리 영토 분쟁에 가장 나중에 뛰어들었다. 1988년 3월, 남쪽 존슨 암초Johnson South Reef(중국명 치과赤瓜)에서 베트남군과 유혈 충돌을 벌인 뒤, 중국은 7개의 작은 섬을 점령했고, 땅을 매립한 뒤 암초와 바위 꼭대기에 구조물들을 설치했다. 남중국해에서 사람이 거주할 수 있는 자연조건을 지닌 단

2개의 섬으로 간주되는 우디섬과 타이핑섬은, 중국이 적어도 139년 동안 영유권을 주장해왔고 50년 이상 중국과 타이완이 각각 지배해 왔다. 하지만 이제 남중국해의 모든 돌출 지점maritime feature에는 진지 가 구축돼 있다.

스프래틀리 군도의 총 44개 섬들은 모두 인간에 의해 점령당했다. 25개는 베트남이, 8개는 필리핀, 7개는 중국, 3개는 말레이시아, 그리 고 1개는 타이완이 점령했다. 경쟁에 가장 먼저 뛰어든 나라가 가장 많이 차지했으며, 이런 현실을 인정한다면 지금까지는 베트남이 가장 많은 몫을, 필리핀이 그다음 몫을 차지하게 된다. 이런 결과는 덩샤오 핑이 고취한 전략적 관용 정책 덕이다. 중국이 영토를 영구적으로 상 실할 수 있는 이런 현실을 받아들이면 중국공산당에 대한 국민의 신 뢰는 손상되겠지만, 그렇다고 현실을 거부하면 이웃 나라들과 계속 마찰을 빚을 위험이 있다.[7]

미국은 아무런 연고가 없지만, 이 영토 분쟁을 미국과 중국 사이의 의지를 가늠하는 시험대로 보고 있다. 2010년 하노이에서 열린 아세 안 지역 포럼ARF에서 힐러리 클린턴Hilary Clinton 당시 미국 국무장관 은 다자간 대화에 적극 참여할 준비가 돼 있다고 선언했다.[8] 그 발표는 하노이에 승리를 안겨주었는데, 이는 곧 남중국해 분쟁을 국제화하겠 다는 얘기였다. 클린턴 장관은 그 분쟁이 미국 국익과 관련돼 있다고 주장하면서, 미국은 남중국해에서 항행 자유를 지키겠다는 확고한 의 지가 있다고 말했다. 힐러리 장관은 역사적으로 정확하진 않지만 남 중국해 섬들에 대해 누가 더 강력한 주장을 하든 미국은 중립을 유지 할 것이라고 강조했다. 제2차 세계대전 뒤 미국은 파라셀 군도와 스프래틀리 군도에 대한 중국의 주장을 지지했다. 미국 해군은 그들 군도에 주둔하던 일본군 무장해제를 위해 중국군 부대를 거기로 실어날랐다. 미국은 군도가 '일본이 중국으로부터 훔친 영토'로, '중화민국 Republic of China의 영토로 복구'돼야 할 땅으로 봤다.[9]

1969년부터 1971년까지 미국은 타이핑섬에서 중화민국(타이완)의 깃발 아래 레이더 기지까지 운용했다. 그 섬들은 중국(베이징)의 대두를 저지하려는 미국의 결의를 보여주는 상징으로 부각되기 전까지는 미국의 관심사가 아니었다. 사실 그 섬들의 영유권을 주장하는 나라 중에 남중국해에서 항해나 평화 시의 해군 수송을 방해하는 나라는 없다. 남중국해는 그 해역 주변 나라들에 사활이 걸린 생명선으로, 그곳의 항행 자유에 대해서는 미국보다 그들 나라가 훨씬 더 많은 이해관계를 갖고 있다.

댜오위다오(센카쿠열도) 분쟁

또 하나의 잠재적 화약고는 중국과 일본 사이에 있는 동중국해East China Sea다. 댜오위다오(조어도釣魚島) 또는 센카쿠열도尖閣列島는 타이완 북동쪽으로 190킬로미터, 중국 대륙에서 동쪽으로 400킬로미터 지점에 있는 9개의 무인도로 구성된 열도다. 이 섬들은 동중국해에서 총 6.3제곱킬로미터 정도의 면적을 차지하지만 1제곱킬로미터가 넘는 면적을 지닌 섬은 단 2개뿐이다. 가장 큰 것이 4.3제곱킬로미터이며, 5개는 바위투성이의 황량한 섬이고 모두 무인도다. 중국도 일본도, 1968년에 그 섬들 주변 해역에 석유와 천연가스가 매장돼 있을 가능성이 있다는 국제연합(유엔) 보고가 나올 때까지는 별로 거론하지도 않았다.[10] 미국은 국외자임에도 문제가 해결되지 못하게 만들었다. 미국은 1943년 카이로 회담 동안에는 친중국적 입장이었으나, 냉전이 진행 중일 때는 외교적으로 모호한 태도를 보이다가 지금은 친일본 태도를 취하고 있다.[11] 미국의 이 같은 정책 변화는 잠재적으로 폭발성을 지닌 상황을 조성했다.

중국은 그 섬들을 가장 먼저 발견했다고 주장한다. 중국의 배들은 먼 옛날 진나라(BC 221~BC 207) 시절부터 동중국해를 가로질러 일본으로 항행했다. 고대 중국의 기념비적인 역사서인 사마천의 《사기史記》에 따르면, 진시황은 영생을 추구해 기원전 219년에 조정의 관리 서복을 동해로 보내 불로장생약을 구해 오게 했다. 서복은 빈손으로 돌아왔고, 기원전 210년에 다시 파견됐으나 돌아오지 않았다. 그가 일본에 정착했다는 얘기가 전해진다. 기원후 57년에 한나라 황제 광무제가 일본 사절단에 하사했다는 금인金印은 중국과 일본 간의 접촉을 알리는 현존하는 최고最古의 기록이다.[12]

한편 댜오위댜오에 관한 가장 이른 기록은 그보다 약 500년 뒤 수隋(581~619)나라 황제 양제隋煬帝가 류큐 왕국에 충성을 받아내기 위해 주관朱寬을 사절로 파견했을 때 나온다.[13] 댜오위댜오(센카쿠열도)에 대해 중국이 알고 있었음을 보여주는 유력한 증거는 명나라 황실 문헌이나 그 시절(1368~1644) 유행했던 문학작품에서 찾을 수 있다. 댜오위댜오 섬들은 타이완 바로 북쪽, 대륙의 푸저우福州항에서 류큐 왕국 수도 나하로 가는 항로 위에 있다. 1373년부터 1633년까지 명나라 조정은 류큐 왕국에 책봉 사절을 총 열일곱 차례 파견했다.[14] 1534년 진간陳侃이 인솔한 사절단은 푸저우 연안에서 류큐 배들의 에스코트를 받으며 류큐로 향했다. 진간은 일지에 이렇게 기록했다.

> 다섯 번째 달의 다섯째 날 배들은 푸젠성을 떠나… 아홉 번째 날 우리는 작은 산을 발견했다.[15] 샤오류츄(타이완 유일의 대형 산호초 섬—옮긴이)임이 분명하다.[16] 열 번째 날 남쪽에서 불어오는 빠른 바람이 배를 전진시켰다. 우리는 펑자산彭家山, 댜오위위釣魚嶼(댜오위섬), 황마오위黃毛嶼(황웨이섬), 그리고 치위赤嶼(치웨이섬)를 지나갔는데, 그 항로는 통상 사흘 걸리는 거리인데 하루 만에 갔다. 류큐의 배들은 돛이 작아 우리 뒤에 처졌다.

진간의 보고는 류큐의 관리 쇼쇼켄向象賢에 의해 류큐 왕국의 연대기에 옮겨졌다.[17] 중국과 류큐의 배들은 댜오위다오섬들을 근대의 등대처럼 항해 표지로 활용했다. 진간의 여행 전에 열한 차례 책봉 사절이 류큐 왕국으로 갔으며 백 차례 이상의 조공 사절단이 같은 항로를 따라 반대 방향으로 갔다. 그 섬들은 중국인과 류큐인에게 댜오위釣魚로 알려져 있었다. 1785년에 발간된 《삼국통람도설三国通覧図説》에서 유명한 일본의 군사학 학자 하야시 시헤이林子平(1738~1793)는 그 섬들을 중국인들이 부르던 이름으로 불렀다.[18] 1561년 류큐로 간 중국 사절 곽여림郭汝霖의 기록에서, 일본의 역사가 이노우에 기요시井上清(1913~2001)는 그 섬들이 류큐 왕국에 속하지 않았던 것으로 추론한다.[19] 진간이 이용했던 항로로 가면서 곽여림은 이렇게 보고했다.

> 우리는 메이화Meihua[20]를 출발해 류큐로 향했다… 샤오류츄(타이완)

를 본 뒤 우리는 황마오를 지나갔다. 다섯 번째 달의 첫날에 우리 배들은 댜오위위釣魚嶼를 지났다. 사흘째 되는 날 우리는 치위를 지났는데, 그 섬은 류큐 왕국과의 경계를 이룬다. 바람을 받으며 하루 더 가니 구미산Gumi Shan[21]에 도착할 수 있었다.

그 섬들을 지나면, 사절들은 자신들이 류큐 영해로 들어선 것을 알았다. 명나라 문헌들은 류큐 관리뿐만 아니라 중국인 관리도 그 섬들을 '댜오위'라 불렀음을 보여준다. '센카쿠'라는 이름은 사용된 적이 없다. 일본인 학자 스가누마 운류菅沼雲龍는 댜오위 섬들이 류큐 남쪽에 있기 때문에 류큐 북쪽에 있는 일본이 그 섬들을 영유한 것 같지는 않다고 지적했다.[22]

그 섬들의 초창기 이름에 대한 또 다른 언급은 1403년 초에 간행된 《순풍상송順風相送》[23]에서도 찾아볼 수 있다. 이 책은 항로 안내에 관한 현존하는 오래된 문서들 가운데 하나이며, 푸저우-나하 항로에 관한 정보를 담고 있어 중요하다(옥스퍼드 보들리 도서관에 사본이 있다). 《순풍상송》은 선원들이 나침반을 이용하고 별을 활용해 항해하는 법을 설명할 뿐만 아니라 항구의 깊이, 물에 잠긴 암초의 존재, 거센 폭풍이 불어올 때의 대피 장소와 같은 자세한 정보들도 알려준다. 안내 지침에 따르면, "15퉈tuo(1퉈는 약 6인치, 15퉈는 약 230센티미터) 깊이의 정박지들이 있는 댜오위 섬들은 목재와 식수를 보충하기에 좋은 곳"이었다.

명 왕조 때 당국은 잦은 해적의 공격에 대비해 연안 방어시설을 구축했다.[24] 명나라가 댜오위다오를 알고 있었다는 더 분명한 증거는 1561년에 지리학자 정약증鄭若曾(1503~1570)이 완성한 연해의 섬들 목

록인 13권짜리 《주해도편籌海圖編》에 나온다. 제1권 《푸젠 해안의 산과 섬들 지도福建沿海山沙圖》[25]에는 댜오위, 황웨이, 치웨이가 실려 있다. 나중에 청 왕조 문헌들은 그 섬들이 중국 영토라는 것을 명기했다. 자주 인용되는 자료가 서태후西太后(1835~1908)의 1893년 포고령인데, 황실 의사에게 그 섬들의 약초를 채취할 수 있도록 허가하는 내용이다. 이를 토대로 스가누마는 이렇게 결론을 내린다.

> 중국인들이 최초로 댜오위다오를 발견해 이름을 붙이고 그들의 해역으로 개발했으며 16세기 초에 중국과 류큐 왕국 사이의 해양을 획정했다는 것은 의심의 여지가 없다. 댜오위다오 섬들에 대한 영유권을 주장하는 친중국 영토회복주의 학자들에 대해 친일본 영토회복주의 학자들이 맞서 다툴 여지는 없다.[27]

지리학자 요시와라 시게야스는 무인도 댜오위다오섬들에 가본 일본인은 거의 없으며 대부분 그 존재를 의심했다고 지적한다.[28] 오키나와 총독이 그곳에 국가 표지물 건설을 요구해 일본 정부가 현장에 가서 그 섬들의 존재를 알게 된 것은 19세기 말에 가서의 일이다.

일본의 주장

일본이 댜오위다오에 대한 공식 주장을 처음 내놓은 것은 1895년, 제1차 중일전쟁(청일전쟁)에서 엄청난 승리를 거둔 뒤였다. 일본은 그때 그 섬들을 타이완에 귀속시켰고, 타이완은 중일전쟁 뒤 체결한 시모노세키조약으로 일본에 양도됐다.[29] 일본 민간인들이 거기에서 구아노鳥糞石(산호초 위에 쌓인 새의 분비물이 화석화한 것. 비료로 쓰인다-옮긴이)를 채취했지만 일본은 그 섬들에 영구적인 군사 또는 민간 시설들을 설치한 적이 없다. 일본은 지금 댜오위다오가 자신들의 영토라는 주장을 뒷받침하는 근거로 두 가지를 들고 있다. 하나는 그 섬들이 19세기에 사람이 살지 않는 무주지無住地였다는 점이다.

1885년 이후 일본 정부는 오키나와현의 대리인들을 통해, 그리고 여러 방식을 통해 센카쿠열도를 철저히 조사(측량)했다. 이런 조사들을 통해 센카쿠열도가 무인도였고, 중국 통치 아래 있었다는 어떠한 흔적도 없다는 사실을 확인했다. 이런 확인을 토대로 일본 정부는 1895년 1월 14일에 그 섬들에 표지물을 세워 공식적으로 센카쿠열도를 일본 영토로 복속시키기로 내각 결정을 내렸다.[30]

또 하나는, 일본은 1951년에 체결된 샌프란시스코 평화(강화)조약에 따라 타이완을 포기했지만 센카쿠열도는, 당시 베이징도 타이완도 반대하지 않았기 때문에 그대로 영유했다는 것이다.[31] 하지만 정밀조사를 해보면 그 주장을 유지하기 어렵다. 1943년 11월 제1차 카이로 회담 때 프랭클린 루스벨트 미국 대통령, 윈스턴 처칠 영국 총리, 그리고 장제스 타이완 총통은 일본의 입장에 명백하게 반대했다.

일본은 1914년 제1차 세계대전 발발 이전에 장악했거나 점령한 태평양의 모든 섬, 그리고 일본이 중국으로부터 빼앗은 모든 영토를 내놓아야

214

하며, 만주(중국 동북지방), 포모사(타이완), 그리고 페스카도리스(펑후열도)는 중화민국에 귀속돼야 한다. 일본은 또 폭력이나 탐욕으로 수중에 넣은 다른 모든 영토에서도 추방될 것이다.[32]

그 뒤 1945년 7월 26일 미·영·중 3국은 일본에 항복을 요구하면서 포츠담 선언을 발표했다. 그 선언은 "카이로 선언이 제시한 조건들은 이행돼야 하며, 일본의 주권은 혼슈, 홋카이도, 규슈, 시코쿠, 그리고 우리가 지정하는 작은 섬들로 제한될 것"임을 강조했다.[33] 1945년 8월 15일 일본은 포츠담 선언에 따라 항복했다.[34] 그러나 4년 뒤 중국 공산주의자들이 미국이 지원한 국민당을 패퇴시키고, 1949년에 중국 전역을 장악했다. 그다음 해에는 한국전쟁이 발발해 중국은 미국군에 대적했다. 그 전쟁으로 인해 그 지역에 대한 미국의 지정학적 계산이 바뀌었다.

1951년, 미국은 회원국들이 일본, 독일과 개별적인 평화조약을 체결하지 못하게 한 1942년 1월 1일 유엔 선언을 위반하면서 샌프란시스코에서 일본과 평화(강화)조약을 체결하기 위한 회의를 소집했다. 중국이 일본의 침략에 정면으로 맞서 싸운 사실에도 불구하고 타이완도 중국도 그 회의에 초청받지 못했다. 미국과 영국이 작성한 샌프란시스코조약은 일본이 타이완과 펑후열도에 대한 모든 권리를 포기한다고 명기했지만, 그 영토들이 중국에 반환된다는 건 명기하지 않았다. 중국은 그 조약이 무효라고 선언했다.

중화인민공화국은 미국과 영국 정부가 제안한 일본과의 평화조약안이 국제적 합의에 어긋나며, 따라서 기본적으로 수락할 수 없는 것으로 간주한다. 그리고 미국 정부의 강요 아래, 중화인민공화국을 안하무인으로 배제한 채 9월 4일 샌프란시스코에서 열기로 한 회의는 국제적 약속을 거부하는 것이며, 따라서 기본적으로 승인할 수 없는 것으로 간주한다.

준비 절차상으로나 그 내용상으로나 미국과 영국이 작성한 대일 평화 조약안은 미국과 영국 정부가 서명한 중요한 국제적 합의들, 특히 1942년 1월 1일의 유엔 선언, 카이로 선언, 얄타 협정, 포츠담 선언과 합의, 그리고 1947년 6월 19일 극동위원회가 채택한 일본 항복 이후의 기본 정책을 명백히 위반하는 것이다. 유엔 선언은 패전국과 개별적인 평화조약을 체결해선 안 된다고 규정하고 있다. 포츠담 합의는 '평화조약 준비작업'이 관련 적국에 요구한 항복조건에 서명한 나라들에 의해 진행돼야 한다고 명시하고 있다….

지금 제기한 바와 같이 미국은 일본에 대적해서 싸운 대다수 국가, 특히 두 주요 참전국인 중국과 소련을 평화조약 준비작업에서 배제한 채 일본과 평화조약안 준비작업을 독점해왔다….[35]

1952년 미군은 일본 본토(홋카이도, 혼슈, 시코쿠, 규슈로 구성)에서 철수했지만 오키나와(류큐 섬들)는 계속 점령했으며, 샌프란시스코 강화조약이 미국에 센카쿠열도에 대한 시정권施政權(신탁 통치 지역에 대하여 입법, 사법, 행정의 삼권을 행사하는 권한-옮긴이)을 부여했다고 선언했다.[36] 이 맡겨진 권력은 1971년 오키나와에 대한 일본의 통치권을 회복하는 오키나와 반환 협정 체결로 일본에 넘어갔다. 그 무렵 베트남전쟁의 수렁에 빠져 있던 미국은 중국과 관계 개선을 모색했고, 비밀리에

추진된 외교적 접촉은 1972년 리처드 닉슨 대통령의 역사적인 베이징 방문으로 그 절정에 도달했다. 닉슨의 중국 방문 소식에 도쿄는 경악했다. 당시 총리 사토 에이사쿠佐藤榮作(1901~1975)는 방문 사실을 공식 발표가 있기 불과 3분 전에야 통보받았다.[37] 1945년 이후 미국으로부터 정보를 받으면서 중국과의 관계 강화를 삼가던 일본은 배신감을 느꼈다.[38] 충격이 가라앉자 일본은 중국과의 관계를 정상화했다. 중국도 일본도 동중국해의 그 섬들이 관계 향상에 방해가 되지 않기를 바랐다. 이와 관련해 덩샤오핑은 이렇게 설명했다.

> 우리 양측은 중국과 일본의 외교 관계를 정상화할 때 이(댜오위다오) 문제를 거론하지 않는다는 데에 동의했다. 이번에 우리가 평화우호조약 협상을 하면서 양측은 그 문제를 거론하지 않는다는 데에 또다시 합의했다… 그 논의를 당분간, 말하자면 10년 뒤까지 보류해도 아무 문제가 없다. 우리 세대는 이 문제에 관해 공통의 언어를 찾아낼 수 있을 정도로 현명하지 못하다. 다음 세대가 분명 더 현명할 것이다. 그들이 모두가 받아들일 수 있는 해결책을 틀림없이 찾아낼 것이다.[39]

화해 분위기 속에서 미국도 그 섬들의 주권에 대해 중립적인 자세를 취했다. 1971년 오키나와 반환 협정에 대해 미국 상원 외교관계위원회는 이렇게 논평했다.

> 중화민국(타이완), 중화인민공화국(중국) 그리고 일본은 이들 섬에 대한 영유권을 주장하고 있다. 미 국무부는 이 문제에 관한 미국 권리의 유

일한 원천은 평화조약인데, 미국은 이 조약에 따라 주권이 아니라 행정권을 이양한다는 입장을 취해왔다. 따라서 (오키나와에 대한) 행정권을 일본에 양도하는 미국의 조치는 기본 주권의 양도가 아니며, 논쟁 당사자들 누구의 기본 주장에도 영향을 끼칠 수 없다. 외교위원회는 협정의 조항들이 센카쿠 또는 댜오위다이釣魚臺에 대한 어느 국가의 영유권 주장에 아무런 영향도 주지 않는다는 점을 재확인한다.[40]

2004년 3월 24일 미 국무부는 "센카쿠(댜오위)섬들의 영구적인 주권 문제에 대해 미국은 (특정)입장을 취하지 않는다. 이는 우리가 오래 견지해온 관점이다"라는 점을 재확인했다.[41] 그럼에도 미국 의회의 미-중 경제 및 안보재검토위원회는 2006년의 연례 보고서에서 중국이 "무력 사용 위협을 가하거나 실제로 무력을 사용해서 영토 주장을 자신들이 원하는 대로 풀어가기 위해 더 공세적인 군사력을 동원"할 수 있다고 경고했다.[42] 중국의 경제력 증대는 워싱턴 일각에 우려를 불러일으켰으며, 2008년 글로벌 금융위기로 미국 경제는 약화한 데 반해 중국의 입지는 강화되어 불안은 더욱 깊어졌다. 2010년에 중국은 세계 2위의 경제 대국이 됐고, 이젠 위협적인 존재로 여겨지고 있다.[43] 미국은 이들 섬의 영토 분쟁에 대해 중립적인 자세를 버리고, 그들 섬을 둘러싼 무력충돌이 일어날 경우 일본을 지원해야 한다고 선언했다.[44]

영토는 어느 나라에나 민감한 사안이다. 중국의 경우 깊은 굴욕의 역사로 인해 감정이 고조됐다. 중국 인민해방군의 리지쥔李际均 장군은 1997년 미국 육군대학원 연설에서 청중을 향해 이렇게 말했다.

1949년 중화인민공화국이 수립되기 이전에 서구 열강들은 대부분 조건이 불평등했던 1천 개가 넘는 조약과 협정을 중국에 강요했다. 중국은 180만 제곱킬로미터나 되는 영토를 빼앗겼다. 그것은 중국인들이 결코 잊을 수 없는 굴욕의 시대였다. 중국 인민이 자신들의 국가 독립, 단결, 영토 통일과 주권에 관한 문제에 이토록 강렬한 감정을 드러내는 것은 바로 그 때문이다. 이는 또한 중국인들이 어떤 환경에서 어떤 비용을 치르더라도 그런 것들을 보호하는 데 그토록 단호한 태도를 보이는 이유이기도 하다.[45]

하지만 그런 강렬한 기억에도 불구하고 중국인들은 기꺼이 타협해왔다. 1949년 이후 중국은 이웃 나라들과 육지와 해상에서 23건의 영토 분쟁에 휘말렸다. 하지만 그 분쟁 중 17건은 타협했고, 늘 문제가 된 영토의 절반 이하를 받았다. 이런 양보를 통해 중국은 19세기 초 전성기 때의 청 왕조 영토 가운데 340만 제곱킬로미터가 넘는 땅에 대한 영유권을 포기했다. 중화인민공화국이 영토 분쟁을 벌이는 땅은 전체적으로 약 23만 8천 제곱킬로미터, 한때 청나라가 소유했던 땅의 고작 7퍼센트 정도다.[46] 정치학자 테일러 프라벨M. Taylor Fravel은 이렇게 봤다.

중국은 영토 분쟁에서 무력을 사용하는 경향이 그리 높지 않았다…
중국은 영토 분쟁에서 타협하기를 더 좋아했으며, 많은 정책 분석가의 주장이나 국제관계 이론들의 예측 또는 중국 학자들의 기대보다도 무력을 사용한 것 같지 않다. 중국은 지난 20여 년간 경제력, 군사력을 축적해오면서 많은 목표를 추구하는데도 더 공격적인 자세를 취하진 않았다. 그 대신 중국은 흔히, 때에 따라서 주로 타협을 했다. 중국은 소수의 분쟁에서 무력을 사용했지만, 그것은 광대한 확장을 위해서가 아니라 1949년 이래로 자국이 견지해온 주장을 방어하기 위해서 그렇게 했다.[47]

미국의 전직 외교관 더글러스 팔Douglas Paal은 섬에 대한 영유권을 둘러싼 긴장은 중국 외부에서 비롯됐지만, 사람들은 일본이나 베트남, 필리핀이 중국의 대응을 촉발하게 만든 애초의 행위를 의식하기보다는 거기에 대한 중국의 강력한 대응을 더 크게 의식한다고 지적한다.[48]

분쟁들을 더 넓은 맥락에서 생각해볼 수도 있다.[49] 1983년에 제정된 '해양법에 관한 유엔 협약UN Convention of the Law of the Sea, UNCLOS'은 각국이 자국 해안에서 200해리 안에 있는 해역을 배타적 경제 수역으로 설정할 수 있게 했다. 중국은 그 협약 서명국이며, 남중국해의 분쟁은 중국이 주장하는 자국 배타적 경제 수역과 그것과 대비되는 경쟁국들의 주장이 부딪치는 배타적 경제 수역 범위에 초점이 맞춰져 있다. 중요한 것은 해양법에 관한 유엔 협약이 섬들에도 육지 영토와 마찬가지로 200해리 규정을 인정한다는 점이다.

제2차 세계대전 뒤 대다수 서구 식민지들이 해체됐지만, 수많은 섬은 여전히 식민지로 남아 있거나 고소득 국가들의 지배를 받고 있다. 미국과 프랑스, 영국의 배타적 경제 수역은 그들 본국 영토보다 훨씬 더 넓다. 이런 많은 영토가 인도양의 영국령들, 프랑스의 케르겔렌제도French Kerguelen Islands, 미국의 북매리애나제도US North Mariana Islands

처럼 작은 섬들의 무리로 이뤄져 있는데, 이 광대한 배타적 경제 수역 내에 있는 자원에 대해 영유권을 지닌 국가에만 접근권을 주고 있다. 미국, 프랑스, 오스트레일리아, 뉴질랜드 그리고 러시아가 가장 넓은 배타적 경제 수역을 갖고 있다. 이들 나라의 총인구는 6억 4백만으로 중국의 13억보다 적지만 배타적 경제 수역은 5,400만 제곱킬로미터에 이르고, 그 4분의 3이 그들 본토에서 떨어져 있다. 중국의 명백한 배타적 경제 수역은 90만 제곱킬로미터로, 미국과 프랑스, 영국의 해외 배타적 경제 수역들 가운데 작은 것 하나 크기에 불과하다. 중국이 설사 분쟁 중인 지역들을 다 차지한다고 하더라도 300만 제곱킬로미터를 넘지 않을 것이다. 남중국해에서의 영토 주장을 빼고 나면 중국은 달리 해외 섬 영토도 없다.

서구와는 달리 중국은 해외 제국을 건설하지 않았으며, 이는 해양 자원에 대한 재산권 배분에 심대한 영향을 끼쳤다. 미국은 지금 1,223만 6천 제곱킬로미터, 전체 해외 영토의 80퍼센트에 이르는 가장 넓은 배타적 경제 수역을 갖고 있다. 본국이든 해외 영토든 그런 영토의 많은 부분이 원주민에 대한 폭력행사를 통해 획득한 것이라는 점을 고려하면 그 부당한 격차는 더욱 극명해진다. 백인 정주민들의 북아메리카 정복은 하나의 예일 뿐이다.[50] 하와이는 1893년 쿠데타로 병합당하기 전에는 주권을 지닌 왕국이었다. 서방 언론매체들이 남중국해에서 중국인들이 화를 내며 영유권 주장을 한다고 비판할 때 중국인들이 거기에서 위선의 낌새를 감지한다 해도 무리가 아니다. 케임브리지대학 학자 피터 놀런Peter Nolan은 이렇게 말했다.

베이징의 남중국해 개입 문제에 대한 서방의 집착은 식민지 정복에서 비롯된 서방의 광대한 배타적 경제 수역에 대해선 완전히 입을 다물고 있는 것과 극명하게 대비된다… 서방 언론매체들은 자국민들 뒤에 엄청나게 힘센 코끼리가 서 있는 것도 알지 못한 채 생쥐 한 마리에 온통 그들 정신을 팔게 만드는 데 성공한 것 같다.[51]

중국과 세계질서

서구 열강의 경제적 수탈과 일본의 침략 등
오욕의 시간을 견디며 앞으로 나아가는 중국.
가파른 성장세의 원동력은 어디에서 나오는가.

수백 년간 중국은 자국을 우두머리에 앉힌 위계 구조인 조공체제를 통해 바깥 세계를 대했다. 조공국들은 중국의 문화적 우월성을 인정하는 대신 외교적 승인과 교역할 기회를 그 대가로 누렸다. 속국들은 중국 조정이 자국 지도자들을 책봉하는 형식을 통해 명망과 정통성을 확보하려 했다. 동시에 중국과의 교역은 이윤이 많이 남는 특혜였다.[1]

중국은 자족적인 국가로, 외국인들과 거리를 두는 쪽을 선호했지만, 16세기 이후 세상은 급속히 변해갔다. 최초의 유럽인 교역자들과 선교사들이 중국에 도착한 지 260년이 지나지 않아 중국은 반半식민지가 됐다.[2] 외부 열강들은 서로 앞다퉈 아프리카를 식민화했듯이, 중국을 조계租界라 불리며 경쟁하는 세력권으로 분할했다. 조계는 약소국이 더 힘센 국가에 양도한 영토인데, 그 집단 거주지에서는 그것을 양도받은 강국의 법이 통용됐다. 주요 도시들 내의 이런 조계들에 중국인들은 출입할 수 없거나 2등 국민 대우를 받았다. 일부 조계들은 항구와 섬들, 그리고 주요 철도의 전 구간이 들어 있는 수백 평방마일에 이르는 넓이이기도 했다. 1924년에 중화민국의 아버지 쑨원은 가련한 나라 상태를 이렇게 요약했다.

세계의 다른 나라 사람들보다 우리는 인구가 가장 많고, 우리 문명의 역사는 4천 년이나 된다. 그러므로 우리는 유럽과 아메리카의 나라들과 더불어 가장 앞서가야 한다… 현실에서 우리는 그저 푸석푸석한 모래더미에 지나지 않는다. 오늘날 우리는 세계에서 가장 가난하고 가장 약한 나라로, 국제적으로 가장 비천한 지위를 차지하고 있다. 다른 사람들이 고기를 저미는 칼이요 요리 접시라면, 우리는 생선이요 고기 신세다. 지금의 우리는 가장 위태로운 처지다.[3]

중국이 근대에 포르투갈과 네덜란드로 시작해 영국, 프랑스, 미국 그리고 일본까지 외세와 맞닥뜨린 이야기는 암울하다. 그 안쓰러운 역사는 약소국에 대한 기회주의적인 무력 사용과 약소국 주권에 대한 무관심과 같은 일련의 공통 주제들을 보여준다. 이 장은 이어지는 각 시기의 세계질서에 대한 중국인들의 생각에 관해 서술한다.

포르투갈인

1511년 포르투갈인들이 중국의 조공국 말라카를 정복한 것은 중국과 포르투갈의 관계를 손상했다. 특히 말라카인들이 포르투갈인들의 이중성(그들이 정복 계획을 어떻게 상업적 제안으로 위장했던가)과 잔혹 행위를 보고했을 때 더욱 그러했다.[4]

동·남중국해, 힘과 힘이 맞서다

2년 뒤 해로로 중국에 온 최초의 유럽인인 포르투갈 탐험가 호르헤 알바레스Jorge Álvares(?~1521)가 남부 항구도시 광둥(광저우) 인근의 섬에 상륙했다. 포르투갈인들은 그 지역에서 교역을 시작하더니 점차 마카오Macau 쪽으로 확장해갔다. 중국인들과의 관계는 1519년 포르투갈 선단이 도착해 중국 법을 무시하고 주강珠江 델타 지역의 타마오섬Tamáo Island에 요새를 지으면서 악화됐다. 포르투갈인들은 곧 선박 거래에서 다른 나라들보다 우선권을 달라고 요구했다.

포르투갈인들이 중국인 아이들을 납치해 밀거래한다는 소문이 퍼지자 중국 당국은 포르투갈 사절 몇 사람을 처형했다.[5] 그럼에도 포르투갈인들은 뇌물을 바쳐 저장성의 항구도시 닝보와 취안저우에 교역소를 세웠다. 1542년에 닝보의 포르투갈인들 공동체가 상당 규모로 성장하자 이웃 항구들을 약탈하고 노예무역을 하려고 지역 주민들을 납치하기 시작했다. 그 지방 관찰사는 1548년에 정착촌을 파괴하도록 명했으나, 포르투갈인들이 일본인 왜구 해적들을 진압하는 데 도움을 주면서 관계가 점차 좋아졌다. 명나라 조정은 1557년에 포르투갈인들에게 마카오를 임차해주었고, 관계 개선을 위해 리스본은 1624년에 중국인들의 노예화와 인신매매를 금지했다.

네덜란드인들

포르투갈에 이어 네덜란드가 1601년에 처음으로 교역을 요청했으나, 이미 중국이 포르투갈에 독점적 교역권을 주었기 때문에 거절당했다. 당시 포르투갈과의 전쟁 때 네덜란드인들은 중국에 푸젠의 항구를 열고 포르투갈인들을 마카오에서 추방할 것을 요구했다. 그들은 자신들의 요구를 관철하기 위해 중국인들의 해상활동을 방해했다.[6] 마카오 공격이 실패로 끝낸 뒤인 1622년 네덜란드인들은 펑후열도(페스카도르)에 기지를 설치하고 지역 주민들을 강제동원해 마궁馬公(펑후현 정부 소재지-옮긴이)에 요새를 건설했다.[7] 약 1,300명의 중국인들이 요새 건설 과정에서 죽었다.[8]

네덜란드인들은 페스카도르에서 교역을 할 수 있게 당국이 허용해주지 않으면 중국인들의 해상활동을 방해하겠다고 협박했다. 네덜란드인들과 안전거리를 확보하기 위해 푸젠성 지사는 그들에게 페스카도르를 떠나는 대신 타이완에서 교역을 하라고 요구했다. 1624년에 지사가 결국 함대를 보내 페스카도르에서 쫓아낼 때까지 네덜란드인들은 푸젠 연안에서 교역을 계속했다. 쫓겨난 네덜란드인들은 타이완으로 가서 또 요새를 만들었다. 네덜란드 동인도회사는 중국, 일본과 교역하기 위해서 그리고 포르투갈인과 스페인인들의 해상활동을 방해하기 위해서 타이완을 식민지(1624~1662)로 만들었다.

네덜란드인들은 타이완에서 미움을 받았다. 그러나 그곳 원주민과 한족 정착민들이 반란을 일으키자 네덜란드 동인도회사의 군대가 신속하게 진압했다. 그들은 타이완 해협의 선박에 세금을 부과하려 했고, 그 때문에 1633년에 전쟁이 벌어졌다. 명나라 충신 정성공鄭成功이 결국 네덜란드인들을 패퇴시키고 1661년에 그들을 타이완에서 몰아냈다.

영국인들

1637년 6월 27일, 런던 상인들의 후원을 받은 중무장한 4척의 배가 영국과 중국 간의 교역로를 트기 위해 마카오에 도착했다. 포르투갈인들은 자신들이 중국과 맺은 독점적 협약을 들먹이면서 영국인들이 마카오에서 사업을 벌이게 해서는 안 된다며 거부했다. 그러나 영국인들은 아랑곳하지 않았다. 영국인들은 요새를 점령하고 몇 주를 머물면서 해안지대에서 밀수하고 소규모 전투를 벌인 뒤 12월 27일에 떠났다.

18세기에 외국인들은 공행公行이라 불린 중국 상인들의 길드guild 조직을 통해 광저우(광둥성)에서 교역할 수 있는 허가를 받았다. 영국 상인들은 중국 물품 대금을 은銀으로 지불했는데 교역이 급속히 증대되면서 물품 대금으로 지불할 은이 빠르게 부족하게 됐다. 영국인들은 다른 영국 제품을 중국에 팔아 무역적자를 줄이려 했다. 그들은 또 다른 항구들의 개항도 바랐기 때문에 청 조정에 그 문제를 직접 호소하기 위해 사절단을 파견해 로비를 벌였다.

1793년, 조지 매카트니 백작Lord Earl George Macartney(1737~1806)이 사절단을 이끌고 청 황제 건륭제乾隆帝를 찾아가 영국 제품들을 보여주고 더 많은 항구에 입항할 수 있게 해달라고 압력을 가했다. 정교한 시계, 지구본과 도자기들을 선물로 가져간 매카트니 백작은 "호화찬란하게 장식된 별관으로 안내되었는데 우리가 가져간 선물은 그에 비하면 초라해서 맥없이 물러날 수밖에 없었다"고 밝혔다.[9] 매카트니의 요청에 건륭제는 이렇게 대답했다.

…우리 제국은 모든 것을 풍족하게 갖고 있어서 제국 안에 부족한 산물이 없다. 따라서 우리 물품을 수출하고 야만인들의 물품을 수입할 필요가 없었다. 하지만 제국이 생산하는 차, 비단, 도자기들은 분명 유럽 나라들이나 당신네에게 필수품일 테니, 우리는 호의의 표시로 광저우에 외국인 교역소를 설치해서 그대들이 필요한 것들을 공급받을 수 있도록 해주겠노라….[10]

무역 수지는 뚜렷하게 중국에 유리한 쪽으로 기울어 영국의 은이 고갈되고 있었다. 그 후 영국은 해결책을 찾아냈다. 1700년대 중반부터 인도에서 재배된 아편을 은으로 거래하기 시작했다. 영국이 중국에 수출한 아편은 1730년대에 15톤에서 1773년엔 75톤으로 급증했다. 1804년, 중국에 대한 영국의 무역 적자는 흑자로 돌아서 700만 은 달러silver dollars가 1806년에서 1809년 사이에 인도로 흘러 들어갔다. 미국도 터키산 아편으로 중국과의 교역에 합류해 1810년까지 광둥 교역액의 10퍼센트를 차지했다.[11]

은의 고갈과 함께 중국인 아편 중독자가 1838년에 400만에서 최대 1,200만 명까지 급증해 엄청난 경제·사회적인 피폐를 초래했다. 그런 흐름을 끊기 위해 도광제道光帝는 사대부 임칙서林則徐(1785~1850, 영국의 아편 무역을 강경하게 단속한 청나라 말기의 흠차대신-옮긴이)를 광저우에 파견했고, 임칙서는 중국인 아편 장사꾼들을 체포하고 외국 기업들에 아편 재고품을 아무런 보상도 없이 그냥 내놓으라고 요구했다. 그들이 거부하자 임칙서는 그들을 창고에 연금해버렸다. 그들에게 아편 재고품 양도를 강제한 임칙서는 2만 궤짝(약 1,400톤)이 넘는 아편

동·남중국해, 힘과 힘이 맞서다

을 23일간에 걸쳐 폐기했다. 분개한 무역업자들은 그들의 본국에 보복 조치를 요구했다. 그러나 임칙서는 빅토리아 여왕에게 보낸 격한 내용의 편지로 끔찍한 아편 무역을 중단해달라고 호소했다. 노골적인 이중 잣대를 지적하면서 임칙서는 이렇게 간청했다.

당신네 나라에서는 아편 흡입을 매우 엄격히 금지하고 있다고 들었다. 그것은 아편으로 인한 폐해를 잘 알고 있기 때문일 것이다. 당신네 나라에 해로운 짓을 허용하지 않는다면, 다른 나라들에는 더더욱 그런 짓을 하게 해서는 안 된다─중국은 말할 것도 없고!

여왕은 답하지 않았다. 대신에 빅토리아 여왕 조정은 자국 식민지 인도에서 원정대를 파병했고, 그들은 일련의 전쟁을 통해 중국 해안 지대를 황폐화했다. 열세에 놓인 중국은 1842년에 화평을 청했고, 영국에 치외법권을 허용한 난징조약을 체결하여 중국은 항구 5곳을 개항하고 홍콩섬을 할양했다. 그리고 아편을 파기한 대가로 600만 달러(오늘날의 1억 7천만 달러 상당)의 보상금을 영국 정부에 지불한 데다, 전쟁 배상금으로 1,200만 달러(오늘날의 3억 4천 만 달러 상당)를 추가로 지불했다.[12] 영국이 중국으로부터의 수입하는 금액은 해마다 급증해 1854년에 중국으로 수출하는 금액의 9배에 달했다. 중국은 영국 제품을 구입할 필요가 거의 없었으므로, 영국은 아편 무역을 통해서만 그 적자를 메워 무역 수지 균형을 이룰 수 있었다.

영국은 곧 새로운 적대 행위의 핑곗거리를 들이대 더 많은 양보를 얻어냈다. 1856년에 중국 당국은 아편을 밀수하고 중국 해적을 숨겨

준 혐의로 애로Arrow호라는 한 척의 배를 나포했다. 체포된 중국인 선원들은 수배 중인 범죄자들이었다. 등록 기간이 만료된 그 배는 영국 국기를 게양할 권리가 없었지만 선장은 영국 당국에 중국 관리들이 국기를 끌어 내렸다고 보고했다. 늘 그랬듯이 영국은 항의했고 이에 중국은 사과하며 배와 선원을 풀어주었으나, 그에 앞서 오래전부터 아편 밀무역을 해온 중국인 선원 3명을 처형했다.

영국은 그런 체포가 되풀이되지 않을 것이라는 보장을 해달라고 요구했다. 그런 요구는 곧 중국 해안에서 암약하는 모든 아편 밀무역자들이 중국 당국에 쫓길 때는 언제든 영국 국기를 게양해서 체포를 면하게 하는 편법을 드러내놓고 쓰게 해달라는 것이었다. 중국이 이를 거부하자 영국 해군이 광저우를 포격하고 해병대가 상륙해 도시를 장악했다.[13] 당시 윌리엄 글래드스턴William Gladstone(1809~1898) 정부 치하의 자유주의자들liberals은 아편 때문에 전쟁을 해서는 안 된다고 반대했지만 총선거에서 파머스턴Henry John Temple, 3rd Viscount Palmerston(1784~1865) 자작이 이끄는 보수당에 패배해 의석을 잃었으며 파머스턴은 그 승리로 전쟁 수행을 위한 지지를 확보했다. 글래드스턴은 그 전쟁을 "출발부터 더 불의한 전쟁, 도중에 이 나라를 영원한 불명예로 뒤덮을 더 계산된 전쟁"으로 보면서 "영국이 중국에 국가적으로 저지른 부당한 짓에 대해 내릴 하느님의 심판에 대한 끝없는 두려움"을 느꼈다.[14]

1858년에 체결된 톈진조약으로 아편 무역이 합법화되자 미국의 의료 사절 J. G. 커John Glasgow Kerr(1824~1901)는 "그 짓을 한 국가뿐만 아니라 모든 기독교도의 수치"라며 혀를 내둘렀다. 그러나 "…하느님

께서 전쟁의 재앙과 거기서 자라나온 온갖 악들이 우리 타락한 인종에게 자비를 베푸시려는 당신의 은혜로운 목적을 달성하기 위해 함께 역사하도록 하실 수 있다"라며 합리화했다.[15]

프랑스인들

중국인들이 프랑스인을 처음으로 접한 것은 17세기에 예수회 선교단을 통해서였다. 처음에는 서로에게 호감을 느꼈다. 중국인들은 예수회의 과학 지식에 경도됐고, 프랑스에서는 중국의 문화나 스타일이 필수 관례가 됐다. 18세기에 예수회 선교사 미셸 베누아Michel Benoist(1715~1774, 중국명 장여우런蔣友仁)가 건륭제의 유럽식 여름 궁전 건축을 도왔으며, 장 조제프 마리 아미오Jean-Joseph-Marie Amiot(1718~1793, 중국명 천더밍錢德明)는 청나라 조정의 공식 서양 언어 통역사가 됐다. 하지만 유럽인들이 식민지 쟁탈을 벌이면서 관계가 나빠졌다.

1844년에 중국과 프랑스는 앞서 영국에 허용했던 교역과 법률상의 특혜를 똑같이 프랑스에도 허용하는 황푸조약黃埔条约을 체결했다. 프랑스는 중국의 프랑스 선교사 처형을 구실로 삼아 제2차 아편전쟁 때 영국과 연합군을 결성했다.[16] 영국-프랑스 연합군은 1857년에 광저우를 점령하고 거의 4년 동안 지배했다. 1858년 4월에 영국 전함을 타고 간 연합군은 톈진으로 가서 협상에 응하도록 중국을 압박했다. 그리하여 체결된 톈진조약은 수도 베이징에 외국인 사절들의 거주를 허용하고, 서양인들에게 교역과 거주를 허용하는 더 많은 항구를 개항하도록 했으며, 외국인들이 중국 내륙지방을 여행하고 기독교 선교사들이 자유롭게 이동할 수 있게 했다. 상하이에서 추가 협상이 이뤄져 아편 수입은 합법화됐으며, 1860년에 군사적 승리를 자축하기 위해 황제의 여름 궁전에 있던 값비싼 물건들-자기, 비단 그리고 고서古書-을 약탈하고 난 뒤 그곳에 불을 질렀는데, 그 불은 사흘 동안이나 타올랐다.[17] 프랑스는 상하이에서 양보한 대신 남부 해안의 광저우만을 조약항(개항장)으로 장악했다. 광저우만은 프랑스에 99년간 '대여'돼 하노이에 있는 프랑스인 총독이 이를 통치했다.

미국인들

미국은 중국과 경제적·전략적으로 큰 이해관계가 없었기 때문에 미국의 정책 입안자들은 중국과의 관계에서 호의적이며 원칙에 따랐다. 미국 내의 사업가, 선교사, 외교관 들로 이뤄진 이해관계자 그룹은 중국을 방어하고 개혁하자는 온정주의적 비전을 설파했다. 중국에 간 미국인들은 하버드대학 교수 존 K. 페어뱅크가 얘기한 "미국의 대륙 횡단적이고 태평양 횡단적인 확장을 알리는 선교사와 카우보이 같은 태도"로 임했다. 처음에 영국인들은 싸웠으나 미국인들은 영국인들이 그렇게 해서 확보해둔 교역과 개종의 기회들을 향유했다. 하지만 미국은 중국과의 관계를 결코 대등하게 여기지는 않았다. 미국인 선교사들은 중국에서 때때로 군중의 폭력으로 피해를 보기는 했지만 아무도 죽지는 않은 반면 미국의 철도 건설에 고용된 중국인 노동자들은 미국인 노동자들로부터 폭행을 당했다.

선교사요 중국 연구자였던 새뮤얼 웰스 윌리엄스는 1868년에 다음과 같은 글을 남겼다. "만일 중국에 있는 미국인들이 1855년 이래 중국인들이 미국에서 견뎌내야 했던 악행의 10분의 1이라도 당했다면, 분명히 그 때문에 전쟁이 일어났을 것이다."[18] 중국-미국 간 조약들은 상호교역과 거주권을 인정했지만, 미국의 노동운동은 중국인 노동자들에게 그런 권리를 허용하는 것을 거부했다.[19]

영국과 일본, 그리고 러시아의 공세에 대처하는 데 미국의 도움을 얻어내려 했던 중국의 정치가들은 늘 좌절당했다. 이홍장李鴻章(1823~1901, 청조 말기에 양무운동 등을 주도하면서 부국강병을 꾀한 거물 정치인-옮긴이)이 미국의 지원을 요청했을 때 미국 해군 장교들과 외교관들은 행동보다 말을 더 앞세웠고, 장지동張之洞(1837~1909, 청조 말기의 정치가로 보수적인 대외 강경론자-옮긴이)이 러시아와 일본의 만주 침략에 대항해 미국의 지원을 호소했으나 소용이 없었다. 한편 미국 출입국 관리들은 미국에 입국하려는 중국인 학생, 학자, 그리고 관리들을 괴롭히고 모욕했다. 당시 미국 인구에서 중국인들이 차지하는 비중이 고작 0.002퍼센트에 지나지 않았음에도 중국인들 때문에 임금이 깎이고 경제적 병폐가 생긴다고 비난했으며, 의회는 1882년에 중국인들의 미국 이민을 금지하는 중국인 배척법Chinese Exclusion Act을 통과시켰다.[20] 그런 인종차별주의는 결국 1905년에 미국 제품에 대한 중국인들의 불매운동을 촉발했다.[21]

선교사들

서구의 중국 침략은 선교사들의 역할을 빼놓고는 제대로 얘기가

안 된다. 지적·사회적 동요의 시기에 기독교 선교사들은 중국에서 교육, 보건의료, 과학 분야에서 중요한 공헌을 했다. 그들은 교회와 학교, 대학, 병원을 지었고 온갖 서비스와 자선사업에 참여했다. 선교사들은 1916년에 베이징대학의 전신인 옌징대학燕京大學을 세웠으며, 초대 총장 존 레이턴 스튜어트John Leighton Stuart(1876~1962)는 중국에서 태어나 장로교 선교사가 됐다.[22] 열한 살 때까지 항저우에서 자란 스튜어트는 자신이 미국인이라기보다는 중국인이라 생각했다. 나중에 중국 주재 미국 대사가 된 그는 장제스와 공산주의 지도자들 사이를 중재했는데, 그들 중 일부는 옌징대학 졸업생들이었다.

옌징대학 최초 중국인 부총장이었던 우레이추안鳴雷川(1870~1944)은 유교의 시험제도(과거) 아래서 획득할 수 있는 가장 권위 있는 지위인 한림원翰林院 멤버가 됐다.[23] 어릴 때부터 그는 유교 고전 교육을 받았으나 1915년에 영국 성공회에서 세례를 받았다. 우레이추안은 기독교 신학과 유교 개념들을 융합하려고, 여분의 시간에 기독교를 베이징의 지식인들에게 전파하는 일에 진력했다.[24] 기독교는 학생과 지식인들 사이에 반향을 일으켰는데, 사람들은 그것을 유교 전통의 미몽에서 깨어나면서 생긴 정신적 공백 상태에 대한 반응으로 봤다.

1921년 중국공산당 창당 멤버였던 천두슈陳獨秀(1879~1942)는 영향력이 컸던 그의 월간지《신청년新青年》독자들에게 기독교를 진지하게 공부하고 "(예수의) 문을 두드려서(노크) 그의 높은 인품과 따뜻한 영혼이 우리와 하나가 되게 하라"고 촉구했다.[25] 1910년대 중반 기독교청년회YMCA는 학생들 사이에 가장 인기 있는 조직 중 하나가 됐다. 1913년에 칭화대학清華大學 학생 300명 가운데 100명이 YMCA 성

경 공부 그룹에 등록했으며, 탕샤오이唐紹儀(1862~1938, 중화민국 초대 국
무총리를 지냈으며, 1938년 9월 30일 국민당 정부군 특공대에 암살당했다-옮긴이),
옌푸嚴復(1853~1921, 국립 베이징대학 초대 교장을 지낸 청조 말기의 사상가-옮긴
이), 량치차오(1873년~1929, 중국 근대의 선각자요 대표적인 계몽주의 사상가-옮긴
이), 그리고 차이위안페이蔡元培(1868~1940, 베이징대학 교장을 역임한 중
국 근대교육의 아버지-옮긴이) 같은 학자들과 개혁가들이 YMCA 이사로
활동했다.[26] 1911년과 1922년 사이에 개신교로 개종한 사람은 10만
명으로 불어났는데, 그 수는 이전 100년간의 개종자 총수와 거의 맞
먹었다. 하지만 당시 중국인들의 기독교 선교에 대한 인식은 어떠했
을까?

1840년대 이후 100년간 서구인들과 중국인들의 대면 접촉은 불
평등 조약체제 아래서 이뤄졌는데, 그 체제에서 서구인들은 '치외
법권' 또는 중국 법으로부터의 면책특권을 누렸다.[27] 선교사들이 일
반 서민들과 가깝게 접촉하면서 중국인들을 위한 고난과 희생, 사랑
의 감동적인 사례들도 생겨났다.[28] 감리교 평신도 설교자의 아들이었
던 허드슨 테일러Hudson Taylor(1832~1905)는 중국 오지 선교를 위한 중
국내륙선교단China Inland Mission을 설립했다. 중국에서 51년간 살면서
테일러는 800명의 선교사를 책임지고 데려왔으며, 그들은 약 1만 8
천 명을 개종시켰다. 16세기의 예수회 선교사 마테오 리치Jesuit Matteo
Ricci(1552~1610)처럼 그는 중국 문화에 민감했다. 요크셔 출신자로 머
리카락을 검게 염색하고 변발로 땋았으며, 중국 표준어(푸통화普通話)
뿐만 아니라 차오저우潮州(중국 동남부 광둥성 동부 도시. 지금의 차오안潮安-
옮긴이)와 우嗚 방언(장쑤성, 푸젠성, 저장성, 상하이에서 쓰는 중국어 방언-옮긴

이)으로도 설교했다. 그가 다음과 같이 선언한 것은 유명하다. "내게 1천 파운드가 있다면, 중국이 그것을 가져야 한다. 내게 1천 개의 목숨이 있다면, 중국이 그것을 가져야 한다."

또 다른 주목할 만한 인물로, 작은 몸집의 런던 노동계급 출신 여성 글래디스 에일워드Gladys Aylward(1902~1970)가 있다. 그녀는 중국어를 전혀 모른 채 중국에 선교사로 갔지만 금세 유창하게 했고 중국 국민으로 귀화했다. 그녀는 절망적인 전쟁 기간에 고아가 된 어린이들을 돌본 일로 존경을 받았다. 1938년에 에일워드는 일본군이 진격해오기 전에 4~8세 어린이 약 100명을 이끌고 100마일(약 160킬로미터)을 걸어 안전하게 대피시켰다.[29]

그러나 일부 선교사들은 중국인들을 가혹한 시선으로 봤다. 조지아 출신의 남부 감리교 신자요 주간《교회신보教會新報》의 편집자 영 J. 앨런Young John Allen(1836~1907)은 중국인들을 "그들의 모호한 개념, 무분별한 미신 그리고 행사와 의식들이 충분히 입증하듯이, 자연철학과 화학, 천문학의 가장 간단한 법칙들에 대해 대단히 무지한 존재"라고 결론을 내렸다.[30]

19세기에 중국에 간 선교사들은 많은 규제에 직면해, 그들 중 다수는 정상적인 외교로는 자유롭게 기독교로 개종 작업을 할 권한을 얻어낼 수 없을 거로 생각했다. 일부는 그런 권한을 얻어내기 위한 협상 때 '영국의 대포 벼락thunder of British batteries' 지원을 받아야 한다는 말에 수긍했다. 제이콥 굴드 셔먼Jacob Gould Schurman(1854~1942) 코넬대학 총장은 윌리엄 매킨리(25대에 이어 1900년 대통령 재선에 성공했으나, 1901년에 무정부주의자 손에 암살당함-옮긴이) 대통령에게 "모든 아시아 민족은 등 뒤에서 떠밀지 않고 단지 말로만 해서는 믿지 않는다"고 조언했다.[31] 미국인 선교사 엘리자 콜먼 브리지먼Elijah Coleman Bridgman(1801~1861)과 새뮤얼 웰스 윌리엄스가 편집한《중국의 보고The Chinese Repository》도 비슷한 조언을 내놓았다. "어리석은" 중국인들은 "저항을 받을 때까지 모욕하겠지만, 힘에 대해 힘으로 대항하면 그들의 용기는 꺾인다." 편집자들은 베이징 공격을 네이피어William John Napier(1786~1834, 영국 해군 장교이자 중국에 파견된 교역 사절. 1834년 중국 내륙에 대한 영국의 교역을 확대 꾀했으나 외교력과 상업적 경험 부족으로 실패하고 마카오로 철수한 뒤 열병으로 사망 – 옮긴이)의 굴욕에 대한 유일하게 명예로운 대응이라고 생각했다.[32] 중국인들에게 "더 큰 관대함과 관용"을 보여주면 "그들은 더 오만해지고 거만해진다"고도 보고서 편집자들은 경고했다. 오직 힘만이 "그들의 정신을 무너뜨려서 중국을 그 본연의 권리와 의무에 더 부합하는 길로 강제하여 오만한 고립"을 포기하게 만들 수 있는데, 이는 "네 이웃을 너 자신처럼 사랑하라는 율법을 공공연하게 위반하는 것"이었다.[33] "영국 국기가 모욕당하고 영국인들이 피를 흘렸다. 이런 적대적 행위에 대해 불평해야 하며, 배상금을 요구하고 받아내야 할 것이다"라고 말하며 그들은 분명한 어조로 다음과 같이 촉구했다.

영국 정부만이 필요하다면 중국인들을 강제할 수 있고 마음에 드는 어떤 조건도 이행하게 할 수 있다. 그리고 해군력을 행사해서 정부가 제거해야 할 모든 고충을 제거할 수 있다. 우리는 이 힘이 신속하게 동원돼 효과를 발휘하기를 희망한다. 최근의 부상자들이 이를 요구한다. 인류가 그것을 요구한다. 그리고 정의가 거기에 찬성할 것이다.[34]

아메리카개혁협회American Reformed Mission의 선교사 데이비드 아빌 David Abeel(1804~1846)에게는 무력침공과 같은 것이야말로 복음에 대한 증오의 장벽들을 일소해줄 방법이었다.[35] 전쟁 발발이 지연되자 선교 교사 새뮤얼 브라운Samuel Robbins Brown(1810~1880)은 이렇게 요구했다. "영국은 언제까지 계속 사자의 머리를 걸치고 토끼 역할을 할 것인가?" 영국의 대포 소리가 울려 퍼지기 시작했을 때 미국의 선교사 헨리에타 셕Henrietta Hall Shuck(1817~1844, 홍콩에 살았던 최초의 서양 여성—옮긴이)은 이렇게 고백했다. "이러한 어려움이 내 마음을 얼마나 기쁘게 하는가? 왜냐하면 영국 정부가 격분할 것이고, 권능의 하나님이 그리스도의 복음이 중국에 전파되는 것을 가로막고 있는 장벽들을 깨뜨리리라 생각하기 때문이다."[36] 협상이 결렬되자 맥브라이드T. L. McBryde가 본국 장로교 신도들에게 설명했듯이, 영국은 중국에 선전 포고할 모든 도덕적 권리를 갖게 되었다.

소용없는 협상 시도로 여러 달을 보낸 뒤, 이 나라와 안전하고 명예로운 방식으로 자유롭고 우호적인 교류의 기초를 마련하기 위해서는 모든 문명국가가 인정하는 바와 같이 통제와 강제를 할 수밖에 없다는 것이 모든 관찰자에게 명백해졌다.[37]

베르사유조약

중국과 국제 통치체제의 조우는 중국인들에게 별다른 신뢰감을 주지 못했다. 중국인들은 국제법의 이론과 실제 사이의 메울 수 없는 틈을 목도했다. 1898년에 독일은 산둥반도의 자오저우만膠州灣 사용 권한과 칭다오青島에 해군기지를 건설할 권리를 얻어냈다. 1915년에는 일본의 최후통첩에 떠밀린 허약한 중국 정부가 산둥의 철도와 광산 개발권, 만주에서의 특별한 권리와 중국 해안의 항구·만·섬들에 대한 접근권을 포함하는 일본의 21개 조 요구를 받아들였다.

제1차 세계대전 기간에 연합국을 지원했던 중국은 산둥에서 독일이 도로 내어놓은 이권들을 반환받기를 기대했다. 1919년 베르사유 평화(강화)회의에서 독일이 산둥에서 갖고 있던 이권들을 일본에 넘길 것인가 하는 문제가 거론됐다. 연합국들과의 밀실 거래에서 일본은 세계의 다른 지역에서 독일이 소유하던 것들에 대한 영국과 프랑스의 요구를 지지하는 대신 산둥 문제에 대한 자국의 요구를 두 나라가 지지해주기로 하는 안에 동의했다.

회의 전에 미국 대통령 우드로 윌슨Woodrow Wilson(1856~1924)은 자결권과 세계의 민주주의를 옹호하는 대담한 성명을 발표했는데, 이는 정의로운 평화에 대한 기대를 불러일으켰다. 연합국이 산둥반도를 일본에 넘겼을 때 중국 전역에서 대규모 항의시위가 벌어졌다. 그것은 유럽과 일본에 조약을 법적 보호 수단으로 삼아 중국의 광대한 영토를 분할하게 한 수십 년간의 '문호개방' 정책 뒤에 나온 최후의 일격이었다.[38] 중국은 그 조약에 대한 서명을 거부했다. 1922년에 워싱턴에서 열린 또 다른 회의에서 일본에 철도 이권을 넘겨 사실상 산둥 지역 경제를 지배하게 함으로써 중국에는 그 지역에 대한 가짜 주권을 돌려주는 데만 성공했다.

중국 문제는 결코 끝나지 않았다. 서구와 공모하여 더욱 대담해진 일본은 계속 밀고 나갔다. 만주에 주둔하던 강력한 일본 관동군関東軍 장교들이 1931년에 일본이 소유한 남만주철도 근처에서 작은 장약裝藥 뭉치를 터뜨렸다. 그것을 중국군의 공격이라 비난하면서 일본군은 만주에 대한 전면적인 침공을 개시했고, 6개월 뒤 만주국이라는 꼭두각시 국가를 세웠다. 그리고 1937년 7월에는 일본군이 중국 본토를 침공함으로써 이후 8년에 걸친 혹독한 전쟁이 시작됐다. 그 전쟁은 1941년에 일본이 하와이 진주만의 미국 태평양함대와 필리핀, 말라야를 공격함으로써 연합국들을 끌어들였다. 장제스는 400만 군을 전장에 내보냈으며, 연합국들 가운데 중국이 가장 많은 사상자를 냈다.[39] 만일 중국군이 항복했다면 태평양에서 미국과 대적한 일본군의 전투력은, 1945년까지도 30개 보병사단으로 구성된 총 70만 병력을 보유했던 관동군의 무력까지 보태져 배가 됐을 것이다. 하지만 전쟁이 끝난 뒤 중국군은 잊혀진 동맹군이 됐다.[40]

고립에서 통합으로

1949년에 중국 공산주의자들은 미국이 지원한 국민당을 물리치고 중화인민공화국을 세웠다. 신생 공화국은 미국과 국교를 맺으려 했으나 퇴짜를 맞았고, 그 때문에 위험에도 불구하고 소련과 동맹을 맺는 것 외에 다른 대안이 없었다. 중국 지도자들은 1946년 소련군이 만주에서 철수할 때 공장들을 약탈하는 모습을 지켜봤다. 한때 5천 개 이상의 공장을 자랑했던 묵덴(지금의 선양瀋陽. 펑톈奉天, 성징盛京으로도 불렸다-옮긴이)은 소련군이 떠난 뒤 마치 죽은 도시처럼 보였다.[41]

중국은 '세계 정복에 혈안이 된 국가의 공격적인 계획'을 좌절시키겠다며 미국이 지시한 무역 금수조치의 희생양이 됐다.[42] 중국은 전후 재건 계획에서 배제당했으며 유엔 가입도 거부당했다. 유엔의 지원을 받은 미국 주도하의 한국전쟁과 반공안보동맹인 동남아조약기구SEATO 결성은 다국적 국제기구들에 대한 중국의 불신을 키웠다.[43] 마오쩌둥은 국제체제international system의 폭력적 전복을 촉구했다.

제국주의 시대의 계급투쟁 경험은 노동계급과 노동대중이 무장한 부르주아지와 지주들을 물리칠 힘이 무력power of the gun에서 나온다는 사실을 우리에게 가르쳐준다. 이런 점에서 우리는 오직 무력으로써만only with guns 세계 전체를 바꿀 수 있다고 할 것이다.[44]

1960년대에 개발도상국들에서의 무장봉기를 중국이 지원한다는 보도가 당 기관지에 정기적으로 실렸다.

경찰 순찰대가 태국 북동부 나콘파놈Nakhon Phanom 지방의 논하이 None Hi 마을로 행진했다. 언제나 그렇듯, 이 도살자들은 농민들을 짓밟고 애국자들을 학살했다. 하지만 그들은 자신들이 원치 않던 결과를 얻었다. 인민 군대people's forces의 기습 공격을 받은 것이다. 경장이 살해당했고, 순찰대를 이끈 대령은 중상을 입었다. 나머지는 살기 위해 도망쳤다. 정부가 사건을 보고받고 수백 명의 경찰을 헬리콥터에 태워 현지에 보냈을 때 인민 군대는 이미 사라지고 없었다. 그 사건은 2년 전의 8월 7일에 일어났다. 그것은 태국 인민 무장투쟁의 총성이 처음으로 울려 퍼진 사건이었다.

그 후 태국공산당이 지도하는 인민 군대는… 미국 제국주의와 그 종들에게 심대한 타격을 가했으며 강해졌다. 그들은 2년간 500회 이상의 전투를 치렀고 1천 명 이상의 적들을 몰아냈다. 그들 가운데 977명은 죽거나 다쳤으며 26명은 포로로 잡혔다.[45]

그리고 1967년에 동남아시아국가연합이 결성되자 중국은 다음과 같이 반응하며 경멸했다.

방콕은 8월 5~8일 동안 인도네시아, 태국, 필리핀, 싱가포르 그리고 말레이시아 등 한 줌의 미 제국주의 주구들인 동남아의 반동 국가들이 만나는 회의 장소였다. 그곳에서 그들은 미국이 조종하는 대로 공모해서 공식적으로 이른바 '동남아시아국가연합'을 뚝딱 만들어냈다. 이 조직은 속속들이 중국과 공산주의 그리고 인민에 반대하기 위해 급조된 반혁명적 동맹이며 미국 제국주의가 아시아에서 신식민지적 목표들을 추구하려고 만든 또 하나의 기구다. 8월 8일 발표된 공동선언에서 이 미국의 꼭두각시 동맹은 동남아에서의 미군기지 배치를 공개적으로 지지하면서, 그것을 위한 변명에 아무런 신경도 쓰지 않았다. 이 모든 것은 '경제 협력'을 내세워 결성한 이 반동적인 기구가 실은 특별히 반중국을 겨냥한 군사동맹임을 분명히 보여준다.[46]

마오쩌둥은 자본주의, 제국주의 그리고 인종차별주의의 상호 연계를 봤고, 인종차별적 불의를 계급투쟁의 관점에서 이해했다.

미국 자본주의와 제국주의는 아프리카계 미국인들에 대한 무자비한 착취 속에서 성장해왔다. 그리고 미국의 인종차별은 언제나 계급억압의 형태를 띠어왔다. 미국 통치자들은 오로지 계급착취와 억압을 강화할 목적으로 인종차별을 가장 악랄한 형태로 밀어붙였다. 이 야만적인 제도는 그들에게 매년 수십억 달러의 엄청난 이익을 안겨주었을 뿐만 아니라 막대한 노동예비군, 그리고 피지배 백인들the oppressed white people이 독점 자본주의의 착취와 예속을 참고 견디게 만들어줄 무기 또한 제공했다. 독점자본주의의 반동적 규범을 유지하기 위해, 미국 통치자들은 인종차별을, 인종적 편견과 증오를 피부색이 다른 노동 인민들 속에 퍼뜨려 분할통치divide and rule, 그리고 미국 노동계급과 다른 노동 인민의 단결과 투쟁을 약화하는 수단으로 이용한다.[47]

소련의 계획도 신뢰를 얻지 못했다. 1968년에 소련 지도자 레오니트 브레즈네프Leonid Brezhnev(1906~1982)는 소련은 세계 공산주의를 강화하기 위해 공산주의 국가들 내정에 개입할 권리가 있다고 공언했다. 소련이 브레즈네프 독트린을 통해 동유럽 국가들에 대한 통제를 강화하자, 중국은 소련이 지원하는 기구들이 서방의 그것들보다 나을 게 없다고 보고 제3세계 국가들에 두 초대국에 대한 투쟁을 위해 단결할 것을 촉구했다.[48] 사태는 미국이 중국과 화해를 모색하면서 바뀌기 시작했다. 1971년 6월, 리처드 닉슨 대통령이 중국에 대한 금수조치를 21년 만에 해제해 중국의 고립을 해소하고 경제개혁으로 가는 길을 열었다. 당시 중국의 수입액은 겨우 20억 달러로, 1971년의 미국 총수출액의 2주일 치에도 못 미쳤다.[49] 10년에 걸친 사회·정치 운동으로 무정부 상태와 테러로 얼룩진 문화혁명을 주도한 마오쩌둥이 1976년에 사망하고 덩샤오핑이 리더십을 장악했다. 1978년 당대회에서 급진적인 노선 수정을 하면서 중국 지도자들은 계급투쟁을 포기하고 경제 발전에 초점을 맞추었다.[50] 덩샤오핑은 중국의 대외 개방을 선언하며 국제질서에의 통합을 지향하는 지속적인 과정에 들어갔다.[51]

고립에서 글로벌 질서에 참여하는 방향으로 가는 중국의 여정은 완전히 성공했다. 이제 중국은 주요 국제기구의 정식 회원국이며 모든 주요 국제조약에도 서명했다. 중국은 국제 무역과 투자체제에 조응하기 위해 광범위한 개혁을 수행해야 했다. 15년에 걸친 관세 인하, 시장 자유화와 산업 정책 축소 이후 중국은 2001년에 세계무역기구WTO 회원국이 됐다. 지령(명령)경제command economy에서 시장경제로 이행하는 것은 위험(러시아의 비극적 구조개혁에서 보듯) 가득한 여정이었다.

러시아인들처럼 중국인들에게도 지침(로드맵)은 없었다. "(강바닥의) 돌을 더듬어 강을 건너라"는 덩샤오핑의 지도뿐이었다.[52] 중국인들은 실험적인 시도를 했고 실천을 통해 배웠다. 새로운 정책과 조치들은 전국적으로 도입되기 전에 경제특구와 도시 또는 지방에서 먼저 시도됐다. 그 과정에서 중국의 정책 입안자들은 서방의 경제전문가들, 비즈니스 리더들, 그리고 세계은행으로부터 은행, 에너지, 전기통신 같은 핵심 분야를 외국 투자자들에게 개방하라는 강력한 압박에 직면했다. 중국인들은 집안의 보석들(카를 마르크스가 얘기한 '전망 좋은 고지the commanding heights')(마르크스-레닌주의에서 '경제의 전망 좋은 고지'라는 개념은 전략적으로 중요한 민간산업 부문을 뜻하는데, 예컨대 공공사업, 자연자원, 국내외 교역 등이 여기에 해당했다—옮긴이)'은 쥐고 있었지만 다른 분야의 변혁은 순조롭게 진행되어 중국은 금세 신발에서 컴퓨터와 태양광 패널에 이르는 광범위한 제품을 저렴한 가격에 생산하는 글로벌 공급망의 핵심 부분을 차지하게 됐다.

세계은행에 따르면, 중국은 1978년 이후 8억 명(일본 인구의 6배에 상당)을 빈곤에서 구해냈는데, 이는 경제개발 역사에서 전례 없는 성취다. 중국은 2015년까지 새천년 발전목표들Millennium Development Goals[53]을 완전히 달성했으며, 2008년 세계 금융위기 이후 세계 경제 성장에 가장 많이 기여해왔다.[54] 하지만 엄청난 정치적·경제적·전략적 변화에 직면한 지금 중국에서는 세계질서의 장래 모습을 놓고 활발한 논의가 벌어지고 있다. 그런 논의들은 대외 정책을 이끌고, 국내 우선순위의 영향을 받는다.[55] 정부는 국내 개혁을 계속하면서 국제체제 속의 국가 지위 상승을 도모하고 있다.[56] 중국은 자국의 이익을 보호하려 하지만 동시에 세상이 돌아가는 방식도 만들고 있다. 덩샤오핑은 1982년 제12차 전국인민대표대회(전인대)에서 다음과 같은 요지의 말을 했다.

> 독립과 자립은 언제나 그랬지만 앞으로도 영원히 기본 자세로 견지될 것이다. 우리 중국 인민은 다른 나라 및 사람들과 우애와 협력을 중시한다. 우리는 애써 쟁취한 우리의 독립과 주권을 더욱 중시한다. 어떤 외국도 중국이 그들의 속국이 되거나 중국이 자국 이익을 해치는 쓴 열매를 먹을 것이라 기대할 수 없을 것이다.[57]

중국의 관점에서 보면, 전 세계적으로 상당한 사회적·경제적·정치적 불만을 불러온 서구 정책을 채택하는 것보다 잘사는 방법과 관련해 더 좋은 방법들이 있다.[58] 중국 시진핑習近平 주석은 덩샤오핑의 '개혁개방' 정책 40주년을 기념하는 2018년 연설에서 시장을 좀 더 자유화하라는 미국의 요구를 거절하면서 당 지도자들에게 이렇게 말했다.

> 5천 년이 넘는 문명의 역사와 13억이 넘는 인구를 지닌 큰 나라인 중국에서 개혁과 발전을 추진하는 데에는 황금률로 여길 만한 교과서가 없으며, 중국 인민들을 지도해줄 수 있는 위대한 스승도 없다… 개혁해야 할 것과 개혁할 수 있는 것은 결연히 개혁할 것이다.… 중국의 발전은 어떤 나라에도 위협이 되지 않을 것이다. 중국이 아무리 발전하더라도 결코 헤게모니를 추구하지 않을 것이다.[59]

미국 외교관 찰스 프리먼 주니어Charles Freeman Jr. 같은 관찰자들은 중국이, 세계는 물론 아시아를 지배하는 데 관심이 없다고 생각한다.[60] 프리먼은 프랑스, 미국, 독일, 일본, 러시아처럼 상대적으로 짧은 역사를 지닌 다른 신흥 강대국들과 비교하는 것은 중국의 발흥이 어떻게 귀결될지를 예측하는 데 전혀 도움이 되지 않는다고 경고한다.[61] 그는 이렇게 지적한다.

> 중국은 수출할 만한 메시아 사상messianic ideology이 없다. 추구해야 할 '명백한 운명manifest destiny(19세기 중반 이후 미국의 제국주의적 팽창, 특히 북아메리카 전체를 미국이 지배하는 건 신의 명령이라는 신념—옮긴이)'도 없고, '사

회 다원주의social darwinism'에 대한 믿음이나 반드시 확장해야 할 영토도, 군사주의를 부추기거나 전쟁을 미화할 '전사 숭배cult of the warrior'도 없으며, 당대의 글로벌 거버넌스에서 극복해야 할 소외도 없고, 지켜야 할 위성국가도 해외 영토도 이념적 속국도 없다.[62]

마거릿 대처Margaret Thatcher와 존 메이어John Major 총리에게 신뢰받았던 대외 정책 조언자 찰스 파월Lord Charles Powell은 이렇게 생각한다.

> 중국이 세계를 지배하려는 의도가 있다고 보는 것은 역사적 실제와는 완전히 배치된다. 중국은 과거에 일반적으로 나머지 세계를 업신여겼다. 중국은 자족감이 있었다. 중국에는 나머지 세계가 필요 없었으며 세계를 이끌겠다는 큰 야망도 전혀 없었다.[63]

중국의 부상은 서방을 위협하지 않겠지만,[64] 중국은 중국일 것이고 서구의 명예회원이 되진 않을 것이다.[65] 중국은 이번 세기 동안 미국과 대등한 관계이기를 바라는데, 그러기 위해 군사력보다는 경제력에 기댈 것이다. 중국은 명망을 누리되 권력을 독점하지 않는 글로벌 거버넌스의 다자체제 선두에서 미국 및 다른 나라들과 나란히 설 것이다. 미국은 앞으로 얼마간 전 지구촌에 영향을 끼칠 수 있는 유일한 군사 강국으로 남을 것이다.

20세기에 중국이 겪은 만큼의 가혹한 역사를 견뎌낸 국가는 없었으며, 지난 두 세대 동안에 중국이 이룩한 만큼의 성취를 이뤄낸 국가도 없었다. 그런 성취는 세계의 존경을 받을 만하다고 중국인들은 생각하며, 교역 파트너들과 평화롭고 풍요로운 세계를 공유하고자 하는 중국의 바람은 이뤄질 것이다.

감사의 말

이 책은 케임브리지대학 개발연구센터Centre of Development Studies에서 2년간 진행한 동중국과 남중국 연구에 대한 결실이다. 피터 놀런과 동중국해 및 남중국해의 해양 분쟁에 관해 이야기하던 중에 주제가 떠올랐다. 처음에는 그 지역의 역사 연구에 필요한 분쟁의 원인을 알아보자는 목표를 세웠다. 대부분 분쟁은 신뢰를 잃으면서 일어난다. 분쟁의 원인을 파고들다 보니 중국과 바다를 사이에 둔 이웃 나라의 관계에 대한 본질이 무엇인지를 탐구하는 기회가 되었다.

이 책은 케임브리지 중국개발신탁Cambridge China Development Trust과 케임브리지 말레이시아 교육개발신탁Cambridge Malaysian Education and Development Trust의 관대한 자금 지원 덕분에 만들어졌다. 피터 놀런과 애닐 실Anil Seal에게 깊이 감사드린다. 또한 세심한 교정과 편집을 해준 크리스 헨슨Chris Henson에게도 빚을 졌다. 책을 쓰는 일에는 개인의 노력이 많이 필요하지만, 그 과정에서 나는 친구와 동료들로부터 용기와 통찰력을 얻었다. 홍 하이Hong Hai, 이언 랜덜Ian Randall, 마이클 퀴크Michael Quicke, 제임스 휴스턴James Houston, 젠스 짐머만Jens Zimmerman,

사이먼 미턴Simon Mitton, 발터 반 허크Walter van Herck, 헬레나 허드Helena Hurd와 패블 수안Pavel Suian에게 진심으로 감사드린다. 마지막으로 이 책을 쓰는 동안 나의 거처가 됐던 세인트 에드먼즈 칼리지St. Edmund's College의 직원과 학생들을 마음속 깊이 기억한다.

옮긴이의 말

중국은 어디로 가고 있나?

최근 미·중 충돌에서 보듯 거대 중국의 재등장은 전 세계의 진로에 중대한 영향을 끼치면서 첨예한 논쟁거리이자 화두가 되고 있다. 중국은 책임 있는 이해 당사자인가? 관대한 거인인가, 아니면 다루기 힘든 트러블 메이커인가?

《동·남중국해, 힘과 힘이 맞서다》는 스스로 던진 이런 질문에 대해 나름의 답을 제시한다. 그 답을 제시하는 주요 논거로 고대부터 지금까지 수천 년에 걸친 역사적 사실들을 소환한다. 이 점이 가장 큰 특징이라고 할 수 있다. 그 역사는 중국사가 아니라 중국과 이웃 나라들과의 관계사이며, 그중에서도 지금 남중국해와 동중국해의 섬들을 둘러싸고 영유권 다툼을 하는 당사국들, 말하자면 바다를 매개로 중국과 해양 영토 분쟁을 벌이는 나라들과 중국의 관계사다.

저자 마이클 타이는 이 복잡하고 미묘한 해양 영토 분쟁을 현실주의 국제관계학이나 자유주의 국제관계론만으로는 제대로 이해할 수 없다고 본다. 좀 더 온전한 이해를 위해서는 그들 간의 오랜 관계사를 살펴야 하며, 그래야 중국 수뇌부의 대외 인식과 정책, 그들의 전략적 사고를 제대로 이해할 수 있다고 주장한다. 저자가 예시하는 그 구체적 내용은 한국의 대다수 일반 독자들에겐 낯설고 놀라운 것으로 다가올지 모른다.

이 책이 다루는 나라·지역들은 일본과 류큐(오키나와), 베트남, 필리핀, 말레이시아다. 한국(한반도)은 빠져 있는데, 지금 중국과 해양 영토 분쟁을 겪고 있는 나라들을 대상으로 삼기 때문으로 보인다. 그렇지만 주로 일본과의 분쟁, 이를테면 '임진왜란'이나 제2차 세계대전(아시아 태평양전쟁)의 전후처리(샌프란시스코 강화조약 등), 한국전쟁 같은 근대 이후 주요 사건들에서 한국(한반도)이 거론된다. 이때 저자는 한국(한반도) 관련 부분을 어떤 관점에서 어떻게 바라볼지 궁금했다. 우리로서는 이 부분이 특히 관심사일 수밖에 없는데, 우리의 상식이나 일반적 관점과는 아주 다를 수도 있지 않을까. 긴 분량은 아니지만, 역자로서는 이 점이 매우 흥미로웠고 얼마쯤은 긴장감마저 안겨주는 '스릴 만점'의 대목이었다. 사람마다 관점이 다르겠지만, 저자의 관점에 많은 부분 공감했다.

저자는 미국 코넬대학과 캐나다 리젠트대학에서 엔지니어링 분야를 공부하고 영국 케임브리지대학에서 경영학 석·박사 학위를 받았다. 케임브리지대학 세인트 에드먼즈 칼리지 개발연구센터 강사 겸 연구원으로 있으면서 중국의 국제관계사를 파고든 것으로 보인다. 말레이시아와 키르기스스탄, 벨로루시 등에서도 강의를 했고 지금은 베이징과학기술대학 주하이 캠퍼스 동아시아학과 교수로 재직 중이다. 이 책보다 앞서 펴낸《21세기 미중관계US-China Relations in the Twenty-First Century》(2015)로 이름을 알렸다. 이 전작에 대한 온라인상의 독자평 중에 별표를 하나만 준 혹평이 있어 살펴보니, 미국을 비판적으로 바라본 것을 도저히 받아들일 수 없다는 투였다. 짐작건대 평자가 미국의 애국주의 소시민이거나, 책이 자유주의 국제관계론을 포착하지 못하거나, 서방의 일반적 시각과는 매우 다른 관점을 제시하기 때문이 아닐까 짐작했다. 그렇다면 오히려 살펴볼 만한 가치가 있는 게 아닐까. 일반적으로, 우리에게 익숙한 관점은 안도감을 주지만 세상을 새롭게 해석하고 더 깊이 이해하는 데는 걸림돌이 되기도 하니까 말이다.

《동·남중국해, 힘과 힘이 맞서다》 역시 그런 점에서 매우 흥미로운 내용이 많다. 먼저 중국과 주변국들의 오랜 관계사를 통해 파라셀(서사제도)이나 스프래틀리(남사제도), 프라타스(동사제도) 등의 섬들을 둘러싸고 벌어지는 지금의 분쟁을 종합적으로 바라본다는 것부터 흔치 않은 시도다. 앞부분에 나오는 일본과의 분쟁은 한국 독자들에겐 어느 정도 익숙할지도 모르겠으나, 이 책을 보면 우리가 중·일 관계사에 대해 실은 아는 게 별로 없거나 잘못 알고 있는 게 많다는 것을 알 수 있다. 고대사도 그렇지만 특히 근대 이후, 일본의 중국 침략 이후 역사에 대해서도 우리는 모르거나 잘못 알고 있는 게 많다. 이는 저자가 아마도 중국계이고(이 책을 보면 알겠지만 필리핀, 말레이시아 등 동남아시아에는 화교들이나 그 후예들이 많다. 필리핀의 경우 전 인구의 4분의 1 정도가 중국인의 피가 많든 적든 섞여 있을 것으로 추정하기도 한다), 현재 중국의 대학에 몸담은 데서도 짐작할 수 있듯이, 중국 친화적(?)인 시각 때문에 더 도드라져 보일 수도 있다.

케임브리지대학에서 학위를 받기까지 역정으로 짐작하건대, 요즘 우려를 낳고 있는 지나친 '중화 애국주의'와는 거리가 멀어 보이지만, 저자가 적어도 중국의 처지를 이해하려는 쪽에 서 있다는 건 부인하기 어렵다. 이는 한계이자 장점이다. 어차피 절대적 중립·객관적 시각이란 것이 존립 불가능한 현실에서(그럼에도 가능한 한 객관적이고자 애쓰면서) 하나의 명확한 관점을 견지하는 것이 거기에 찬성하든 반대하든 이해와 평가에 유리할 수 있기 때문이다.

이 책의 큰 장점 하나는 우리가 잘 모르는 동아시아, 동남아시아의 역사, 특히 화교 이주사와 근대 이후 그들 나라·지역이 오랜 세월 겪어온 외세 침략의 수난사를 알기 쉽도록 요령 있게 잘 요약해준다는 점이다. 그 내용에 대다수 한국인은 깜짝 놀랄지도 모르겠다. 예컨대 류큐 왕국이 일본에 강제 복속되어가는 과정이나 미국의 페리 제독 함대에 유린당하고 제2차 세계대전 이후 미국에 점령당한 뒤 지금에 이르는 과정이 대다수 한국인에겐 생소할 것이다. 그리고 포르투갈과 네덜란드, 스페인, 영국, 프랑스, 미국, 일본에 차례차례 침략당해 복속되고 학살·수탈당하고 제2차 세계대전 뒤에도 다시 그들 제국주의 국가들에 유린당하면서 처참하게 맞서 싸워온 말레이반도와 필리핀의 역사, 그리고 중국인의 이주와 혼혈, 맹방이면서 전쟁까지 벌이게 되는 베트남과 중국의 오랜 관계사와 전후 냉전 시기의 복잡미묘한 국제정치학을 우리는 교과서에서든 드라마나 역사서, 일반 교양서를 통해서든 제대로 접해볼 기회조차 없었다.

마이클 타이가 옛 문헌이나 역사서, 회고록, 정복자들과 그 피해자들의 일기, 국제정치 관련 자료들을 일일이 인용하며 들려주는 놀라운 이야기들은 일반인들에겐 충격적일 수 있다. 필리핀이 자국 내 미군기지를 몰아내고 로드리고 두테르테 대통령이 미국과 중국 사이를 교묘하게 저울질하며 일견 위태로워 보이는 행보를 계속하는 이유도 굴곡진 필리핀과 중국, 필리핀과 미국 관계사를 알고 나면 훨씬 더 깊이 이해할 수 있다. 마하티르 모하맛 말레이시아 총리가 화교들을 차별하면서도 중국보다 서방 국가들을 더 못 미더워하는 이유도 그 역사를 알아야 제대로 보인다. 디엔비엔푸 전투에 이르는 프랑스의 야비한 베트남 침략 역사, 1·2차 아편전쟁으로 대표되는 서구 열강과 일본의 야만적 중국 침탈의 구체적 역사를 모른 채 현실 정치의 역학관계 분석만으로는 국제무대에서 왜 베트남과 중국이 지금 저런 행보를 보이는지 이해하기 어렵다.

저자 마이클 타이는 교과서 등에선 볼 수 없는 그런 이야기들을 구석구석 찾아내 간결하면서도 흥미진진하게 풀어낸다.

한국 독자들로서는 그런 수난사受難史의 관점에서 중국과 한국은 같은 처지라는 점을 이 책을 통해 새롭게 상기할 수도 있지 않을까. 동족과의 분단과 대립이라는 현실이 우리의 눈을 종종 마비시키고 때론 뒤집어 보게 만들지만, 대결적 분단 상황 때문에 당연하게 받아들이는 한·일 또는 한·미·일 공조라는 것이 얼마나 아이러니한가. 한·일 또는 한·미·일 공조가 겨냥하는 북한 그리고 중국이야말로 근대 이후의 참혹했던 민족 수난사라는 관점에서 보면 우리와 같은 처지가 아니었던가. 물론 현실은 그렇게만 볼 수 없도록 다른 쪽으로 배배 꼬여 있지만, 예컨대 일본과 미국이 중국을 바라보는 시선과 우리의 시선은 다를 수밖에 없다. 이 책은 그런 점에서 우리가 그간 익숙하게 바라본 세계를 다르게 볼 수 있는 재료들을 듬뿍 제공한다.

제2차 세계대전 뒤 식민주의가 후퇴하면서 제국주의 열강들이 소유한 식민지들은 대부분 해방됐다. 하지만 해양의 섬들 다수는 예전 몇몇 열강들의 점령과 지배가 이어지고 있다. 우리가 아는 주요 강국들의 상당수는 자국 육지보다 훨씬 더 큰 사실상의 해양 영토를 갖고 있다. 해양 영토에 대한 근거는 웬만한 지도에는 보이지도 않거나 점으로 존재하는 섬들이다. 유엔 해양법은 그런 미미한 섬들을 중심으로 200해리를 그 섬들 주권국의 배타적 경제 수역EEZ으로 인정한다. 몇몇 대국들이 그들 나라 본국에서 멀찍이 떨어져 있는 그 섬들을 여전히 지배하면서 주변의 광대한 수역을 사실상의 영토로 장악하는 것이 지금 지구촌의 현실이다.

그들이 그 섬들에 대한 영유권의 근거로 드는 것은 고작 그들이 가장 먼저 발견했다는 정도다. 일본이 독도를 자국 영토라고 우기는 것도 다를 바 없다. 1905년 시점에 독도는 주인 없는 무인도였고 일본이 먼저 그것을 자국 영토로 인식하고(이런 주장 자체가 거짓이지만) 선포했다는 것이 전부다. 그것이 유엔 해양법 등 국제법과 합치한다는 것이다. 일본의 그런 국제법 논리에 따르면 한국강제병합도 식민지배도 모두 국제법적으로 합법이 된다. 실제로 지금도 그렇게 주장하고 있다. 그렇다면 역사적으로 중국이 가장 먼저 발견하고 지금까지 남아 있는 여러 문헌에도 그렇게 기록돼 있는 서사, 남사, 동사제도의 섬들을 중국이 지배하는 것 또한 국제법적으로 합법이지 않은가.

물론 말이 안 되는 얘기다. 그렇게 따지자면 로마 제국이 지배했던 유럽은 모두 이탈리아 영토가 돼야 하고, 그 이탈리아 지역을 가장 먼저 발견하고 식민지로 만들었던 그리스가 이탈리아에 대한 영유권(주권)을 행사해야 한다. 이게 말이 되는 주장인가. 그럼에도 지금 그런 논리로 자국 육지 면적보다 훨씬 더 광대한 해양 영토를 지배하는 열강들이 중국을 비난하는 건 자가당착이 아닌가. 역사를 살펴본다는 것은 이러한 균형감각을 갖게 한다는 점에서도 꼭 필요한 작업이다.

그런데 그 자가당착적 논리를 중국도 비난하면서 스스로 그 논리로 무장해 필리핀이나 베트남, 말레이시아 바로 앞에 있는 섬들조차 자국 영토라고 우기며 점령한 채 남동 중국해 전체를 자국 영해라고 주장하는 것은 말이 되는가. 중국만 그런 게 아니라 당사국들이 다 그러고 있는 데다 미국 등 역외 대국들도 거기에 끼어들어 편을 가르고 있으니 문제가 더 복잡해지고 더 어려워진다. 문제를 풀려면 유엔 해양법 자체를 다시 손보든지 해서 각국 연근해를 제외한 모든 해양을 강대국 위주의 배타적 주권선으로 구획하지 말고 지구촌 전체가 차별 없이 공유하는 쪽으로 규범을 바꿔야 한다. 문제의 해법 자체를 바꿔야 한다. 그런데 가진 자들이 기득권을 스스로 내려놓고 그렇게 하려할까.

이 책은 글머리에서 인용한 질문들에 대한 명확한 답을 제시하진 않는다. 그보다는 남중국해 분쟁 등과 관련해 중국을 영토에 과도하게 집착하며 커진 힘을 과시하려는 '중화주의 악당' 이미지 쪽으로 몰아가려는 데에 대한 항변이 아닐까 싶다. 이를 위해 제시하는 숱한 역사적 사실들이 타당하고 설득력이 있는지, 그 판단은 독자의 몫이다.

주

서문

1. 존 C.G. 롤,《카이저와 그의 궁정: 빌헬름 2세와 독일 정부》(케임브리지: 케임브리지
    대학 출판부, 1996), 203.
    John C.G. Rohl, *The Kaeser and His Court: WilhelmII and the Government of
    Germany*(Cambridge: Cambridge University Press, 1996) 203.

2. 데이비드 G. 마이어스,《사회심리학》, 11판(뉴욕: 맥그로힐, 2013), 6.
    David G. Myers, *Social Psychology*, 11th ed.(New York: McGraw-Hill, 2013) 6.

3. 레이먼드 스탠리 도슨,《중국의 유산》, 유산 시리즈(옥스퍼드: 클래런던 출판,
    1964), 2. Raymond Stanley Dawson, *The Legacy of China*, The Legacy Series(Oxford:
    Clarendon Press, 1964), 2.

4. 존 K. 페어뱅크,《미국과 중국》(케임브리지, MA: 하버드대 출판부, 1948), 310.
    John K. Fairbank, *The United States and China*(Cambridge, MA: Harvard University
    Press, 1948), 310.

5. 에롤 모리스,《전쟁의 징조(戰雲):로버트 맥나마라의 삶에서 얻은 11개 교훈》
    [DVD][2004], DVD(소니픽처스 홈엔터테인먼트, 2004).
    Errol Morris, *The Fog Of War: Eleven Lessons from the Life of Robert McNamara*[DVD]
    [2004], DVD(Sony Pictures Home Entertainment, 2004).

6. 팀 와이너, '로버트 S. 맥나마라, 허망한 전쟁의 설계자', 93세에 죽다',《뉴욕타임스》
    2009년 7월 7일, sec. US.
    Tim Weiner, 'Rebert S. McNamara, Architect of a Futile War, Dies at 93', *The
    New York Times*, July 7, 2009, sec. US, http://www.nytimes.com/2009/07/07/
    us/07mcnamara.html?pagewanted=6&_r=1&th&emc=th.

7. 주디스 F. 콘버그와 존 R. 파우스트,《세계정치 속의 중국》, 2판. (Boulder, CO:
    Lynne Rienner Publishers, 2005).

Judith F. Kornberg and John R. Faust, *China and World Politics*, 2nd ed. (Boulder, CO: Lynne Rienner Publishers, 2005).

8.   데이비드 샴보, '중국의 아시아 관여: 지역 질서 재편', 《국제 안보》29, no.3(2005년 1월 1일): 64~99.

David Shambaugh 'China Engages Asia: Reshaping the Regional Order', *International Security* 29, no.3(1 January, 2005):64~99, http://www.mitpressjournals.org/doi/abs/10.1162/0162288043467496.

1장_ 중국과 일본

1.   쓰노다 류사쿠, L. 캐링턴 구드리치, 《중국 왕조사 속의 일본: 후한에서 명 왕조까지》, 제 1권 제 2호, 퍼킨스 아시아 논문, (사우스 패사데나[Calif.].P.D. and Ⅰ. 퍼킨스, 1051).

角田柳作 Tsunoda Ryusaku and L. Carrington Goodrich, *Japan in the Chinese Dynastic Histories: Later Han through Ming Dynasties*, Vol. no.2, Perkins Asiatic Monographs, (South Pasadena[Cali.]: P.D. and Ⅰ. Perkins, 1951).

2.   왕전핑, 《불사의 섬에서 온 대사들: 한-당 시대의 중국-일본 관계, 아시아 교류와 비교》(하와이 호놀룰루: 아시아연구협회; 하와이대 출판부, 2005).

王貞平 Wang Zhenping, *Ambassadors from the Islands of Immortals: China-Japan Relations in the Han-Tang Period, Asian Interactions and Comparisons* (Honolulu, HI: Association for Asian Studies; University of Hawaii Press, 2005).

3.   같은 책, 8.

4.   쓰노다와 구드리치, 《중국 왕조사 속의 일본》.

Tsunoda and Goodrich, *Japan in the Chinese Dynastic Histories*.

5.   왕전핑, 《불사의 섬에서 온 대사들》, 216.

Wang Zhenping, *Ambassadors from the Islands of Immortals*, 216.

6.   데이비드 강, 《서방 이전의 동아시아: 교역과 조공의 5세기》(뉴욕: 컬럼비아대학 출판부, 2010), 140.

David Kang, *East Asia before the West: Five Centuries of Trade and Tribute* (New York: Columbia University Press, 2010), 140.

7.   조지 H. 커, 《오키나와: 섬사람의 역사》, 개정판. (버몬트주 러틀랜드; 도쿄: 터틀 출판사, 2000), 67~68.

George H. Kerr, *Okinawa: The History of an Island People*, Rev. (Rutland, Vt; Tokyo:

Tuttle Publishing, 2000), 67~68.

8. 히라노 구니오, '일·조·중 삼국 관계론에 대한 각서', 도쿄여자대학 부속 비교문
   화연구소기요 41(1980): 101~130.
   平野邦雄 Hirano Kunio, '日朝中 三國關係論にいての覺書 Memorandum on
   Theory of Sino-Korean-Japanese Relations', 東京女子大學付屬比較文化研究所紀
   要 41(1980): 101~130.

9. 강, 《서방 이전의 동아시아: 교역과 조공의 5세기》, 145.
   Kang, *East Asia before the West: Five Centuries of Trade and Tribute*, 145.

10. 연의이이제이.
    聯誼以夷制夷 The strategy of allying with one barbarian against another.

11. 왕전핑, 《불사의 섬에서 온 대사들》, 219.
    Wang Zhenping, *Ambassadors from the Island of Immortals*, 219.

12. 기미제(羈縻制)는 《변방전(邊防典)》에 수록돼 있다. 8세기의 백과사전 통전(通典)
    제185권.
    The jimi system is described in *Border Defence*, volume 185 of the 8th century
    encyclopedic *Comprehensive Institutions or Tongdian*.

13. 왕전핑, 《불사의 섬에서 온 대사들》, 225.
    Wang Zhenping, *Ambassadors from the Island of Immortals*, 225.

14. 일본서기 제10권.
    日本書紀 Vol. 10

15. 뷔케 데네케, 와이리 그리고 샤오페이 텐, 《옥스퍼드 중국 고전문학 핸드북》(1000
    BCE-900 CE)(옥스퍼드: 옥스퍼드대학 출판부, 2017), 300.
    Wiebke Denecke, Wai-Yee Li, and Xiaofei Tian, *The Oxford Handbook of Classical
    Chinese Literature* (1000 BCE-900 CE) (Oxford: Oxford University Press, 2017),
    300.

16. 왕전핑, 《불사의 섬에서 온 대사들》, 202.
    Wang Zhenping, *Ambassadors from the Island of Immortals*, 202.

17. 조슈아 A. 포겔, 《중화권의 실체를 밝힌다: 공간과 시간 속의 중일 관계》(하버드대학
    출판부, 2009), 17.
    Joshua Fogel, *Articulating the Sinosphere: Sino-Japanese Relations in Space and Time*
    (Harvard University Press, 2009), 17.

18. 같은 책, 18.

19. 같은 책, 23.

20. 쓰노다와 구드리치, 《중국 왕조사 속의 일본》, 2호, 60~61.

Tsunoda and Goodrich, *Japan in the Chinese Dynastic Histories*, no. 2, 60~61.

21. 포겔,《중화권의 실체를 밝힌다》, 24

Fogel, *Articulating the Sinosphere*, 24.

22. 같은 책, 27.

23. 메리 엘리자베스 베리,《히데요시》(케임브리지, MA: 하버드대학 출판부, 1982), 9.

Mary Elizabeth Berry, *Hideyoshi* (Cambridge, MA: Harvard University Press, 1982), 9.

24. 월터 데닝,《도요토미 히데요시의 일생》, 3판. (J.L. Thompson & Co. Ltd., 1930), 9.

Walter Dening, *The Life of Toyotomi Hideyoshi*, 3rd ed. (J.L. Thompson & Co. Ltd., 1930), 9.

25. 스티븐 R. 턴불,《사무라이 침략: 일본의 조선전쟁》, 1592~1598(런던: 카셀, 2002)

Stephen R. Turnbull, *Samurai Invasion: Japan's Korean War*, 1592~1598 (London: Cassell & Co, 2002).

26. 조슈아 A. 포겔,《처녀 항해: 센자이마루와 근대 중일관계의 창조》(캘리포니아 오클 랜드: 캘리포니아대학 출판부, 2014).

Joshua A. Fogel, Maiden Voyge: The Senzaimaru and the Creation of Modern Sino-Japanese Relations (Oakland, CA: University of California Press, 2014).

27. 아돌푸스 윌리엄 워드 경 외,《케임브리지 근대사》(런던: 맥밀런, 1910), 573.

Sir Adolphus William Ward et al., *The Cambridge Modern History* (London: Macmillan, 1910), 573.

28. 토머스 데이비드 뒤부아, '용감한 새 제국의 법치: 만주국의 법률적 수사와 실제', 《법과 역사 리뷰》 26. 2호(2008): 285~318.

Thomas David Dubois, 'Rule of Law in a Brave New Empire: Legal Rhetoric and Practice in Manchukuo', *Law and History Review* 26, no. 2 (2008): 285~318.

29. 폴 H. 크라토스카,《전쟁 시기 일본제국의 아시아 노동자: 알려지지 않은 역사》(어 빙던: 루트리지, 2014); 지펜주, '태평양전쟁 발발 이후 일본이 북중국 징용자에 대 해 저지른 잔혹한 징집 및 학대 행위',《중일전쟁 합동연구》, 2002.

Paul H. Kratoska, *Asian Labor in the Wartime Japanese Empire: Unknown Histories: Unknown Histories* (Abingdon: Routledge, 2014); Zhifen Ju, 'Japan's Atrocities of Conscripting and Abusing North China Draftees after the Outbreak of the Pacific War', *Joint Study of the Sino-Japanese War*, 2002.

30. 존 K. 페어뱅크, 에드윈 올드파더 라이샤워 그리고 앨버트 모턴 크레이그,《동아시 아: 전통과 전환》, 개정판(매사추세츠 보스턴: 호튼 미플린, 1989), 714.

John K. Fairbank, Edwin Oldfather Reischauer, and Albert Morton Craig, *East Asia:*

Tradition & Transformation, Rev. (Boston, Mass.: Houghton Mifflin, 1989), 714.

31.　아이리스 창, 《난징 강간: 제2차 세계대전의 잊힌 홀로코스트》(런던: 펭귄, 1998).

　　　Iris Chang, *The Rape of Nanking: The Forgotten Holocaust of World War II* (London: Penguin, 1998).

32.　허버트 P. 빅스, 《히로히토와 근대 일본 만들기》, 영구판 초판(뉴욕: 하퍼콜린스, 2001).

　　　Herbert P. Bix, *Hirohito and the Making of Modern Japan*, 1st Perennial Ed. (New York: Penguin, 1998).

33.　같은 책, 326~27.

34.　마이클 야후다, 《냉전 뒤의 중일 관계: 같은 산에 사는 두 마리의 호랑이》(루트리지, 2013), 14.

　　　Michael Yahuda, *Sino-Japanese Relations After the Cold War: Two Tigers Sharing a Mountain* (Routledge, 2013), 14, http://www.routledge.com/books/details/9780415843089/.

35.　'일본인 해외 연구자 수 및 재일 외국 학생에 관한 연례 조사', 《MEXT》, 2015년 2월 27일.

　　　'The Number of Japanese Nationals Studying Overseas and the Annual Survey of International Students in Japan', *MEXT*, February 27, 2015, http://www.mext.go.jp/english/topics/1357495.htm.

36.　존 W. 다우어, '샌프란시스코 체제: 미국-일본-중국 관계의 과거, 현재, 미래', 《아시아퍼시픽 저널: 재팬 포커스》, 2014년 2월 23일.

　　　John W. Dower, 'The San Francisco System: Past, Present, Future in U.S.-Japan-China Relations', *The Asian-Pacific Journal: Japan Focus*, February 23, 2014, http://apjjf.org/2014/12/8/John-W-Dower/4079/article.html.

37.　'요동하는 과거', 《이코노미스트》 2015년 8월 12일.

　　　'The Unquiet Past', *The Economist*, August 12, 2015, http://www.economist.com/news/essays/en/asia-second-world-war-ghosts.

38.　자오찬성, 《일본의 정책 입안: 정치 이면의 정치: 비공식 메커니즘과 중국 정책 수립》(코네티컷 웨스트포트: 프레이저, 1993), 15.

　　　趙全勝 Zhao Quansheng, *Japanese Policymaking: The Politics behind Politics: Informal Mechanism and the Making of China Policy* (Westport, Conn.: Praeger, 1993), 15.

39.　앨 카멘, '정상회담 리더 중에서 후가 첫 번째', 《워싱턴포스트》, 2010년 4월 14일. sec. 정치.

　　　Al Kamen, 'Among Leaders at Summit, Hu's First', *The Washington Post*, April

14, 2010, sec. Politics, http://www.washingtonpost.com/wp-dyn/content/ article/2010/04/13/AR2010041304461.html.

40. 개번 매코맥, '오바마 대 오키나와', 《뉴레프트 리뷰》 II 64호(2010): 5~26.
   Gavan McCormack, 'Obama vs Okinawa', *New Left Review*, II, no. 64(2010): 5~26.

41. 어스 마티아스 자크만, 《메이지 말기의 중국과 일본: 국가 정체성에 관한 중국의 정 책과 일본의 담론》, 1895~1904(런던; 뉴욕: 루트리지, 2009).
   Urs Matthias Zachmann, *China and Japan in the Late Meiji Period: China Policy and the japanese Discourse on National Identity*, 1895~1904(London; New York: Routledge, 2009).

42. 스즈키 쇼고, 《문명과 제국: 중국 및 일본의 유럽 국제 사회와의 조우, 새로운 국제관 계》(런던: 루트리지, 2009), 114~39.
   Suzuki Shogo, *Civilization and Empire: China and Japan's Encounter with European International Society, The New International Relations* (London: Routledge, 2009), 114-39.

43. 가와시마 신, '역사 대화와 다큐멘터리 리서치', 국경을 넘어 역사 속으로(케임브리 지, MA: 하버드대학 아시아센터, 2012), 413.
   川島真 Kawashima Shin, 'Historical Dialog and Documentary Research', in Toward a History beyond Borders (Cambridge, MA: Harvard University Asia Center, 2012), 413.

44. V자형 기러기 편대 경제개발 모형론을 제시한 사람은 일본 경제학자 아카마쓰 가나 메(赤松要, 1896~1974)였다. 그는 아시아에서 일본이 그 기러기 편대를 이끌고 있 다고 봤다.

45. 2017년, 중국과 미국은 일본의 수출 비중에서 각기 19.0퍼센트, 19.3퍼센트를 차지 했다.

46. 2017년, 중국과 미국 경제는 각각 6.9퍼세트, 2.3퍼센트씩 성장했다.

47. 1991~2017년 사이에 중국의 1인당 GDP는 1,526달러에서 1만 5,308달러로 늘었 고, 미국의 1인당 GDP는 3만 6,543달러에서 5만 4,225달러가 됐다.

2장_ 류큐 왕국

1. 조지 H. 커,《오키나와: 섬사람의 역사》, 개정판.(도쿄: 터틀 출판사, 2000), 22.
    George H. Kerr, *Okinawa: The History of an Island People, Rev.*(Tokyo: Tuttle Publishing, 2000), 22.

2. 사카마키 조, '류큐와 동남아시아',《아시아연구 저널》23, 3호(1964): 383~89.
    Shunzo Sakamaki, 'Ryukyu and Southeast Asia', *The Journal of Asian Studies* 23, no. 3(1964): 383~389.

3. 커,《오키나와》, 65.
    Kerr, *Okinawa*, 65.

4. 그들은 오키나와 수도권 지역인 구메무라(久米村)에 정착했다.

5. 커,《오키나와》, 146.
    Kerr, *Okinawa*, 146.

6. 같은 책, 126.

7. 그레고리 스미츠,《류큐의 비전: 근대 초기 사상과 정치 속의 아이덴티티(정체성)와 이데올로기(이념)》(호놀룰루: 하와이대학 출판부, 1999), 16.
    Gregory Smits, *Visions of Ryukyu: Identity and Ideology in Early-Modern Thought and Politics*(Honolulu: University of Hawaii Press, 1999), 16.

8. 프라센짓 두아라,《국가로부터 역사를 구해내다: 근대 중국의 담론에 대해 묻다》(시카고; 런던: 시카고대학 출판부, 1995).
    Prasenjit Duara, *Rescuing History from the Nation: Questioning Narratives of Modern China* (Chicage; London: University of Chicago Press, 1995).

9. 사쓰마(薩摩)는 기카이시마(喜界島), 아마미오시마(奄美大島), 도쿠노시마(德之島), 오키노에라부시마(沖永良部島), 요론지마(與論島) 등의 섬을 합병했다.

10. 배리 D. 스테벤, '류큐 섬으로의 신유교 전파와 그 지정학적 중요성: 권위의 양극화 속에서 의례와 개명(改名)',《황해(西海)를 건너다》(코네티컷 노워크: 이스트브리지, 2007), 79.
    Barry D. Steben, 'The Transmission of Neo-Confucianism to the Ryukyu Islands and Its Geopolitical Significance: Ritual and Rectification of Names in a Bipolar Authority Field', in *Crossing the Yellow Sea* (Norwalk, CT: EastBridge, 2007), 79.

11. 台湾の生蕃が日本国民に対し妄に害を加えた. '대만의 생번(生蕃)이 일본 국민에게 함부로 해를 끼쳤다'라는 뜻이다('생번'은 청나라가 대만을 통치할 때 거기에 굴복한 원주민을 숙번(熟蕃) 또는 평포번(平埔蕃)이라 한 것과는 달리 반항을 계속한 원주민을 그렇게(생번) 불렀다고 한다-옮긴이).

12.   스테벤, '류큐 섬으로의 신유교의 전파와 그 지정학적 중요성: 권위의 양극화 속에
       서 의례와 개명', 91.
       Steben, 'The Transmission of Neo-Confucianism to the Ryukyu Islands and Its
       Geopolitical Significance: Ritual and Rectification of Names in a Bipolar Authority
       Field', 91.

13.   스티브 랩슨, '오키나와의 기억: 대(大)오사카의 삶과 시간',《불만의 섬》(메릴랜드
       의 랜햄: 로먼 앤 리틀필드 출판사, 2003), 110.
       Steve Rabson, 'Memories of Okinawa: Life and Times in the Greater Osaka
       Diaspora,' in *Islands of Discontent* (Lanham, Md.: Rowman & Littlefield Publishers,
       2003), 110.

14.   같은 책, 113.

15.   같은 책, 114.

16.   스티브 랩슨,《일본의 오키나와 디아스포라: 국가 내의 국경을 넘어서》(하와이: 하
       와이대학 출판부, 2012).
       Steve Rabson, *The Okinawan Diaspora in Japan: Crossing the Borders Within* (Hawaii:
       University of Hawai'i Press, 2012).

17.   커,《오키나와》, 305.
       Kerr, *Okinawa*, 305.

18.   같은 책, 300.

19.   같은 책, 312.

20.   존 W. 다우어,《무자비한 전쟁: 태평양전쟁의 인종과 권력》(런던: 페이버, 1986).
       John W. Dower, *War without Mercy: Race and Power in the Pacific War* (London: Faber,
       1986).

21.   매튜 앨런, '뒷문의 늑대들: 구메지마 학살의 기억',《불만의 섬》(메릴랜드의 랜햄:
       로먼 앤 리틀필드 출판사, 2003), 46~49.
       Matthew Allen, 'Wolves at the Back Door: Remembering the Kumejima Massacres',
       in *Islands of Discontent* (Lanham, Md.: Rowman & Littlefield Publishers, 2003),
       46~49.

22.   개번 매코맥, 노리마쓰 오카 사토코[乘松(岡)聡子],《저항의 섬: 오키나와, 일본과
       미국에 맞서다》(메릴랜드의 랜햄: 로먼 앤 리틀필드 출판사, 2012), 23.
       Gavan McComack and Satoko Oka Norimatsu, *Resistant Islands: Okinawa Confronts
       Japan and the United States*(Lanham, Md.: Rowman & Littlefield Publishers, 2012),
       23.

23.   아사토 에이코, '오키나와의 정체성과 군사화 및 발육 장애에 대한 저항',《불만의

섬》(메릴랜드의 랜햄: 로먼 앤 리틀필드 출판사, 2003), 228.

Asato Eiko, 'Okinawan Identity and Resistance to Militarization and Maldevelopment', in *Islands of Discontent* (Lanham, Md.: Rowman & Littlefield Publishers, 2003), 228.

24.　같은 책, 229.

25.　줄리아 요네타니, '미래 자산, 하지만 무슨 가치가 있나? 오키나와 이니셔티브 논쟁', 《불만의 섬》(메릴랜드의 랜햄: 로먼 앤 리틀필드 출판사, 2003), 244.

Julia Yonetani, 'Future "Assets", but at What Price? The Okinawa Initiative Debate', in *Islands of Discontent* (Lanham, Md.: Rowman & Littlefield Publishers, 2003), 244.

26.　제시 존슨, '일단, 미국은 핵무기가 냉전 시기에 오키나와에 비축돼 있었다는 것을 인정한다', 《재팬타임스 온라인》, 2016년 2월 20일.

Jesse Johnson, 'In First, U.S. Admits Nuclear Weapons Were Stored in Okinawa during Cold War', *The Japan Times Online*, February 20, 2016, http://www.japantimes.co.jp/news/2016/02/20/national/history/first-u-s-admits-nuclear-weapons-stored-okinawa-cold-war/?utm_source=Daily+News+Updates&utm_medium=email&utm_term=0_c5a6080d40-f547f22477-332789745.

27.　린다 이사코 앵스트, '여학생 강간', 《불만의 섬》(메릴랜드의 랜햄: 로먼 앤 리틀필드 출판사, 2003), 141.

Linda Isako Angst, 'The Rape of a Schoolgirl', in *Islands of Discontent* (Lanham, Md.: Rowman & Littlefield Publishers, 2003), 141.

3장_ 베트남

1.　브랜틀리 위맥, 《중국과 베트남: 비대칭의 정치》(케임브리지: 케임브리지대학 출판부, 2006).

Brantly Womack, *China and Vietnam: The Politics of Asymmetry*, Cambridge: Cambridge University Press, 2006.

2.　윌리엄 J. 두이커, 《중국과 베트남: 분쟁의 뿌리》, 인도차이나 리서치 논문 1(버클리: 캘리포니아대 동아시아연구소, 1986), 3.

William J. Duiker, China and Vietnam: The Roots of Conflict, Indochina Research Monograph 1 (Berkeley: Institute of East Asian Studies, University of California, 1986), 3.

3.　물소(water buffalo)는 약 4000년 전부터 중국에서 가축으로 사육됐다.

4. 케이스 웰러 테일러, 《베트남의 탄생》(캘리포니아 오클랜드: 캘리포니아대학 출판부, 1976), 70.

   Keith Weller Taylor, *The Birth of Vietnam* (Oakland, CA: University of California Press, 1976), 70.

5. 제이 테일러, 《중국과 동남아시아: 베이징과 혁명운동의 관계》(뉴욕: 프레이저 출판사, 1976), 48~54.

   Jay Taylor, *China and Southeast Asia: Peking's Relations with Revolutionary Movements* (New York: Praeger Publishers, 1976), 48~54.

6. 혹람찬, '건문제(建文帝), 영락제(永樂帝), 홍희제(洪熙帝), 선덕제(宣德帝) 치세, 1399~1435', 《케임브리지 중국사》. 7권: 명 왕조, 1368~1644, 제1부. 피에르-에티엔느 윌 편(케임브리지: 케임브리지대학 출판부, 1990), 229.

   Hock-Lam Chan, 'The Chien-Wen, Yung-Lo, Hung-Hsi, and Hsuan-Te Reigns, 1399 - 1435', in The Cambridge History of China. Volume 7: The Ming Dynasty, 1368 - 1644, Part I, ed. Pierre-Etienne Will (Cambridge: Cambridge University Press, 1990), 229.

7. 데이비드 조엘 스타인버그 편, 《동남아시아 탐구: 근대사》(호놀룰루: 하와이대 출판부, 1985), 73~74.

   David Joel Steinberg, ed., *In Search of Southeast Asia : A Modern History* (Honolulu: University of Hawaii Press, 1985), 73 - 74.

8. 벤 키어넌, 《피와 땅: 학살과 절멸의 세계사, 스파르타에서 다푸르까지》(코네티컷 뉴헤이븐: 예일대학 출판부, 2007), 110.

   Ben Kiernan, *Blood and Soil: A World History of Genocide and Extermination from Sparta to Dafur* (New Haven, CT: Yale University Press, 2007), 110.

9. 오스카 차부이스, 《베트남 역사: 홍방에서 뜨득까지》(코네티컷 웨스트포트: 그린우드 출판사, 1995), 46.

   Oscar Chapuis, *A History of Vietnam: From Hong Bang to Tu Duc* (Westport, CT: Greenwood Press, 1995), 46.

10. 스타인버그, 《동남아시아 탐구: 근대사》, 74.

    Steinberg, *In Search of Southeast Asia : A Modern History*, 74.

11. 프레더릭 맨티엔느, 《몬시뇨르 피뇨 드 베엔》(파리: Editions Eglises d'Asie, 1999), 78.

    Frederic Mantienne, *Monseigneur Pigneau de Behaine* (Monsignor Pigneau de Behaine) (Paris: Editions Eglises d'Asie, 1999), 78.

12. 마크 W. 맥레오드, 《프랑스의 간섭과 베트남의 대응, 1862~1874》(코네티컷 웨스

트포트: 그린우드 출판그룹, 1991).

Mark W. McLeod, *The Vietnamese Response to French Intervention, 1862–1874* (Westport, CT: Greenwood Publishing Group, 1991).

13. 장-파스칼 바시노, '프랑스 통치하의 베트남 재정, 1895~1954',《계량적 베트남 경제사》1990(1900): 269~92.

Jean-Pascal Bassino, 'Public Finance in Vietnam under French Rule, 1895 – 1954', *Quantitative Economic History of Vietnam* 1990 (1900): 269~92

14. 같은 책.

15. 로리스턴 샤프, '동남아시아 식민체제',《극동 개관》15, 4호(1946): 49~53.

Lauriston Sharp, 'Colonial Regimes in Southeast Asia', Far Eastern Survey 15, no. 4 (1946): 49~53.

16. 킴칸후인,《베트남 공산주의, 1925-1945》(뉴욕 이타카: 코넬대학 출판부, 1986).

Kim Khanh Hu`ynh, Vietnamese Communism, 1925 – 1945 (Ithaca, NY: Cornell University Press, 1986).

17. 윌리엄 J. 두이커,《호찌민: 생애》(파리: 아셰트 북스, 2012).

William J. Duiker, *Ho Chi Minh: A Life* (Paris: Hachette Books, 2012).

18. 쩡쉬에밍은 임신했으나 그녀의 어머니가 호찌민의 생사를 알 수 없다며 낙태를 설득했다.

19. 슈룽싱徐朗星, 장밍카이 그리고 원하싱,《중일 전쟁사》, 제2판(타이베이: 청우출판사, 1972).

Long-Hsuen Hsu, Ming-Kai Chang, and Ha-Hsing Wen, *History of the Sino-Japanese War*, 2nd ed. (Taipei: Chung Wu Publishing Company, 1972).

20. 조지 킬패트릭 탄햄,《공산주의 혁명전쟁: 인도차이나의 베트민》, 96(뉴욕: 프레이저 출판사, 1967).

George Kilpatrick Tanham, *Communist Revolutionary Warfare: The Vietminh in Indochina*, 96 (New York: Praeger Publishers, 1967).

21. 두이커,《호찌민: 생애》.

Duiker, *Ho Chi Minh: A Life*.

22. 마틴 윈드로,《최후의 계곡: 베트남 디엔비엔푸와 프랑스의 패배》(런던: 아셰트 UK, 2011), 412.

Martin Windrow, *The Last Valley: Dien Bien Phu and the French Defeat in Vietnam* (London: Hachette UK, 2011), 412.

23. 존 프라도스,《하늘이 무너질 것이다: 독수리 작전: 미국의 인도차이나 폭격작전》, 1954(뉴욕: 다이얼 출판, 1983).

John Prados, *The Sky Would Fall: Operation Vulture: The US Bombing Mission in Indochina*, 1954 (New York: Dial Press, 1983).

24. 토머스 J. 크리스텐슨, 《모놀리스보다 더 나쁜: 아시아에서의 동맹 정치와 강압 외교 문제》, 프린스턴 국제사와 정치학과(뉴저지 프린스턴: 프린스턴대학 출판부, 2011), 제6장.

Thomas J. Christensen, *Worse than a Monolith: Alliance Politics and Problems of Coercive Diplomacy in Asia*, Princeton Studies in International History and Politics (Princeton, N.J.: Princeton University Press, 2011), Chap. 6.

25. 자이 창, 《중국-베트남 전쟁, 1950-1975》, 신냉전사(채플 힐: 노스캐롤라이나대학 출판부, 2000).

翟强 Zhai Qiang, *China and the Vietnam Wars, 1950–1975*, The New Cold War History (Chapel Hill: University of North Carolina Press, 2000).

26. 천젠, '중국의 베트남 개입, 1964~1969', 《계간 중국》, 142호(1995년 6월): 356~87.

陈兼 Chen Jian, 'China's Involvement in Vietnam, 1964‑969', *China Quarterly*, no. 142 (June 1995): 356~87.

27. 두이커, 《중국과 베트남》, 44.

Duiker, *China and Vietnam*, 44.

28. 같은 책, 50.

29. 루이스 소얼리, 《웨스트모어랜드: 베트남전에서 패배한 장군》(매사추세츠 보스턴: 휴턴 미플린 하코트, 2011).

Lewis Sorley, *Westmoreland: The General Who Lost Vietnam* (Boston, MA: Houghton Mifflin Harcourt, 2011).

30. 카를 버거 외, '동남아시아에서의 미국 공군, 1961-1973'(DTIC 다큐먼트, 1977), 366.

Carl Berger et al., 'The United States Air Force in Southeast Asia, 1961‑1973' (DTIC Document, 1977), 366.

31. 마이클 하이엄, 《우리는 도대체 누구와 싸우고 있는 거야: 샘 애덤스와 베트남 정보전의 역사》(하노버: 스티어포스 출판, 2006).

C. Michael Hiam, *Who the Hell Are We Fighting: The Story of Sam Adams and the Vietnam Intelligence Wars* (Hanover: Steerforth Press, 2006).

32. 존 A. 패럴, '닉슨의 베트남 배신', 《뉴욕타임스》 2016년 12월 31일.

John A. Farrell, 'Nixon's Vietnam Treachery', *The New York Times*, 31 December, 2016, https://www.nytimes.com/2016/12/31/opinion/sunday/nixons-vietnamtreachery.html.

33.   데이비드 모델,《제국을 위한 거짓말: 시침을 떼고 전쟁범죄를 저지르는 법》(메인주
       먼로: 커먼커리지 출판, 2005), 140.
       David Model, *Lying for Empire: How to Commit War Crimes with a straight Face*
       (Monroe, ME: Common Courage Press, 2005), 140.

34.   로버트 맥나마라 국방장관이 존슨 대통령에게 보낸 초안, 1965년 11월 3일.

35.   엘즈버그, 올리버 스톤과 피터 쿠즈닉 인용,《미국의 알려지지 않은 역사》(뉴욕: 사
       이먼 앤 슈스터, 2012), 385.
       Ellesberg, as quoted in Oliver Stone and Peter Kuznick, *The Untold History of the United
       States* (New York: Simon and Schuster, 2012), 385.

36.   윌프레드 G. 버쳇,《중국-캄보디아-베트남 트라이앵글》(파키스탄 라호르: 뱅가드
       북스, 1981).
       Wilfred G. Burchett, *The China-Cambodia-Vietnam Triangle* (Lahore, Pakistan:
       Vanguard books, 1981).

37.   야콥 베르코비치, '초대국과 종속국: 관계와 영향력 패턴 분석',《중동에서의 초대국
       과 종속국: 영향력의 불균형》(뉴욕: 루트리지, 채프먼 앤 홀, 1991), 9~32.
       Jacob Bercovitch, 'Superpowers and Client States: Analysing Relations and Patterns
       of Influence,' in *Superpowers and Client States in the Middle East: The Imbalance of
       Influence* (New York: Routledge, Chapman & Hall, 1991), 9~32.

38.   브루스 그랜트,《보트 피플: 연령 조사》(하몬드스워스: 펭귄 북스, 1979).
       Bruce Grant, *The Boat People: An Age Investigation* (Harmondsworth: Penguin Books,
       1979).

39.   가이 포르, 로렌트 슈왑,《일본-베트남: 영향력하의 관계》(싱가포르: NUS 프레스,
       2008), 56.
       Guy Faure and Laurent Schwab, *Japan-Vietnam: A Relation under Influences* (Singapore:
       NUS Press, 2008), 56.

40.   조지프 Y.S. 청, '21세기 초의 중국-베트남 관계: 경제가 지배한다?',《아시안 서베
       이》51, 제2호(2011년 3월 1일): 379~405.
       Joseph Y.S. Cheng, 'Sino-Vietnamese Relations in the Early Twenty-First Century:
       Economics in Command?', Asian Survey 51, no. 2(1 March, 2011): 379~405,
       https://doi.org/10.1525/AS.2011.51.2.379.

41.   방향을 확실히 잡고, 한 걸음 한 걸음 착실하게 나아가며, 큰 그림을 중시하고, 우호
       적 분위기 속에서 협상하라. 명확방향(明確方向), 축보추진(逐步推進), 대국위중
       (大局为重), 요호협상(要好协商).

42. 1954년에 자와할랄 네루(Jawaharlal Nehru)와 저우언라이(周恩來)가 생각한 5원칙 은 다음과 같다. 영토와 주권 상호 존중, 상호 불가침, 상호 내정 불간섭, 상호 이익을 위한 대등한 협력과 평화 공존.

43. 린밍화(林明華) '중월(중국-베트남)관계 정상화 10주년 회고와 전망' Tenth Anniversary of the Normalization of Sino-Viet Relations: Retrospect and Prospect' 당대 아태(當代亞太) Contemporary Asia-Pacific, no. 12(2001): 49.

4장_ 필리핀

1. 명 왕조에 관한 장시에(張燮)의 12권짜리 저서《동서양고(東西洋考)》(the *Research on Eastern and Western Oceans*, 1617년 발간) 참조.
   See Volumes 5 and 6 of the 12-volume Ming dynasty work by Zhang Xie 張燮 called the Research on Eastern and Western Oceans 東西洋考 published in 1617.

2. 마리아 크리스틴 할릴리,《필리핀 역사》(마닐라: 렉스 북스토어, 2004), 49.
   Maria Christine Halili, *Philippine History* (Manila: Rex Bookstore, Inc., 2004), 49.

3. 시어도어 A. 아곤실로, 오스카 M. 알폰소,《필리핀 민족사》, 개정판(케손 시티, 1971), 58.
   Teodoro A. Agoncillo and Oscar M. Alfonso, *History of the Filipino People*, Revised ed. (Quezon City, 1971), 58.

4. 같은 책, 27~28.

5. 베르톨드 라우퍼, '중국인과 필리핀 섬들 간의 관계',《유럽의 태평양 진출: 스페인 과 아카풀코 그리고 마닐라 갈레온》(어빙던: 루트리지, 2017), 55~92.
   Berthold Laufer, 'The Relations of the Chinese to the Philippine islands', in *European Entry into the Pacific: Spain and the Acapulco and Manila Galleons* (Abingdon: Routledge, 2017), 55~92.

6. 윌리엄 라이틀 셔츠,《마닐라 갈레온》(뉴욕: E. P. 더턴, 1939).
   William Lytle Schurz, The Manila Galleon (New York: E.P. Dutton, 1939).

7. 아곤실로, 알폰소,《필리핀 민족사》, 647.
   Agoncillo and Alfonso, *History of the Filipino People*, 647.

8. 같은 책, 420.

9. 데이비드 P. 배로스,《필리핀 역사》, 개정판(용커즈 온 허드슨, 뉴욕, 시카고: 월드북 컴퍼니, 1924), 154~55.
   David P. Barrows, *History of the Philippines*, Rev. ed. (Yonkers-on-Hudson, N.Y.,

Chicago: World Book Company, 1924), 154~55.

10. 에드거 윅버그,《필리핀의 중국인 삶, 1850~1898》(뉴헤이븐: 예일대학 출판부, 1965), 4~6.

Edgar Wickberg, *Chinese in Philippine Life, 1850–1898* (New Haven: Yale University Press, 1965), 4~6.

11. 생글리(스페인 식민지 시절의 필리핀에서 살았던 순수 중국인 선조들-옮긴이)는 아마도 중국어 샹뤼(商旅 shanglü 또는 상인)에서 온 말일 텐데, 경멸적인 용어로 바뀌었다.

12. 마거릿 와이언트 호슬리,《생글리: 필리핀 내 반중국인 정서의 형성, 편견의 스테레오타입에 관한 문화연구》(뉴욕: 컬럼비아대학 출판부, 1950).

Margaret Wyant Horsley, *Sangley: The Formation of Anti-Chinese Feeling in the Philippines, a Cultural Study of the Stereotypes of Prejudice* (New York: Columbia University Press, 1950).

13. 윅버그,《필리핀의 중국인 삶, 1850-1898》, 10~11.

Wickberg, *Chinese in Philippine Life, 1850–1898*, 10~11.

14. 존 바우링,《필리핀 방문》(마닐라: 필리피니아나 북 길드, 1859), 70.

Sir John Bowring, A Visit to the Philippine Islands (Manila: Filipiniana Book Guild, 1859), 70.

15. 데이비드 조엘 스타인버그 편,《동남아시아 탐구: 근대사》(호놀룰루: 하와이대학 출판부, 1985), 93.

David Joel Steinberg, ed., *In Search of Southeast Asia: A Modern History* (Honolulu: University of Hawaii Press, 1985), 93.

16. 안토니오 S. 탄, '중국인 메스티소와 필리핀 민족의 형성',《아키펠》32 제1호 (1986): 141~62.

Antonio S. Tan, 'The Chinese Mestizos and the Formation of the Filipino Nationality', *Archipel* 32, no. 1 (1986): 141~62.

17. 쿽추 웡,《필리핀 경제 속의 중국인, 1898~1941》(필리핀 마닐라: 아테네오 데 마닐라대학 출판부, 1999), 21.

Kwok-Chu Wong, *The Chinese in the Philippine Economy, 1898–1941* (Manila, Philippines: Ateneo de Manila University Press, 1999), 21.

18. 안토니오 S. 탄, '중국인 메스티소와 필리핀 민족의 형성',《아키펠》32 제1호 (1986): 141~62.

Antonio S. Tan, 'The Chinese Mestizos and the Formation of the Filipino Nationality', Archipel 32, no. 1 (1986): 141~62, https://doi.org/10.3406/

arch.1986.2316.

19.   윅버그,《필리핀의 중국인 삶, 1850~1898》, 144.
      Wickberg, *Chinese in Philippine Life, 1850–1898*, 144.

20.   그리고리오 산시안코,《필리핀의 발전: 경제, 행정 그리고 정치 연구: 경제편》, 엔카네이션 알소나 역(마닐라: 국립역사연구소, 1975).
      Gregorio Sancianco, *The Progress of the Philippines: Economic, Administrative and Political Studies: Economic Part*, trans. Encarnacion Alzona (Manila: National Historical Institute, 1975).

21.   에스테반 데 오캄포, '필리핀에 대한 중국인의 위대한 공헌-호세 리살 박사의 탄생',《중국인의 필리핀 문화 및 경제 참여》(마닐라: 북맨, 1964), 89~95.
      Esteban de Ocampo, 'Chinese Greatest Contribution to the Philippines – The Birth of Dr. Jose Rizal', in *Chinese Participation in Philippine Culture and Economy* (Manila: Bookman, 1964), 89~95.

22.   스타인버그,《동남아시아 탐구: 근대사》, 160.
      Steinberg, *In Search of Southeast Asia: A Modern History*, 160.

23.   레이먼드 넬슨,《필리핀》(런던: 템스 앤 허드슨, 1968), 101.
      Raymond Nelson, *The Philippines* (London: Thames and Hudson, 1968), 101.

24.   레나토 콘스탄티노,《필리핀: 다시 찾은 과거》(미시간 디트로이트: 탈라 출판 서비스, 1975).
      Renato Constantino, *The Philippines: A Past Revisited* (Detroit, MI: Tala Publishing Services, 1975).

25.   아곤실로, 알폰소,《필리핀 민족사》, 136.
      Agoncillo and Alfonso, *History of the Filipino People*, 136.

26.   안토니오 S. 탄,《필리핀의 중국인, 1898~1935: 그들의 민족적 자각에 관한 연구》(마닐라: RP 그라시아 출판, 1972).
      Antonio S. Tan, *The Chinese in the Philippines, 1898–1935: A Study of Their National Awakening* (Manila: RP Garcia Pub. Co., 1972).

27.   카퉁쿨랑 가가윈 앙 므가 Z.Ll.B.. Z.Ll.B는 A.B.N.-아낙 앙 바얀(인민의 아들)의 카티푸난 암호였다.
      Katungkulang Gagawin ng mga Z.Ll.B. where Z.Ll.B was Katipunan code for A.B.N. – anak ng bayan or sons of the people.

28.   아곤실로, 알폰소,《필리핀 민족사》, 193.
      Agoncillo and Alfonso, *History of the Filipino People*, 193.

29.   같은 책, 234.

30. 테오도로 A. 아곤실로,《필리핀 역사 입문》(마닐라: 래디언트 스타 출판, 1974).

Teodoro A. Agoncillo, Introduction to Filipino History (Manila: Radiant Star Pub., 1974).

31. 미국 상원은 그 조약을, 비준 요건인 3분의 2 이상 찬성표보다 1표 더 많은 57 대 27 로 통과시켰다.

32. 바올로 E. 콜레타, '매킨리, 평화협상 그리고 필리핀의 획득',《퍼시픽 히스토리컬 리 뷰》30 제4호(1961): 341~50.

Paolo E. Coletta, 'McKinley, the Peace Negotiations, and the Acquisition of the Philippines', *Pacific Historical Review* 30, no. 4 (1961): 341~50.

33. 레온 울프,《리틀 브라운 형제: 25만 명이 목숨을 바친 미국의 잊힌 제국의 꿈》(뉴욕 화이트 플레인: 크라우스 리프린트, 1970).

Leon Wolff, *Little Brown Brother: America's Forgotten Bid for Empire Which Cost 250,000 Lives* (White Plains, NY: Kraus Reprint Co., 1970).

34. 아곤실로, 알폰소,《필리핀 민족사》, 256~57.

Agoncillo and Alfonso, *History of the Filipino People*, 256~57.

35. 윌리엄 H. 블랜차드,《신식민주의 미국 스타일, 1960~2000》, 372(코네티컷 웨스트 포트: 그린우드 출판그룹, 1996), 130.

William H. Blanchard, *Neocolonialism American Style, 1960–2000*, 372(Westport, CT: Greenwood Publishing Group, 1996), 130.

36. 존 R.M. 테일러,《필리핀의 대미 항쟁: 참고 문헌과 서문 첨부 자료 모음집》, 제2권 (유제니오 로페즈 재단, 1971).

John R.M. Taylor, *The Philippine Insurrection against the United States: A Compilation of Documents with Notes and Introduction*, vol. 2 (Eugenio Lopez Foundation, 1971).

37. 테레시타 앙 시, 본 후앙 고,《필리핀혁명 속의 중국인》(마닐라: 카이사 파라 사 카운 라란, 1996).

Teresita Ang See and Bon Juan Go, *The Ethnic Chinese in the Philippine Revolution* (Manila: Kaisa Para Sa Kaunlaran, 1996).

38. 영국인들은 마닐라와 항구도시 카비테를 20개월간 점령했다. 그 점령은 7년 전쟁을 마무리하는 일환으로 종결됐다.

39. 존 R.M. 테일러,《필리핀의 대미 항쟁: 참고 문헌과 서문 첨부 자료 모음집》, 제2권 (필리핀 파시그 시티: 유제니오 로페즈 재단, 1971).

John R.M. Taylor, *The Philippine Insurrection against the United States: A Compilation of Documents with Notes and Introduction*, vol. 2 (Pasig City, Philippines: Eugenio Lopez Foundation, 1971).

40. 아르날도 두민딘, 《필리핀-미국 전쟁, 1899~1902》, 2009.

Arnaldo Dumindin, *Philippine-American War, 1899–902*, 2009.

41 같은 책.

42. 하워드 진, 《미국 민중사: 1492년에서 지금까지》, 제2판(런던: 롱맨, 1996), 230.

Howard Zinn, *A People's History of the United States: From 1492 to the Present*, 2nd ed. (London: Longman, 1996), 230.

43. 제임스 브래들리, 《제국의 크루즈: 제국과 전쟁의 비사》(런던: 아셰트 UK, 2009).

James Bradley, *The Imperial Cruise: A Secret History of Empire and War* (London: Hachette UK, 2009).

44. 마오쩌둥, '전쟁과 전략 문제(1938년 11월 6일)', 《마오쩌둥 선집》 제2권(베이징: 외국어 출판사, 1961), 225.

Zedong Mao, 'Problems of War and Strategy (6 November 1938)', in *Selected Works of Mao Zedong*, Vol. II (Beijing: Foreign Languages Press, 1961), 225.

45. 마크 트웨인, '어둠 속에 앉아 있는 사람에게', 《북아메리카 리뷰》 172, 제531호 (1901): 161~76.

Mark Twain, 'To the Person Sitting in Darkness', *The North American Review* 172, no. 531 (1901): 161~76.

46. 마이클 H. 헌트, 스티븐 I. 레빈, 《제국의 아크: 미국의 아시아 전쟁, 필리핀에서 베트남까지(노스캐롤이나 채플 힐: 노스캐롤라이나대학 출판부, 2012), 55.

Michael H. Hunt and Steven I. Levine, *Arc of Empire: America's Wars in Asia from the Philippines to Vietnam* (Chapel Hill, NC: University of North Carolina Press, 2012), 55.

47. 웡, 《필리핀 경제 속의 중국인, 1898~1941》, 27.

Wong, *The Chinese in the Philippine Economy, 1898–1941*, 27.

48. 같은 책, 28.

49. 같은 책, 56.

50. 같은 책, 제2장.

51. 같은 책, 74.

52. 국민혁명군 북벌. 이는 1926년 국민당 혁명군이 나라를 통일하기 위해 시작한 군사 운동이었다.

國民革命軍北伐 The Northern Expedition was a military campaign launched by the Kuomintang army in 1926 to reunify the country.

53. 아곤실로, 알폰소, 《필리핀 민족사》, 470~80.

Agoncillo and Alfonso, *History of the Filipino People*, 470–80.

54. 안토니오 S. 탄,《1942~1945년 일본 점령 기간의 필리핀 내 중국인》(필리핀 케손 시티: 필리핀대학 출판부, 1981), 37~39.

Antonio S. Tan, *The Chinese in the Philippines during the Japanese Occupation, 1942–1945* (Quezon City, Philippines: University of the Philippines Press, 1981), 37~39.

55. 테레사 C. 카리노,《중국인의 필리핀 내 대사업: 정치 리더십과 변화》(싱가포르: 타임 아카데믹 출판, 1998), 22.

Theresa C. Carino, *Chinese Big Business in the Philippines: Political Leadership and Change* (Singapore: Time Academic Press, 1998), 22.

56. 캐롤린 S. 하우,《중국인 문제: 필리핀 국내외의 민족, 지역 그리고 국가》(싱가포르: NUS 출판, 2014), 174~75.

Caroline S. Hau, *The Chinese Question: Ethnicity, Region and Nation in and beyond the Philippines* (Singapore: NUS Press, 2014), 174~75.

57. 필리핀의 항일 게릴라부대.

The Philippine Anti-Japanese Guerrilla Force 菲律宾抗日支队 or Huazhi for short.

58. 리 윅 와이(李郁偉),《화교전사(華僑戰士)들: 필리핀의 중국인 저항운동, 1942~1945》(케손 시티: 아테네오 데 마닐라대학 출판부, 1996), 107~8.

Yuk-Wai Li, *The Huaqiao Warriors: Chinese Resistance Movements in the Philippines, 1942–1945* (Quezon City: Ateneo de Manila University Press, 1996), 107~8.

59. 탄,《1942~1945년 일본 점령 기간의 필리핀 내 중국인》, 80.

Tan, *The Chinese in the Philippines during the Japanese Occupation, 1942–1945*, 80.

60. 같은 책, 114.

61. 《데일리 뉴스》, 마닐라, 1945년 9월 25일.

Daily News, Manila, September 25, 1945.

62. 리 윅 와이,《화교전사들: 필리핀의 중국인 저항운동, 1942~1945》, 170.

Quoted in Yuk-Wai, *The Huaqiao Warriors: Chinese Resistance Movements in the Philippines, 1942–1945*, 170.

63. 같은 책, 6.

64. 다 천,《남중국에서 해외로 떠나는 이주 공동체들: 해외 이주와 그것이 생활 수준과 사회적 변화에 끼친 영향에 관한 연구》(뉴욕: 태평양관계연구소 사무국, 1940).

Da Chen, *Emigrant Communities in South China: A Study of Overseas Migration and Its Influence on Standards of Living and Social Change* (New York: Secretariat, Institute of Pacific Relations, 1940).

65. 웡,《필리핀 경제 속의 중국인, 1898~1941》, 79~80.

Wong, *The Chinese in the Philippine Economy, 1898–1941*, 79~80.

66.   카리노,《중국인의 필리핀 내 대사업: 정치 리더십과 변화》, 137.

       Carino, *Chinese Big Business in the Philippines: Political Leadership and Change*, 137.

67.   1951년 4월 17일 필리핀 외교정책에 대해 클라로 M. 렉토(Claro M. Recto) 상원의
       원이 필리핀대학에서 한 연설 내용 발췌.

68.   올리버 홈스, "필리핀은 '미국의 리틀 브라운 형제'일 수 없다고 장관은 말한다",《가
       디언》, 2016년 9월 16일, 월드뉴스면.

       Oliver Holmes, 'Philippines Cannot Be "the Little Brown Brothers of America",
       Says Minister', *The Guardian*, September 16, 2016, sec. World news, https://www.
       theguardian.com/world/2016/sep/16/ philippines-we-cannot-be-the-little-
       brown-brothers-of-america.

5장_ 말레이시아

1.   중국의 신석기시대는 BC 2000년 무렵의 야금술 도입으로 종말을 고했다. 인도의
       힌두 문명은 BC 1000년 무렵에 발흥하기 시작했다.

2.   중국 한 왕조 때의 수많은 흔적이 말라야(말레이반도) 지역에서 발견되고 있다.

3.   제럴드 퍼시 다트포드,《말라야 약사》(쿠알라룸푸르: 말레이시아 롱맨, 1963), 9.

       Gerald Percy Dartford, *A Short History of Malaya* (Kuala Lumpur: Longmans of
       Malaysia, 1963), 9.

4.   파울 미셸 뮤노스,《인도네시아 제도와 말레이반도의 초기 왕국들》, 재판(파리: 에
       디션즈 디디에 밀레, 2016)

       Paul Michel Munoz, *Early Kingdoms of the Indonesian Archipelago and the Malay
       Peninsula*, Reprint edition (Paris: Editions Didier Millet, 2016).

5.   마환(馬歡)의《영애승람(瀛涯勝覽)》, 페이신(費信)의《성차승람(星槎勝覽)》과《명
       사(明史)》.

6.   왕경우(王賡武), '중국과 말라카 관계의 시작, 1403-1405'《정화 제독과 동남
       아시아》(싱가포르: 동남아시아연구소, 2005). Gungwu Wang, 'The Opening of
       Relations between China and Malacca, 1403 - 5', in *Admiral Zheng He and Southeast
       Asia* (Singapore: Institute of Southeast Asian Studies, 2005).

7.   자이날 아비딘 빈 압둘 와히드, '말라카 제국 살짝 보기 - 1',《말레이시아 역사 엿보
       기》(쿠알라룸푸르: 데완 바하사 단 푸스타카, 1980), 19.

       Zainal Abidin bin Abdul Wahid, 'Glimpses of the Malacca Empire - 1', in *Glimpses of
       Malaysian History* (Kuala Lumpur: Dewan Bahasa dan Pustaka, 1980), 19.

8.	다른 많은 전통 도량형처럼, 타엘(tael)도 절대적 기준이 아니며, 중국의 타엘은 37.5g 또는 1.2트로이온스(troy ounces).

9.	빅터 퍼셀,《말라야의 중국인》(싱가포르: 옥스퍼드대학 출판부, 1948), 17.
	Victor Purcell, *The Chinese in Malaya* (Singapore: Oxford University Press, 1948), 17.

10.	제롬 체와 니콜라스 탈링 편,《중국과 동남아시아 사회사 연구: 빅터 퍼셀 메모 속에세이》(케임브리지: 캠브리지대학 출판부, 1970), 397.
	Jerome Ch'ê and Nicholas Tarling, eds., *Studies in the Social History of China and Southeast Asia: Essays in Memory of Victor Purcell* (Cambridge: Cambridge University Press, 1970), 397.

11.	맨슬 롱워스 댐스,《두아르테 바르보사의 서: 인도양 연안 국가들 이야기》, 제2권(어빙던: 루트리지, 2016), 110.
	Mansel Longworth Dames, *The Book of Duarte Barbosa: An Account of the Countries Bordering on the Indian Ocean*, Vol. 2 (Abingdon: Routledge, 2016), sec. 110.

12.	앤서니 레이드,《상업시대의 동남아시아, 1450~1680》(뉴헤이븐; 런던: 예일대학 출판부, 1988), 271.
	Anthony Reid, *Southeast Asia in the Age of Commerce, 1450–1680* (New Haven; London: Yale University Press, 1988), 271.

13.	브라이언 해리슨,《동남아시아: 약사》(뉴욕: 세인트 마틴 출판, 1966).
	Brian Harrison, South-East Asia: A Short History (New York: St. Martin's Press, 1966).

14.	레이드,《상업시대의 동남아시아, 1450~1680》, 208.
	Reid, *Southeast Asia in the Age of Commerce, 1450–1680*, 208.

15.	데이비드 조엘 스타인버그 편,《동남아시아 탐구: 근대사》, 개정판(호놀룰루: 하와이대학 출판부, 1987), 80.
	David Joel Steinberg, ed., *In Search of Southeast Asia: A Modern History*, Rev. ed (Honolulu: University of Hawaii Press, 1987), 80.

16.	퍼셀,《말라야의 중국인》, 28.
	Purcell, *The Chinese in Malaya*, 28.

17.	다트포드,《말라야 약사》, 52.
	Dartford, *A Short History of Malaya*, 52.

18.	퍼셀,《말라야의 중국인》, 36.
	Purcell, *The Chinese in Malaya*, 36.

19.	콘스탄스 매리 턴불,《해협 식민지, 1826~1867: 왕령 식민지에 대한 인도의 통치》(뉴저지 애틀랜틱 하이랜즈: 애슬론 출판, 1972).

Constance Mary Turnbull, *The Straits Settlements, 1826–67: Indian Presidency to Crown Colony* (Atlantic Highlands, NJ: Athlone Press, 1972).

20.   싱가포르는 1965년 8월 9일 연방에서 이탈했다.

21.   옌칭황, '역사적 배경', 《말레이시아의 중국인》(뉴욕: 옥스퍼드대학 출판부, 2000), 2.
       顔清湟 Yen Ching-hwang, 'Historical Background', in *The Chinese in Malaysia* (New York: Oxford University Press, 2000), 2.

22.   퍼셀, 《말라야의 중국인》, 29.
       Purcell, *The Chinese in Malaya*, 29.

23.   같은 책, 34.

24.   토머스 스탬퍼드 래플스, 《자바 역사》, 제2권(J. 머레이, 1830), 224.
T   homas Stamford Raffles, *The History of Java*, Vol. 2 (J. Murray, 1830), 224.

25.   T.M. 워드와 J.P. 그랜트, 《말라카와 프린스오브웨일스섬의 의료통계와 지형학 및 테나세림 연안에 만연한 질병에 관한 공문서》(페낭: 정부 출판, 1830), 2~3.
       T.M. Ward and J.P. Grant, *Official Papers on the Medical Statistics and Topography of Malacca and Prince of Wales Island and on the Prevailing Diseases of the Tenasserim Coast* (Penang: Government Press, 1830), 2 – 3.

26.   퍼셀, 《말라야의 중국인》, 62.
       Purcell, *The Chinese in Malaya*, 62.

27.   존 크로퍼드, 《인도 제도의 역사: 주민들의 관습, 예술, 언어, 종교, 제도 그리고 상업 이야기 수록》(런던: 카스, 1967).
       John Crawfurd, *History of the Indian Archipelago: Containing an Account of the Manners, Arts, Languages, Religions, Institutions, and Commerce of Its Inhabitants* (London: Cass, 1967).

28.   다트포드, 《말라야 약사》, 118.
       Dartford, *A Short History of Malaya*, 118.

29.   같은 책, 88~89.

30.   옌칭황, '역사적 배경', 6~7; 카를 A. 트록키, '싱가포르 의흥공사(義興公司)의 흥망', 《'비밀결사들' 재고(再考)》(뉴욕 아몽크: M.E. 샤프, 1993), 100.
       Yen Ching-huang, 'Historical Background', 6 – 7; Carl A. Trocki, 'The Rise and Fall of the Ngee Heng Kongsi in Singapore', in *'Secret Societies' Reconsidered* (Armonk, N.Y.: M. E. Sharpe, 1993), 100.

31.   퍼셀, 《말라야의 중국인》, 52.
       Purcell, *The Chinese in Malaya*, 52.

32.   크로퍼드, 《인도 제도의 역사: 주민들의 관습, 예술, 언어, 종교, 제도 그리고 상업 이

야기 수록》.

Crawfurd, *History of the Indian Archipelago: Containing an Account of the Manners, Arts, Languages, Religions, Institutions, and Commerce of Its Inhabitants*.

33. 금을 향한 저주받은 기갈(飢渴).

34. 토머스 존 뉴볼드,《말라카 해협 영국인 정착지들에 관한 정치적이고 통계학적인 설명》(2), 제1권(런던: J. 머레이, 1839), 10.

Thomas John Newbold, *Political and Statistical Account of the British Settlements in the Straits of Malacca* (2), Vol. 1 (London: J. Murray, 1839), 10.

35. 옌칭황, '역사적 배경',《'비밀결사들' 재고(再考)》, 28.

Yen Ching-hwang, 'Historical Background', in *'Secret Societies' Reconsidered* 28.

36. 노동자들은 주로 타밀인들(Tamils)이었다.

37. 1895년에 영국인들이 세운 말레이연방(Federated Malay States, FMS)은 세랑고르(Selangor), 페락(Perak), 파항(Pahang), 네그리 셈빌란(Negri Sembilan)으로 구성돼 있었으며, 이들 국가의 통치자들은 정치권력을 영국인들에게 양도했다. 이들은 공동의 제도를 지닌 보호국들이었다. 첫 총독(Resident General)은 프랭크 스웨튼햄(Frank Swettenham).

38. 다트포드,《말라야 약사》, 146~47.

Dartford, *A Short History of Malaya*, 146~47.

39. 데이비드 오운비, '비밀결사들 재고',《'비밀결사들' 재고: 근대 남중국과 동남아시아 사회사 개관》(뉴욕 아몽크: M.E. 샤프, 1993).

David Ownby, 'Secret Societies Reconsidered', in *Secret Societies' Reconsidered: Perspectives on the Social History of Modern South China and Southeast Asia* (Armonk, N.Y.: M. E. Sharpe, 1993).

40. 샤론 A. 카르스텐스, '신화에서 역사까지: 얍 아 로이와 중국인 이주자들의 영웅적 과거',《동남아시아 연구저널》19, 제2호 (1988), 185~208.

Sharon A. Carstens, 'From Myth to History: Yap Ah Loy and the Heroic Past of Chinese Malaysians', Journal of Southeast Asian Studies 19, no. 2 (1988): 185 – 208.

41. 존 마이클 굴릭,《쿠알라룸푸르 이야기, 1857~1939》(쿠알라룸푸르: 이스턴대학 출판부(M), 1983), 제4장.

John Michael Gullick, *The Story of Kuala Lumpur, 1857–1939* (Kuala Lumpur: Eastern Universities Press (M), 1983), chapter 4.

42. 존 마이클 굴릭,《쿠알라룸푸르 초기 이야기》(싱가포르: 도널드 무어, 1956), 제15장.

John Michael Gullick, *The Story of Early Kuala Lumpur* (Singapore: Donald Moore, 1956), chapter 15.

43. 어니스트 추, '프랭크 스웨턴햄과 얍 아 로이: 쿠알라룸푸르에서 증대된 영국의 정치적 "영향력", 1871~1885', 《왕립아시아협회 말레이시아 지부 저널》57, 제1호 (246)(1984): 70~87.

Ernest Chew, 'Frank Swettenham and Yap Ah Loy: The Increase of British Political "influence" in Kuala Lumpur, 1871 – 1885', *Journal of the Malaysian Branch of the Royal Asiatic Society* 57, no. 1 (246) (1984): 70~87.

44. 콜린 발로, 《천연고무 산업. 말레이시아에서의 발전, 기술 그리고 경제》(싱가포르: 옥스퍼드대학 출판부, 1978), 25.

Colin Barlow, *The Natural Rubber Industry. Its Development, Technology, and Economy in Malaysia.* (Singapore: Oxford University Press, 1978), 25.

45. 류성치, '말레이시아반도의 홍콩상하이은행 발전사', 《이스턴 뱅킹》(뉴저지 애틀랜틱 하이츠 출판, 1983), 352.

Liew Seong Chee, 'The History and Development of the Hong Kong and Shanghai Banking Corporation in Peninsula Malaysia', in *Eastern Banking* (Atlantic Heights, NJ: Athlone Press, 1983), 352.

46. 존 G. 부처, 말라야의 영국인, 《1880~1941: 식민지 동남아시아 유럽공동체의 사회사》(싱가포르: 옥스퍼드대학 출판부, 1979), 188.

John G. Butcher, The British in Malaya, *1880–1941: The Social History of a European Community in Colonial South-East Asia* (Singapore: Oxford University Press, 1979), 188.

47. 같은 책, 185~86.

48. 칭팻용, 《탄카키: 해외 중국인 전설의 탄생》(싱가포르: 옥스퍼드대학 출판부, 1987).

Ching Fatt Yong, *Tan Kah-Kee: The Making of an Overseas Chinese Legend* (Singapore: Oxford University Press, 1987).

49. 단카키(陈嘉庚), 남교회억록(南桥回忆录)(싱가포르: 난양[南洋]인쇄사, 1946).

陈嘉庚Kah-kee, 南桥回忆录 *Memoir of a Southeast Asian Chinese*(Singapore: Nanyang Publishing 南洋印刷社, 1946).

50. 중국인민정치협상회의는 중화인민공화국의 정치 자문기구다.

51. 레이먼드 캘러헌, 《최악의 참사: 싱가포르 함락》(델라웨어 뉴어크: 어소시에이티드 대학 출판부, 1977), 196.

Raymond Callahan, *The Worst Disaster: The Fall of Singapore* (Newark, DE: Associated University Press, 1977), 196.

52. 라이오넬 위그모어, 《일본의 공세》, 제4권(캔버라: 오스트레일리아의 전쟁 추모,

1957).

Lionel Wigmore, *The Japanese Thrust*, Vol. 4 (Canberra: Australian War Memorial, 1957).

53.　맨턴의 로드 모란,《처칠: 로드 모란의 일기에서 발췌: 생존 투쟁, 1940~1965》(런던: 노먼 버그, 1976).

Lord Moran of Manton, *Churchill: Taken from the Diaries of Lord Moran: The Struggle for Survival, 1940–1965* (London: Norman Berg, 1976).

54.　케빈 탄,《싱가포르의 마셜: 전기》(싱가포르: 동남아시아연구소, 2008).

Kevin Tan, *Marshall of Singapore: A Biography* (Singapore: Institute of Southeast Asian Studies, 2008).

55.　다트포드,《말라야 약사》, 187.

Dartford, *A Short History of Malaya*, 187.

56.　화룬황,《1900~2000년대에 중국, 홍콩 그리고 대만에서 사라진 소녀와 부인들: 유아 살해, 강요당한 매춘, '유령 신부들', 정치적 감금, 도주와 폐기에 관한 사회학적 고찰》(노스캐롤라이나 제퍼슨: 맥팔런드, 2012), 206.

Hua-Lun Huang, *The Missing Girls and Women of China, Hong Kong and Taiwan: A Sociological Study of Infanticide, Forced Prostitution, Political Imprisonment, 'Ghost Brides', Runaways and Thrownaways, 1900–2000s* (Jefferson, NC: McFarland, 2012), 206.

57.　나카하라 미치코(中原道子), '말레이시아의 위안부',《비판적 아시아연구》 33, 제4호(2001): 581~89.

中原道子 Nakahara Michiko, 'Comfort Women in Malaysia', *Critical Asian Studies* 33, no. 4 (2001): 581~89.

58.　퍼셀,《말라야의 중국인》, 245.

Purcell, *The Chinese in Malaya*, 245.

59.　리처드 스텁스,《게릴라전의 감성과 지성: 말라야 비상사태 1948~1960》(싱가포르: 옥스퍼드대학 출판부, 1989), 42.

Richard Stubbs, *Hearts and Minds in Guerrilla Warfare: The Malayan Emergency 1948–1960* (Singapore: Oxford University Press, 1989), 42.

60.　펑친,《일명 친펑: 나의 사적인 역사》(싱가포르: 미디어 마스터스, 2003), 30.

Peng Chin, *Alias Chin Peng: My Side of History* (Singapore: Media Masters, 2003), 30.

61.　F. 스펜서 채프먼,《정글은 중립이다》(런던: 채토와 윈더스, 1949).

F. Spencer Chapman, *The Jungle Is Neutral* (London: Chatto and Windus, 1949).

62. 니컬러스 J. 화이트, 《포스트 식민지 시대 말레이시아의 영국인 비즈니스, 1957~70: 신식민주의 또는 해방?》(어빙던: 루트리지, 2004), 9.

Nicholas J. White, *British Business in Post-Colonial Malaysia, 1957–70: Neo-Colonialism Or Disengagement?* (Abingdon: Routledge, 2004), 9.

63. 친, 《일명 친펭》, 510.

Chin, *Alias Chin Peng*, 510.

64. 키니TV, '친펭은 귀국 신청을 했다', 2013.

KiniTV, 'Chin Peng Did Apply to Return Home' 亲友力证陈平曾经申请回国, 2013, https://www.youtube.com/watch?v=dQOClJ76stQ.

65. F. 스펜서 채프먼, 《정글은 중립이다》(런던: 채토와 윈더스, 1949), 419.

F. Spencer Chapman, *The Jungle Is Neutral* (London: Chatto and Windus, 1949), 419.

66. 말레이 비연합국가들은 조호르(Johor), 케다(Kedah), 켈란탄(kelantan), 페를리스(Perlis), 트렝가누(Terengganu). 연합말레이국가와는 달리 말레이 비연합국가는 제도를 공유하지 않은 독립적인 영국 보호국으로, 국제법상 단일국가가 아니었다.

67. 앤서니 존 스톡웰, 《1945~1948.8 말레이연합 실험 기간의 영국 정책과 말레이 정치》(쿠알라룸푸르: 아트프린팅 웍스, 1979), 8.

Anthony John Stockwell, *British Policy and Malay Politics during the Malayan Union Experiment, 1945–1948* (Kuala Lumpur: Art Printing Works, 1979), 8.

68. 모하메드 누르딘 소피이, 《말레이연합에서 싱가포르 분리까지: 1945~1965 말레이시아 지역의 정치적 통합》(쿠알라룸푸르: 말라야 페너빗대학, 1974), 제2장.

Mohamed Noordin Sopiee, *From Malayan Union to Singapore Separation: Political Unification in the Malaysia Region 1945–1965* (Kuala Lumpur: Penerbit University Malaya, 1974), chapter 2.

69. 크리스토퍼 베일리와 팀 하퍼, 《잊혀진 전쟁: 영국 아시아제국의 종말》(런던: 펭귄, 2008), 제3장.

Christopher Bayly and Tim Harper, *Forgotten Wars: The End of Britain's Asian Empire* (London: Penguin, 2008), chapter 3.

70. 헌법 제153조가 말레이인들의 특별한 지위를 보호한다.

71. 고든 P. 민스, '발전을 위한 전략으로서 "특별권리": 말레이시아의 경우', 《비교 정치》 5, 제1호(1972년 10월): 29.

Gordon P. Means, '"Special Rights" as a Strategy for Development: The Case of Malaysia', *Comparative Politics* 5, no. 1 (October 1972): 29, https://doi.org/10.2307/421353.

72. 고든 P. 민스, 《말레이시아 정치: 제2세대》(싱가포르: 옥스퍼드대학 출판부, 1991), 7.

Gordon P. Means, Malaysian Politics: The Second Generation (Singapore: Oxford University Press, 1991), 7.

73. 레온 콤버, 《1969년 5월 13일: 말레이시아 역사상 가장 어두웠던 날》(싱가포르: 마셜 캐번디시, 2009), 70.

Leon Comber, 13 May 1969: The Darkest Day in Malaysian History (Singapore: Marshall Cavendish, 2009), 70.

74. 툰쿠 압둘 라흐만, 《5월 13일 전과 후》(쿠알라룸푸르: 우투산 멜라위 출판, 1969), 93~94.

Tunku Abdul Rahman, May 13 Before and After (Kuala Lumpur: Utusan Melayu Press, 1969), 93~94.

75. 존 슬리밍, 《말레이시아: 민주주의의 죽음》(런던: J. 머레이, 1969), 29~48.

John Slimming, Malaysia: Death of a Democracy (London: J. Murray, 1969), 29~48.

76. 말레이시아 정부, 《1970년 긴급명령 제45호》.

Government of Malaysia, Emergency Ordinance No. 45 of 1970.

77. 민스, 《말레이시아 정치: 제2 세대》, 23~27.

Means, Malaysian Politics: The Second Generation, 23~27.

78. 조모 K. 순다람, '동남아시아에서 전개된 중국 자본주의 특유의 어법: 국가의 적개심에 직면한 중국계 말레이시아인의 자본 축적', 《에센셜 아웃사이더스》(워싱턴주 시애틀: 워싱턴대학 출판부, 1997), 238.

Jomo K. Sundaram, 'A Specific Idiom of Chinese Capitalism in Southeast Asia: Sino-Malaysian Capital Accumulation in the Face of State Hostility', in Essential Outsiders (Seattle, WA: University of Washington Press, 1997), 238.

79. 제프 탄, '말레이시아의 지대 추구와 금권정치', 《현대 말레이시아의 루트리지 핸드북》(어빙던: 루트리지, 2015); 사이드 후신 알리, 《말레이인들: 그들의 문제와 미래》(뉴욕: 디아더 출판, 2008), 182.

Jeff Tan, 'Rent-Seeking and Money Politics in Malaysia', in Routledge Handbook of Contemporary Malaysia (Abingdon: Routledge, 2015); Syed Husin Ali, The Malays: Their Problems and Future (New York: The Other Press, 2008), 182.

80. 순다람, '동남아시아에서 전개된 중국 자본주의 특유의 어법: 국가의 적개심에 직면한 중국계 말레이시아인의 자본 축적', 252.

Sundaram, 'A Specific Idiom of Chinese Capitalism in Southeast Asia: Sino-Malaysian Capital Accumulation in the Face of State Hostility', 252.

81. 대니얼 치로트, '충돌하는 아이덴티티', 《에센셜 아웃사이더스》(워싱턴주 시애틀:

동·남중국해, 힘과 힘이 맞서다

워싱턴대학 출판부, 1997), 26.

Daniel Chirot, 'Conflicting Identities', in *Essential Outsiders* (Seattle, WA: University of Washington Press, 1997), 26.

82. 로버트 쿼크, 앤드루 탄저, 《로버트 쿼크: 회고록》(싱가포르: 랜드마크 북스, 2018).
Robert Kuok and Andrew Tanzer, Robert Kuok: A Memoir (Singapore: Landmark Books, 2018).

83. 펙 쿤 헝, 메이 링 시에 리, '말레이시아 반도의 중국인 비즈니스 공동체, 1957~1999', 《말레이시아의 중국인》(싱가포르: 옥스퍼드대학 출판부, 2000), 133~34.
Pek Koon Heng and Mei Ling Sieh Lee, 'The Chinese Business Community in Peninsular Malaysia, 1957 – 1999', in *The Chinese in Malaysia* (Singapore: Oxford University Press, 2000), 133 – 34.

84. 압둘 라자크 바긴다, 《중국-말레이시아 관계와 대외 정책》(어빙던: 루트리지, 2016), 제6장.
Abdul Razak Baginda, *China-Malaysia Relations and Foreign Policy* (Abingdon: Routledge, 2016), chapter 6.

85 같은 책.

86. 모하맛(Mohamad)은 성이 아니라 부계(父系)를 표시한다.

87. 마하티르 모하맛, 《말레이의 딜레마》(싱가포르: 도널드 무어의 아시아 퍼시픽 출판 기고, 1970), 16.
Mahathir Mohamad, *The Malay Dilemma* (Singapore: Donald Moore for Asia Pacific Press, 1970), 16.

88. 같은 책, 24.

89. 같은 책, 35.

90. 같은 책, 76~77.

91. 같은 책, 31.

92. 와와산 2020 또는 비전 2020은 2020년까지 나라를 선진국 대열로 진입시킨다는 목표를 설정했다.

93. 국민전선(Barisan Nasional)은 독립 이후 계속 집권한 연립여당이다.

94. '닥터 M: 나는 말레이시아를 바꾸는 데 실패했다', 엣지 마켓, 2014년 9월 12일, http://www.theedgemarkets.com/article/dr-m-i-failed-changemalays; 마하티르 모하맛, '말레이인들은 게으르고 부정직하다', https://www.youtube.com/watch?v=fSlPGgQAtk8.

95. 마하티르 모하맛, '나는 중국과는 아무 문제도 없지만 미국의 정책은 좋아하지 않는다', 2013년 9월 17일. https://www.youtube.com/watch?v=pCiFhnXsd8; Mahathir

Mohamad, Mahatir on China, 2015년 6월 25일, 2015, http://www.youtube.com/watch?v=LAWmq0JIViA.

6장_ 영토 분쟁

1. 에드워드 H. 셰이퍼, 《사마르칸트의 황금 복숭아: 당 왕조의 외래종 연구》(캘리포니아 오클랜드: 캘리포니아대학 출판부, 1963).

    Edward H. Schafer, *The Golden Peaches of Samarkand: A Study of T'ang Exotics* (Oakland, CA: University of California Press, 1963).

2. 프리드리히 허스, 《중국과 로마제국 동쪽 지역(Roman Orient): 중국의 옛 문헌으로 보는 그 두 지역 간의 고대 및 중세 시기의 관계》; 제프리 프랜시스 허드슨, 《유럽과 중국: 초기 시대부터 1800년까지 그들 두 지역의 관계 개관》(런던: G. 허스, 1931); 황경우, 난하이(南海)《교역: 초기 중국의 남중국해 교역, 민족연구》(싱가포르: 이스턴대학 출판부, 2003).

    Friedrich Hirth, *China and the Roman Orient: Researches into Their Ancient and Mediaeval Relations as Represented in Old Chinese Records* (G. Hirth, 1885); Geoffrey Francis Hudson, @ @*Europe and China: A Survey of Their Relations from the Earliest Times to 1800@ @* (London: G. Hirth, 1931); Gungwu Wang, The Nanhai Trade: *Early Chinese Trade in the South China Sea, Ethnic Studies*(Singapore: Eastern Universities Press, 2003).

3. 마윈 새뮤얼스, 《남중국해 분쟁》(런던: 머슈언, 1982), 22~25.

    Marwyn Samuels, *Contest for the South China Sea* (London: Methuen, 1982), 22~25.

4. 《명사(明史)》.

    History of the Ming Dynasty 明史

5. C.P. 피츠제럴드, 《중국인들의 남방 확산: 남방 육지와 바다》(런던: 베리 앤 젠킨스, 1972), 100~16.

    C.P. Fitzgerald, *The Southern Expansion of the Chinese People: Southern Fields and Southern Ocean* (London: Barrie and Jenkins, 1972), 100~16.

6. M. 테일러 프라벨, 《군건한 국경, 안전한 국가: 중국 영토 분쟁 속의 협력과 분쟁》, 프린스턴 국제역사정치연구소(뉴저지 프린스턴: 프린스턴대학 출판부 2008), 267~99.

    M. Taylor Fravel, *Strong Borders, Secure Nation: Cooperation and Conflict in China's Territorial Disputes*, Princeton Studies in International History and Politics

동·남중국해, 힘과 힘이 맞서다

(Princeton, N.J.: Princeton University Press, 2008), 267~99.

7. 채스 프리먼, '암석을 둘러싼 외교: 남중국해에 대한 권리를 주장하는 중국 및 다른 청구자들', 채스 W. 프리먼 주니어(블로그), 2015년 4월 10일. http://chasfreeman. net/diplomacy-on-the-rocks-china-and-otherclaimants-in-the-south-china-sea/.

8. 마크 랜들러, '원조회담 제의, 분쟁 중인 섬들에 관해 미국이 중국을 도발',《뉴욕타임스》, 2010년 7월 23일. 아시아 퍼시픽.

   Mark Landler, 'Offering to Aid Talks, U.S. Challenges China on Disputed Islands', *The New York Times*, 23 July, 2010, sec. Asia Pacific, https://www.nytimes. com/2010/07/24/world/asia/24diplo.html.

9. 1943년의 카이로 선언(Cairo Declaration)에 의거.

10. 1968년 유엔 아시아경제위원회(ECAFE) 의뢰로 시행된 해안지역 광산자원에 대한 조사는 이 지역에 페르시아만에 버금가는 양의 탄화수소가 매장돼 있을 가능성이 있다는 걸 보여주었다.

11. 1943년 11월 22~26일에 열린 카이로 회담은 제2차 세계대전 때 일본에 맞선 연합군 입장을 대강 정하고, 전쟁 이후 아시아에 대한 방침을 결정했다.

12. 나 왕(The King of Na)의 금인(金印)이 1784년 일본 후쿠오카현의 시카시마(志賀島)에서 발견됐다.

13. 류츄궈(琉球國, 중국어 발음) 또는 류큐노 구니(일본어 발음)는 일본 남부의 섬 규슈에서 남쪽으로 대만까지 뻗어 있는 독립적인 섬나라였으며, 1609년에 일본의 침략을 받았다.

14. 스가누마 운류(菅沼雲龍),《중국-일본 관계 속의 주권과 영토: 실지회복운동과 댜오위/센카쿠 제도》(호놀룰루: 하와이대학 출판부, 2000), 46.

   菅沼雲龍 Suganuma Unryu, *Sovereign Rights and Territorial Space in Sino-Japanese Relations: Irredentism and the Diaoyu/Senkaku Islands* (Honolulu: University of Hawaii Press, 2000), 46.

15. 예전 중국어 문헌들은 종종 섬을 산(山)으로 표기했다.

16. 샤오류츄(小琉球)는 대만의 옛 중국어 명칭.

17. 《류구국중산세감(琉球國中山世鑑)》, 제5권, 1650년 완간.

   琉球國中山世鑑 *The Liuqiu Chu-zan Chronicles*, Vol. 5 completed in 1650.

18. 하야시 시세이(林子平, 임자평)의《삼국통람도설(三国通覧図説)》.

   林子平 Hayashi Shihei's 三国通覧図説 *An Illustrated Description of Three Countries*.

19. 이노우에 기요시(井上清),《센카쿠열도: 댜오위 제도의 사적 해명》(도쿄: 겐다이효론샤現代評論社, 1972). 일본 현대사 전문가 이노우에는 교토대학에서 가르쳤다.

井上清 Inoue Kiyoshi, 尖閣列島 : 釣魚諸島の史的解明 *Senkaku Islands: Historical Analysis of the Diaoyu Islands* (Tokyo: Gendai Hyo-ronsha, 1972).

20 메이화항(梅花港)-푸젠성 연안 민강(閔江) 어구에 있는 항구.

梅花港 Meihua — a port on the Fujian coast at the mouth of the Min River 閔江.

21. 궈루린(郭汝霖, 곽여림),《중각사류구록(重刻史琉球錄)》, 제1권(중국, 1561년).

郭汝霖 Guo Rulin, 重刻史琉球錄 *Record of the Mission to the Ryukyu Kingdom*, Vol. 1 (China, 1561).

22. 스가누마 운류,《중국-일본 관계 속의 주권과 영토: 실지회복운동과 댜오위/센카쿠 제도》, 58.

Suganuma Unryu, *Sovereign Rights and Territorial Space in Sino-Japanese Relations: Irredentism and the Diaoyu/Senkaku Islands*, 58.

23. 옥스퍼드대학 보들리 도서관에 소장되어 있는 사본은 만력제(萬曆帝, 재위 1572~1620) 때 완성됐다.

24. 장팅위(張廷玉, 장정옥),《명사(明史)》(상하이: 중화서국中華書局, 1991).

張廷玉 Zhang Tingyu, *History of the Ming Dynasty* 明史 (Shanghai: Zhonghua Book Company 中华书局, 1991).

25. 복건(푸젠)연해산사도(福建沿海山沙图), 1562년 제작.

福建沿海山沙图 *Map of Fujian Coastal Mountains and Isles* drawn in 1562.

26. 스가누마 운류,《중국-일본 관계 속의 주권과 영토: 실지회복운동과 댜오위/센카쿠 제도》(하와이 호놀룰루: 하와이대학 출판부, 2000), 63.

菅沼雲龍 Suganuma Unryu, *Sovereign Rights and Territorial Space in Sino-Japanese Relations: Irredentism and the Diaoyu/Senkaku Islands*, (Honolulu, HI: University of Hawaii Press, 2000), 63.

27. 같은 책, 102~3.

28 요시와라 시게야스(吉原重康), '류구무인도의 지리(琉球無人島の地理)',《지리학 잡지》7, 제20호(1900년 6월 20일): 177~82.

吉原重康 Yoshiwara Shigeyasu, '琉球無人島の地理 Geography of Uninhabited Ryukyu Islands', 地理学雑誌 *Journal of Geology* 7, no. 20 (20 June, 1900): 177~82.

29. 시모노세키 조약은 제1차 청일전쟁에서 중국이 패배한 뒤 1895년 4월 17일 청국 정부와 일본 사이에 체결됐다.

30. 일본 외무성, '센카쿠열도의 주권에 관한 기본 관점'.

Japanese Ministry of Foreign Affairs, 'The Basic View on the Sovereignty over the Senkaku Islands'. http://www.mofa.go.jp/region/asia-paci/senkaku/index.html

31. '센카쿠열도: 센카쿠열도에 대한 일본의 기본 입장과 사실들'(일본 외무성, 2013년

3월).

'The Senkaku Islands: Japan's Basic Position on the Senkaku Islands and Facts' (Japanese Ministry of Foreign Affairs, March 2013), http://www.mofa.go.jp/region/asia-paci/senkaku/pdfs/senkaku_en.pdf.

32. 찰스 I. 베번스 편, '제1차 카이로 회담', 《1776~1949 미국의 조약과 다른 국제적 합의들》, 제3권(워싱턴 DC, 1969), 858.

Charles I. Bevans, ed., 'First Cairo Conference', in *Treaties and Other International Agreements of the United States of America 1776–1949*, Vol. 3 (Washington D.C., 1969), 858.

33. 찰스 I. 베번스 편, '일본의 항복 조건', 《1776~1949 미국의 조약과 다른 국제적 합의들》, 제3권(워싱턴 D.C., 1969), 1204~5.

Charles I. Bevans, ed., 'Terms of Japanese Surrender', in *Treaties and Other International Agreements of the United States of America 1776–1949*, Vol. 3 (Washington D.C., 1969), 1204~5.

34. 같은 책, 1251.

35. '일본과의 평화조약에 관한 저우언라이의 성명', 신화통신사, 1951, http://www.straittalk88.com/uploads/5/5/8/6/55860615/appendix_13_-_prc_foreign_minister_chou_en-lais_statement_on_the_u.s._proposal_of_the_japanese_peace_treaty__1951_.pdf.

36. 일본과의 강화조약 제3조는 미국에 북위 29도 이남의 난세이제도(南西諸島)에 대한 독점적 행정권을 부여했다. 1953년에 미국의 류큐 민정부(US Civil Administration of the Ryukus)는 북위 29도 이남의 난세이제도에 센카쿠/댜오위다오가 포함된다고 선언했다.

37. 고미네 유키노리, 《미국-일본 동맹 협상: 일본 기밀》(어빙던: 테일러 앤 프랜시스, 2016), 제8장.

Yukinori Komine, *Negotiating the US–Japan Alliance: Japan Confidential* (Abingdon: Taylor & Francis, 2016), chapter 8.

38. 에즈라 F. 보걸, 힐버트 로즈먼 그리고 밍완, '미국-일본-중국 트라이앵글: 혼자 겉도는 자는 누구?', 아시아 리포트(윌슨센터, 2011년 7월 7일) 2016년 5월 21일 접속.

Ezra F. Vogel, Gilbert Rozman, and Ming Wan, 'The US-Japan-China Triangle: Who's the Odd Man Out?', Asia Report (Wilson Center, 7 July, 2011) accessed May 21, 2016, https://www.wilsoncenter.org/sites/default/files/asia_rpt113.pdf.

39. '급증하는 중국과 일본 새로운 우호 관계', 《베이징 리뷰》, 1978년 11월 3일, 16.

'New Upsurge in Friendly Relations between China and Japan', *Beijing Review*,

November 3, 1978, 16.

40.   '일본과 맺은 류큐 제도와 다이토 제도에 관한 협정', 국회 기록, 제92차 국회, 제1 회기(워싱턴 DC, 1971).

'Agreement with Japan Concerning the Ryukyu Islands and the Daito Islands', in Congressional Record, 92nd Congress, 1st session (Washington D.C., 1971).

41.   미국 국무부 부대변인 애덤 어렐리의 일간지 브리핑, 워싱턴 D.C., 2004년 3월 24일.

Daily press briefing of Adam Ereli, Deputy Spokesman at the US State Department, Washington D.C., 24 March, 2004.

42.   《미국-중국 경제 및 안보에 관한 의회 심의위원회에 대한 보고서》, 2006년 11월, 130.

2006 Report to Congress of the US-China Economic and Security Review Commission, November 2006, p. 130.

43.   피터 나바로와 그레그 오트리, 《중국이 부르는 죽음: 용과의 대결-글로벌 행동 요청》(어퍼 새들 리버: 그렌티스 홀, 2011).

Peter Navarro and Greg Autry, *Death by China: Confronting the Dragon–a Global Call to Action* (Upper Saddle River: Prentice Hall, 2011).

44.   마크 E. 맨인, '센카쿠(댜오위) 섬 분쟁: 미국의 조약 의무사항들', CRS[의회조사국]의 의회 보고서(의회조사국, 2016년 10월 14일).

Mark E. Manyin, 'Senkaku (Diaoyu) Island Dispute: US Treaty Obligations', CRS Report for Congress (Congressional Research Service, 14 October, 2016).

45.   토머스 케인, '중국의 토대: 중국 대외 정책의 원칙에 대한 안내', 《비교 전략》 20, 제1호(2001): 45~55.

Thomas Kane, 'China's Foundations: Guiding Principles of Chinese Foreign Policy', *Comparative Strategy* 20, no. 1 (2001): 45 – 55.

46.   M. 프레블 테일러, 굳건한 국경, 안전한 국가: 중국 영토 분쟁 속의 협력과 분쟁, 프린스턴 국제역사정치연구소(뉴저지 프린스턴: 프린스턴대학 출판부, 2008), 1~2.

M. Fravel Taylor, *Strong Borders, Secure Nation: Cooperation and Conflict in China's Territorial Disputes, Princeton Studies in International History and Politics* (Princeton, N.J.: Princeton University Press, 2008), 1~2.

47.   같은 책, 300.

48.   더글러스 팔, '아시아 해역에서의 영토 분쟁', 국제평화를 위한 카네기 기부재단, 2012년 10월 16일.

Douglas Paal, 'Territorial Disputes in Asian Waters', Carnegie Endowment for International Peace, 16 October, 2012, http://carnegieendowment.

org/2012/10/16/territorial-disputes-in-asian-waters/e1ex##.

49.   피터 놀런, '제국의 열도',《뉴레프트 리뷰》, Ⅱ, 제80호(2013년 4월): 77~95.

      Peter Nolan, 'Imperial Archipelagos,' *New Left Review*, II, no. 80, (April 2013):
      77~95.

50.   존 그레니어,《전쟁으로 가는 제일 빠른 길: 변경에서 벌인 미국의 전쟁,
      1607~1814》, 제1판(케임브리지: 케임브리지대학 출판부, 2008).

      John Grenier, *The First Way of War: American War Making on the Frontier, 1607–1814*,
      1st ed. (Cambridge: Cambridge University Press, 2008).

51.   피터 놀런, '제국의 열도',《뉴레프트 리뷰》, 제80호, Ⅱ(2013년 4월): 77~95.

      Peter Nolan, 'Imperial Archipelagos', New Left Review, no. 80, II (April 2013):
      77~95.

7장_ 중국과 세계질서

1.   앵거스 매디슨, '선진국과 개발도상국들의 1700~1980년 1인당 GDP 수준 비교',
      《경제사 저널》43, 제1호(1983): 27~41.

      Angus Maddison, 'A Comparison of Levels of GDP per Capita in Developed and
      Developing Countries 1700-1980', *Journal of Economic History* 43, no. 1 (1983):
      27~41.

2.   260년은 1580년께 마테오 리치가 중국에 온 뒤부터 제1차 아편전쟁과 1841년의 홍
      콩 할양 때까지의 기간.

3.   윌리엄 시어도어 데 베리,《중국 전통의 근원: 1600년에서 21세기까지》, 제2권(뉴욕
      시: 컬럼비아대학 출판부, 1999), 321.

      William Theodore de Bary, *Sources of Chinese Tradition: From 1600 through the
      Twentieth Century*, Vol. 2 (New York City: Columbia University Press, 1999), 321.

4.   나이젤 캐머런,《바바리안과 만다린: 13세기 중국에 간 서양 여행자들》(일리노이 시
      카고: 시카고대학 출판부, 1976).

      Nigel Cameron, *Barbarians and Mandarins: Thirteen Centuries of Western Travelers in
      China* (Chicago, IL: University of Chicago Press, 1976).

5.   주앙 데 피나-카브랄,《중국과 유럽 사이: 마카오의 사람, 문화 그리고 정서》(런던:
      컨티넘, 2002).

      Joao de Pina-Cabral, *Between China and Europe: Person, Culture and Emotion in
      Macao* (London: Continuum, 2002).

6. 존 필립스 쿠퍼, '스페인의 쇠퇴와 30년 전쟁, 1609~59',《뉴케임브리지 근대사 IV》(케임브리지: 케임브리지대 출판부, 1979).
   John Phillips Cooper, 'The Decline of Spain and the Thirty Years War, 1609-59', in *New Cambridge Modern History IV* (Cambridge: Cambridge University Press, 1979).

7. 마궁(馬公), 평후의 최대 도시 정착지.

8. 제임스 W. 데이비슨,《대만 섬: 과거와 현재》(타이베이: 서든 머티리얼스 센터, 1988).
   James W. Davidson, The Island of Formosa: Past and Present (Taipei: Southern Materials Center, 1988).

9. 프레더릭 웨이크먼,《중화제국의 몰락》(뉴욕시: 사이먼 앤 슈스터, 1977), 101.
   Frederic Wakeman, Fall of Imperial China (New York City: Simon and Schuster, 1977), 101.

10. 매카트니 백작 사절단의 중국 방문에 즈음한 건륭제의 칙령, 1793년 9월.
    Edict from the Qianlong Emperor on the occasion of Lord Macartney's mission to China, September 1793.

11. 토머스 N. 레이턴,《프롤릭호의 항해: 뉴잉글랜드 상인들과 아편 교역》(캘리포니아 레드우드 시티: 스탠퍼드대학 출판부, 1997), 28.
    Thomas N. Layton, *The Voyage of the 'Frolic': New England Merchants and the Opium Trade* (Redwood City, CA: Stanford University Press, 1997), 28.

12. 난징조약 제4조와 6조.

13. 스튜어트 크레이턴 밀러, '목적과 수단: 19세기 중국에서 폭력을 사용한 것의 선교적 정당성',《중국과 미국의 선교사업》(매사추세츠 케임브리지: 하버드대학 출판부, 1974), 257~58.
    Stuart Creighton Miller, 'Ends and Means: Missionary Justification of Force in Nineteenth Century China', in *The Missionary Enterprise in China and America* (Cambridge, MA: Harvard University Press, 1974), 257~58.

14. 피터 워드 페이,《아편전쟁, 1840~1842: 19세기 초 천조(중국)에 간 바바리안(오랑캐)들과 그들이 개항을 강요한 전쟁》(노스캐롤라이나 채플 힐: 노스캐롤라이나대학 출판부, 2000).
    Peter Ward Fay, *The Opium War, 1840–1842: Barbarians in the Celestial Empire in the Early Part of the Nineteenth Century and the War by Which They Forced Her Gates Ajar* (Chapel Hill, NC: University of North Carolina Press, 2000).

15. 밀러, '목적과 수단: 19세기 중국에서 폭력을 사용한 것의 선교적 정당성', 262.
    Miller, 'Ends and Means: Missionary Justification of Force in Nineteenth Century

China', 262.

16. 프랑스 선교사 오귀스트 샤프들랭 신부(Father Auguste Chapdelaine)가 1856년 2월 29일 광둥성에서 중국 당국에 의해 처형당했다. 당시 광둥성은 외국인들에게 개방 돼 있지 않았다.

17. 황제의 여름 궁전인 베이징의 원명원(圓明園)은 호수와 정원, 궁궐들이 어우러진 광대한 궁전으로 그 넓이가 거의 3제곱킬로미터나 됐다. 미술품과 역사 유물 등 귀 중품들을 수집해놓은 그 놀라운 건축물의 파괴는 헤아릴 수 없는 엄청난 문화유산 의 소실이었다.

18. 존 K. 페어뱅크, '소개: 중국과 미국의 프로테스탄트 선교단의 수많은 얼굴',《중국 과 미국의 선교사업》(매사추세츠 케임브리지: 하버드대학 출판부, 1974), 20.
John K. Fairbank, 'Introduction: The Many Faces of Protestant Missions in China and the United States', in The Missionary Enterprise in China and America(Cambridge, MA: Harvard University Press, 1974), 20.

19. 알렉산더 색스턴,《없어서는 안 될 적: 캘리포니아의 노동과 반중국 운동》(캘리포니 아 오클랜드: 캘리포니아대학 출판부, 1975).
Alexander Saxton, The Indispensable Enemy: Labor and the Anti-Chinese Movement in California (Oakland, CA: University of California Press, 1975).

20. 그 법은 연간 중국인 이민자를 105명으로 한정한 1943년의 '매그너슨 법 (Magnuson Act)'이 제정되고 나서야 폐지됐다.

21. 마이클 H. 헌트,《특별한 관계 만들기: 1914년까지의 미국과 중국》(뉴욕시: 컬럼비 아대학 출판부, 1983)
Michael H. Hunt, The Making of a Special Relationship: The United States and China to 1914 (New York City: Columbia University Press, 1983).

22. 옌칭(燕京)은 베이징의 옛 명칭인 베이핑(北平)의 다른 이름이다.

23. 8세기에 당 황제 현종(玄宗)이 세운 한림원(翰林院)은 제국 조정에 등용된 최고의 유학자들로 구성된 엘리트 기관이었다.

24. 필립 웨스트, '기독교와 내셔널리즘: 우레이추안의 옌칭대 경력',《중국과 미국의 선 교사업》(매사추세츠 케임브리지: 하버드대학 출판부, 1974), 229.
Philip West, 'Christianity and Nationalism: The Career of Wu Lei-Ch'uan at Yenching University', in The Missionary Enterprise in China and America (Cambridge, MA: Harvard University Press, 1974), 229.

25. 천뚜슈(陳獨秀), '기독교와 중국인(基督教与中国人)', 신청년(新青年), 1920년 2월 1일.
陈独秀 Chen Duxiu, 'Christianity and the Chinese 基督教与中国人', New Youth 新

青年, 1 February, 1920.

26. 탕샤오이(唐绍儀), 옌푸(嚴復), 량치차오(梁啟超), 차이위안페이(蔡元培).
    Tang Shaoyi 唐绍儀 Yan Fu 嚴復' Liang Qichao 梁啟超 Cai Yuanpei 蔡元培.

27. 존 K. 페어뱅크,《미국과 중국》(매사추세츠 케임브리지: 하버드대학 출판부, 1948),
    167~71.
    John K Fairbank, *The United States and China* (Cambridge, MA: Harvard University
    Press, 1948), 167‒71.

28. 존 K. 페어뱅크, '소개: 중국과 미국의 프로테스탄트 선교단의 수많은 얼굴',《중국
    과 미국의 선교사업》(매사추세츠 케임브리지: 하버드대학 출판부, 1974), 1.
    John K. Fairbank, 'Introduction: The Many Faces of Protestant Missions in
    China and the United States', in The Missionary Enterprise in China and America
    (Cambridge, MA: Harvard University Press, 1974), 1.

29. 글래디스 에일워드와 크리스틴 헌터,《글래디스 에일워드: 리틀 우먼》(시카고: 무디
    프레스, 1970); '선교사 글래디스 에일워드 죽다',《뉴욕타임스》, 1970년 1월 4일,
    아카이브.
    Gladys Aylward and Christine Hunter, *Gladys Aylward: The Little Woman* (Chicago:
    Moody Press, 1970); 'Gladys Aylward, Missionary, Dies', *The New York Times*,
    January 4, 1970, sec. Archives, https://www.nytimes.com/1970/01/04/archives/
    gladys-aylward-missionarydies-briton-who-prompted-inn-of-sixth.html.

30. 애드리언 A. 베넷과 광칭류, '중국어 관용구(한자성어) 속의 기독교: 영 J. 앨런과 초
    기 챠오후이신바오(教會新報, 교회신보) 1868~1870',《중국과 미국의 선교사업》
    (매사추세츠 케임브리지: 하버드대학 출판부, 1974), 165.
    Adrian A. Bennett and Kwang-ching Liu, 'Christianity in the Chinese Idiom: Young
    J. Allen and the Early Chiao-Hui Hsin Pao 教會新報 1868-1870', in *The Missionary
    Enterprise in China and America* (Cambridge, MA: Harvard University Press,
    1974), 165.

31. 《샌프란시스코 콜》, 1899년 5월 1일, 1.
    San Francisco Call, 1 May 1899, p.1

32. 영국 상인들과 중국 당국 간의 분쟁을 해결하기 위해 1834년에 경험이 없는 네이
    피어 남작(Baron Napier)이 파견됐으나, 중국인과 그들의 정부체제에 대한 유럽의
    이해 부족 탓도 있어서 그는 임무를 달성하지 못했다.

33. 《중국의 보고(寶庫)》3: 345, 393~405, 425~428(1835).
    The Chinese Repository 3: 345, 393~405, 425~428(1835).

34. 《중국의 보고》3: 421, 428, 444(1835).

동·남중국해, 힘과 힘이 맞서다

The Chinese Repository 3:421, 428, 444 (1835).

35. 데이비드 아빌,《세계의 복음 요구 전시회》(뉴욕: 레오폴드 클래식 라이브러리, 2016), 244.

David Abeel, *An Exhibition of the Claims of the World to the Gospel* (New York: Leopold Classic Library, 2016), 244.

36. 헨리에타 석,《헨리에타 부인 회고록: 중국에 간 미국의 첫 여성 선교사》(뉴욕: 레오 폴드 클래식 라이브러리, 2015), 38.

Henrietta Shuck, *A Memoir of Mrs. Henrietta Shuck: The First American Female Missionary to China* (New York: Leopold Classic Library, 2015), 38.

37. 맥브라이드 회람, 1842년 1월 14일, 제1권, 제152호, 장로교 해외선교위원회 (BFMPC) 아카이브.

McBryde circular, 14 January 1842, Vol. 1, no. 152, Board of Foreign Missions of the Presbyterian Church (BFMPC) archives.

38. 라나 미터,《쓰라린 혁명: 근대 세계와 싸우는 중국의 투쟁》(옥스포드대학 출판부, 2004), 3~40.

Rana Mitter, *A Bitter Revolution: China's Struggle with the Modern World* (Oxford University Press, 2004), 3~40.

39. 서방 역사가들은 적어도 2천만 명이 목숨을 잃은 것으로 본다. 이는 제2차 세계대전 때 소련이 입은 인명 손실에 비견될 만하다.

40. 라나 미터,《잊혀진 동맹: 중국의 제2차 세계대전, 1937~1945》(매사추세츠 보스턴: 휴턴 미플린 하코트, 2013).

Rana Mitter, *Forgotten Ally: China's World War II, 1937–1945* (Boston, MA: Houghton Mifflin Harcourt, 2013).

41. '소비에트는 만주에서의 철수가 힘들다고 말한다',《캔버라 타임스》, 1946년 5월 8일.

'Soviet Says Difficulty in Manchurian Withdrawal', *The Canberra Times*, 8 May, 1946.

42. 퍼시 팀버레이크,《48그룹: 중국의 쇄빙선 이야기》(48그룹 클럽, 1994), 제1장.

Percy Timberlake, The 48 Group: The Story of the Icebreakers in China (The 48 Group Club, 1994), chapter 1.

43. 미국, 프랑스, 영국, 오스트레일리아, 뉴질랜드, 필리핀, 태국, 파키스탄이 참여한 동 남아시아조약기구(SEATO)는 1954년 9월에 동남아 지역에 공산주의의 확산을 막 기 위해 설립됐다. 동남아시아조약기구라는 이름에 걸맞지 않게 회원국 중에 동남 아 국가는 2개뿐이었다.

44. 마오쩌둥, '전쟁과 전략 문제(1938년 11월 6일)',《마오쩌둥 선집》, 제2권, 1961,

225.

Zedong Mao, 'Problems of War and Strategy (6 November 1938)', in *Selected Works of Mao Zedong*, Vol. II, 1961, 225.

45. '전투에서 단련되다',《페킹 (베이징) 리뷰》, 1967년 8월 18일.

'Steeled in Battle', *Peking Review*, August 18, 1967.

46. '가냘픈 반격-혁명적 동맹',《페킹 리뷰》, 1967년 8월 18일.

'Puny Counter-Revolutionary Alliance', *Peking Review*, 18 August, 1967.

47. 인민일보, '아프리카계 미국인들, 오직 투쟁만이 승리를 안겨줄 것이다',《페킹 리뷰》, 1967년 8월 18일.

人民日报 Remin Ribao, 'Afro-Americans, Just Struggle Will Triumph', *Peking Review*, 18 August, 1967.

48. 제임스 C. 슝과 빅터 H. 리, "중국의 '사회주의 연방' 비평: 프롤레타리아 국제주의와 평화 공존을 위한 함의",《아메리카 국제법 저널》67, 제5호 (1973): 64~70.

James C. Hsiung and Victor H. Li, 'Chinese Critique of the "Socialist Commonwealth": Implications for Proletarian Internationalism and Peaceful Coexistence', *The American Journal of International Law* 67, no. 5 (1973): 64~70.

49. 로버트 B. 셈플 주니어, '대통령, 중국에 대한 21년간의 교역 금지를 풀다',《뉴욕 타임스》, 1971년 6월 11일, 아카이브, https://www.nytimes.com/1971/06/11/archives/president-ends-21year-embargo-on-peking-trade-authorizes-export-of.html.

50. 위광위앤, 스티븐 I. 레빈 그리고 에즈라 F. 보겔,《덩샤오핑이 세계를 흔들었다》(코네티컷 노워크: 이스트브리지, 2004).

Yu Guangyuan, Stevine I. Levine, and Ezra F. Vogel, *Deng Xiaoping Shakes the World* (Norwalk, CT: Eastbridge, 2004).

51. 엘리자베스 경제와 미셸 옥센버그 편,《중국이 세계와 손잡다: 진보와 전망》(뉴욕시티: 대외관계위원회, 1999).

Elizabeth Economy and Michel Oksenberg, eds., *China Joins the World: Progress and Prospects* (New York City: Council on Foreign Relations, 1999).

52. 막착석두과하(摸着石头过河, 돌을 더듬어가며 강을 건너다)는 원래 국무원 부총리 천윈(陳雲, 1905~1995)이 1950년 4월 7일 인플레이션에 어떻게 대처할 것이냐를 논의하는 과정에서 한 얘기다.

53. 2000년에 유엔이 2015년까지 달성하기로 하고 채택한 8개 밀레니엄 발전 목표는 보편적인 초등교육, 극빈과 기아 추방, 젠더 평등 촉진과 에이즈 (AIDS/HIV)와 말라리아 등의 질병 퇴치를 담고 있다.

54.　'중국의 세계은행', 세계은행, 2017년 3월 28일.

'The World Bank in China', World Bank, 28 March, 2017, http://www.worldbank. org/en/country/china/overview.

55.　장용진(張勇進), '세계질서에 대한 중국 관점 이해하기', 《중국과 새 국제질서》(어 빙던: 루트리지, 2008), 161~62.

张勇进 Zhang Yongjin, 'Understanding Chinese Views of the Global Order', in China and the New International Order (Abingdon: Routledge, 2008), 161~62.

56.　로버트 D. 퍼트넘, '외교와 내정: 두 가지 다른 수준의 게임 논리', 《국제기구》42, 제 3호(1988): 427~60.

Robert D. Putnam, 'Diplomacy and Domestic Politics: The Logic of Two-Level Games', International Organization 42, no. 3 (1988): 427~60, https://doi. org/10.1017/S0020818300027697.

57.　정웨이지(鄭偉志), '독립은 기본 규범이다: 중국의 대외 정책 원칙 해명', 《베이징 리 뷰》28, 제1호(1985년 1월 7일).

郑伟志 Weizhi Zheng, 'Independence Is the Basic Canon: An Analysis of the Principles of China's Foreign Policy', Beijing Review 28, no. 1 (7 January, 1985).

58.　주디스 F. 콘버그와 존 R. 파우스트, 《세계정치 속의 중국》, 제2판(콜로라도 보울더: 린 리에너 출판사, 2005).

Judith F. Kornberg and John R. Faust, China in World Politics, 2nd ed.(Boulder, CO: Lynne Rienner Publishers, 2005).

59.　가브리엘 윌도, 이전지아 그리고 시닝류, '시(시진핑)는 누구도 중국 인민들에게 명 령할 수 없다고 말한다', 《파이낸셜 타임스》, 2018년 12월 18일.

Gabriel Wildau, Yizhen Jia, and Xinning Liu, 'Xi Says No One Can 'Dictate to the Chinese People', Financial Times, 18 December, 2018, https://www.ft.com/ content/658e78ce-0287-11e9-99df-6183d3002ee1.

60.　채스 프리먼, 《흥미로운 시대: 중국, 미국 그리고 권위의 균형이동》(워싱턴 D.C.: 저 스트 월드 북스, 2013).

Chas Freeman, Interesting Times: China, America, and the Shifting Balance of Prestige (Washington, D.C.: Just World Books, 2013).

61.　프리먼은 하버드 법학 학위 소지자로 1972년 닉슨이 중국을 방문할 때 통역사로 동 행했다.

62.　채스 프리먼, '미국 헤게모니에 대한 중국의 도전', (2012년 1월 20일), http://www. mepc.org/articles-commentary/speeches/chinas-challenge-american-hegemony.

63.　2012년 11월 15일 옥스퍼드 유니언협회에서 찰스 파월 경이 한 발언.

64. 에드워드 S. 스타인펠드, 《우리의 게임을 하자: 중국의 발흥은 왜 서구를 위협하지 못하는가》(미국 옥스퍼드대학 출판부, 2010); 피터 놀런, 《중국이 세계를 사고 있나?》(폴리티 출판, 2012).

Edward S. Steinfeld, Playing Our Game: Why China's Rise Doesn't Threaten the West (Oxford University Press, USA, 2010); Peter Nolan, Is China Buying the World? (Polity Press, 2012).

65. 그레이엄 앨리슨, 로버트 D. 블랙윌 그리고 앨리 와인, 《리콴유: 중국, 미국 그리고 세계에 대한 그랜드 마스터의 통찰》(매사추세츠 케임브리지: MIT대학 출판부, 2013), 3, 7.

Graham Allison, Robert D. Blackwill, and Ali Wyne, *Lee Kuan Yew: The Grand Master's Insights on China, the United States, and the World* (Cambridge, Massachusetts: The MIT Press, 2013), 3, 7.

찾아보기

동·남중국해, 힘과 힘이 맞서다

동·남중국해, 힘과 힘이 맞서다

동·남중국해, 힘과 힘이 맞서다
교역의 중심, 동·남중국해를 둘러싼 패권 전쟁

마이클 타이 지음
한승동 옮김

초판 1쇄 2020년 11월 30일

ISBN 979-11-5706-207-2 (03340)

만든 사람들
편집   신주식
편집도움   남은영
디자인   조정윤
마케팅   김성현 김규리
인쇄   한영문화사

펴낸이   김현종
펴낸곳   (주)메디치미디어
경영지원   전선정 김유라
등록일   2008년 8월 20일 제300-2008-76호
주소   서울시 종로구 사직로 9길 22 2층
전화   02-735-3308
팩스   02-735-3309
이메일   medici@medicimedia.co.kr
페이스북   facebook.com/medicimedia
인스타그램 @medicimedia
홈페이지   www.medicimedia.co.kr